MINERVA
西洋史ライブラリー
⑪③

記憶と忘却のドイツ宗教改革

―語りなおす歴史 1517-2017―

踊 共二 編著

ミネルヴァ書房

記憶と忘却のドイツ宗教改革——語りなおす歴史　一五一七—二〇一七【目次】

序章　記憶と忘却の五〇〇年

踊　共二

マルティン・ルターが『九五箇条の論題』をヴィッテンベルクの城教会の扉に掲出し、宗教改革の狼煙をあげてから五〇〇年になる。しかしこの英雄的行為はメディアのなかの事件であり、プロテスタント教会の歴史の最初のページを飾るべく事後的に「つくられた」ものであったともいわれる。ヴォルムス帝国議会（一五二一年）でルターが発した「われここに立つ」という名言も同じである。宗教改革の歴史は、おりしも始まっていた新しい印刷メディアの勃興のなかで劇的に演出され、人々に伝えられてきたのである。それは「記憶」ないし「記念」の戦略であり、「宗教改革神話」とも呼ばれている。(1)

宗教改革史上の他の事件や人物、思想についても、しばしば同じことがいえる。学術や教育を支えるメディアは、幾世代にもわたって古い神話を受けつぎ、それらをもとにした物語を語りつづけてきた。それらは翻訳と歴史研究を介してわが国でもひろく共有されている。現在つまり二一世紀前半においては、ウェブ上の記事やデジタル史料の充実を背景として、情報の共有・拡散がグローバルに進んでいる。ただしそれらの多くは、捏造や虚偽は少ないにしても、ある特定の価値観の表出や事実の一面的強調を含んでいる。宗教改革史の研究は、ほかの教会史や宗教史の諸領域と同じく、特定宗派（教派）(2)の伝統を継承する者、それとは異なる信仰をもつ者、宗教自体に距離をおく者、価値中立的な学術の立場をとろうとする者が入り交じり、緊張関係のなかで営まれてきた領域であるから、当然、論者によって力点の違いがあり、それぞれの書物や論文には、同じ時代、同じ人物をテーマにしていても、記憶にとどめられるべく強調される事象と忘却に委ねられるべく言及されない事象がある。

＊＊＊

本書は、ドイツ宗教改革五〇〇年にさいして、この長い歳月のなかで何が記憶され、語りつがれてきたか、その背後で何が忘却され、あるいは抹消されてきたか、そして何が記憶の回復の対象となるべきか、執筆者それぞれの立場で論じ、新たな問題提起を行う試みである。宗教改革史の研究は二〇世紀に大きな質的転換を遂げ、とりわけ社会史的アプローチの活性化によって伝統的な神学研究や思想史的研究、政治史的研究が見過ごしてきた数多くの事実が再発見されている。また宗教改革の伝統を継承する諸教会の歴史認識も、二〇世紀から二一世紀にかけて大きく変化した（附論を参照）。今世紀になってルター派教会が、一六世紀からじつに長いあいだ「熱狂主義者」の汚名を着せてきた宗教改革急進派に対する迫害の罪を公式に認めたことは、その変化を端的に表している（第12章を見よ）。

そうした時代にめぐってきたドイツ宗教改革五〇〇年の節目に、歴史家たちは学術の営みのなかでいったい何を記念すべきか、あらためて考える必要に迫られている。そして歴史の古層を掘り起こし、忘れられた重要な事実はないか、公平な眼で総点検し、宗教改革史を語りなおし、書きなおす作業にとりくまねばならない。本書はその一助となるはずである。

ところで編者は、この序章において、記憶と忘却という用語をすでにしばしば用いているが、以下それらの意味内容について短く整理しておきたい。まず「記憶」とは過去の特定の出来事や思念を呼び起こすこと、また呼び起こした状態を保つことであり、それは個人的記憶と集合的記憶に分けられる。(3) それらは口承によって受けつがれていることもあるが、文字によって記録され、文書化され、記念物・記念碑に刻まれて顕彰されている場合もある。記念の場所で集会や行事が催されることも多い。歴史叙述は、一定の学術的技法に従い、記録文書ないし史料を用いてなされるが、記憶の風化を防ぐために——記憶を半永久化するために——つくられた記念物や記念行事を補助手段とすることもある。絵画や彫刻、建築物も過去の記憶を保つ役割をしているから、それらもしばしば歴史研究に役立てられている。ある事件の体験者の証言や何世代も前の集合的記憶を保つ人々の語りを対象とするオーラル・ヒストリーの手法を用い、パーソナル・ナラティヴを活用する学者もいる。(4)

宗教改革者ルターの著作は網羅的に調査され、神学論文から説教、短い絵入りパンフレット、個人宛の書簡、語録にいたるまで丹念に編集され、全集をなしている。そしてルターやルターの協力者たちを描いた図像も無数に存在し、それらは彼らの身体的特徴だけでなく、人間関係を探る手だてにもなっている。ヴィッテンベルクのアウグスティヌス修道会の建物は世界史的な記念の場所として保存されている。彼が新約聖書をドイツ語に訳したヴァルトブルク城の小部屋も残されており、いまもその歴史的意義を訪問者たちにありありと想起させてくれる。

一九世紀後半に建てられたヴォルムスの宗教改革者群像（本書カバー図版および図序-1を参照）は威厳に満ちており、中心にそそりたつ三・五メートルのルター像の台座には大きな文字で「われここに立つ」と刻まれている。左右には宗教改革を支持した諸侯としてザクセン選帝侯フリードリヒ（賢侯）とヘッセン方伯フィリップ（寛大侯）がいる。ルターが大きな聖書を抱えているのに対して、彼らは剣を手にしている。彼らには「真理」を武力で守る役割が与えられているのである。ルターの周囲には宗教改革の先駆者たちがいる。左後ろから時計回りに挙げれば、ヴァルド（フランス）、ウィクリフ（イギリス）、フス（チェコ）、サヴォナローラ（イタリア）である。フリードリヒ賢侯とフィリップ寛大侯の背後には人文主義者ロイヒリンとメランヒトンの像が据えられ、四隅が固められている。彼らに挟まれるかたちでアウクスブルク（一五五五年の宗教和議の締結都市）、シュパイヤー（プロテスタント諸侯の一五二九年の「抗議」の舞台）、マクデブルク（三十年戦争でカトリック軍に略奪されたプロテスタント都市）の擬人像が並んでいる。この群像は全体として、ドイツ統一時代の宗教改革の正統的解釈を体現しており、ドイツのプロテスタントの誇りと連帯感だけでなく、彼らなりのヨーロッパ精神を表現している。しかし、この宗教改革群像にはドイツ語圏スイスの宗教改革者ツヴィングリの姿はない。ルターに逆らったカールシュタットもいなければミュンツァーもいない。コンラート・グレーベルのような再洗礼派もいない。ルターの時代にどれほど多くの支持者を集め、ルターの態度決定や思想形成に影響していたとしても、彼らは無視されている。言い換えれば彼らは「忘却」に委ねられているのである。

もっとも、記憶は常に選択的であり、忘却と表裏一体をなすから、個人的および集合的な記憶に由来する記録文書も、記録文書をもとに構成された歴史書も、さらに歴史書をもとにつくられたモニュメントも、過去の一部だけを切り取って再現しているにすぎない。それは記憶の、記録の、記念物の、また歴史叙述の限界であり、そのこと自体を非難するわけにはいかない。問題なのは、重要であるはずの事実や人物が――無関心ないし無知あるいは一定の意図によって――歴史叙述から除外されることである。あるいは小さい役割しか与えられなかったり、誤った位置づけがなされたりすることである。

もちろん、歴史的事実や人物の重要性は観察者の主観や信念に左右されるから、その人たちにとって重要でない

図序－1　ヴォルムスの宗教改革者群像

事実や人物を歴史叙述や記念物から除外し、忘れ（させ）てしまったからといって、著者や製作者を責めることはできない。歴史家はボルヘスの短編に出てくる何も忘れない男フネスである必要はない。そもそも当事者たちが「忘れたい」と願う過去もある。「記憶の強制」の問題も考慮しなければならない。[5] しかしながら、ある国の正史、国民ないし民族の歴史、特定の地域、郷土や組織、集団の歴史、スタンダードな世界史やグローバル・ヒストリーの場合には、パブリックな役割がそこにあることが常に意識されねばならない。[6] パブリックな性格をもつ歴史叙述は、構成員や関係者の一部の考えや利益を優先するものであってはならず、一定の総合性を備えていなければならない。何を記して記憶の永続化をはかり、何を除外して忘却に委ねるか、その選択を著者（たち）だけの価値判断にまかせるわけにはいかないのである。歴史教科書はその典型例である。

＊＊＊

われわれは長らく、歴史学の成果のうち、ある国家や国民の過去を再現した著作物に注目してきた。日本史やドイツ史、フランス史、イタリア史などである。そうした国民国家の正史ないし歴史叙述の決定版を求める心情は、いまだ現代人の多くによって共有されている。それらは数々のナショナル・メモリーに基礎づけられており、アイデンティティの再確認・再確立をうながす役割を担っている。[7] 現代においては、地球市民の新しい自覚をもたらすグローバル・ヒストリーを重視する人も増えている。グローバル化の内実を資本主義経済のボーダレス化やアメリカ化と同一視して批判する識者がいる一方、地球規模の連帯と問題解決の必要性を説いて歴史的知識の共有と相互理解の促進を求める論者もいる。グローバル・ヒストリーには、いまだ欧米中心の近代主義に影響されたものもあるが、ヨーロッパ中心史観ゆえに「周縁」扱いされてきた地域の役割の大きさに新たな視点で注目するものや、古代・中世に遡って議論を展開するものもあり、忘れられた重要な事実や観念を大きなスケールで蘇らせつつある。[8]

歴史学は記憶と忘却の戦場である。すでに述べたように国民の歴史、地域の歴史、組織や集団の歴史、世界史、グローバル・ヒストリーにはそれぞれ公共性があり、その「公共」に関与している個人には、その歴史がどう書かれているかをめぐって意見を述べ、欠けているものを補ったり不正確な叙述を修正したりすることを求める権利と自由がある。その過程で熾烈な論争が生じうることは、だれもが理解している。

ホロコーストや南京大虐殺を否定する歴史修正主義者たちは「記憶の暗殺者」と呼ばれ、「忘却の暴力」の行使者として非難されている。(9) 歴史の「捏造」とならんで、あるいはそれ以上に激しい表現である。記憶と忘却は生身の人間が日々経験することであり、あることを忘れてほしくない相手からそんなことは知らないと否認され、暴力に似た衝撃を受けた経験をもつ人は少なくないであろう。ともあれ現代史には記憶すべき過去が消されることへの抗議が渦巻いている。父母や祖父母の時代に起こったことについてはなおさらである。それは「過去になっていない過去」であり、マグマのように熱い状態にある。

五〇〇年前の過去はどうであろう。それは熱を失った遠い過去であろうか。答えは一様ではあるまい。その過去の出来事との「距離」は人によって違うからである。遠い外国の五〇〇年前の歴史の観察者は、あることが記憶され、またあることが忘却の淵に沈められていても、心を乱されることはないであろう。しかし、五〇〇年前の先祖、同胞、同郷の人士、同じ信仰をもつ先人たちの輝かしい業績や筆舌に尽くしがたい苦難、甚大な被害などへの言及がパブリックな歴史叙述のなかに存在せず、まるで何もなかったかのように扱われているとすれば、あるいは過小に評価されたり否定的な評価を下されたりしているとすれば、穏やかではいられないであろう。パブリックな歴史叙述における「不在」や事実の「歪曲」に抗議し、みずから学術的な歴史研究を行い、その成果を世に問う人たちもいる。彼らにとっては、五〇〇年前の過去も熱いマグマの発生源なのである。

やはり問題はパブリックな歴史ないし正史である。そこから除外されたり、過小評価されたり、否定的に評価されたりしている事象について、その記憶と名誉の回復を試みる個別研究がどれほど多く存在しても、それらがパブリックな歴史に反映されなければ、大多数の人々の記憶と忘却のあり方は変わらない[10]。パブリックな歴史は、多くの場合、勝者が書くものであり、しばしば権力を味方につけている。国家や多数派政党やドミナントな宗教組織が背後にひかえているのである。敗者（被抑圧者）およびその末裔たちは、無視されたり周縁化されたりしてきた歴史的事象をパブリックな歴史のなかに書き加え、記憶を保つことを求める。新しい記念物の設置を求めることもある。しかし、自分たち自身では声をあげることができず、忘れられたままの人たちもいる。たとえば日本人が日本を「唯一の被爆国」と呼ぶとき、それは原子爆弾の投下を「ナショナル」な枠組みで把握する歴史認識を前提としているが、そのさい日本人は朝鮮人や中国人、オランダ人やアメリカ人捕虜の被爆を「公共の記憶」から消し去っているのである。その見直しのためにわれわれは、事実を伝える記録や証言の保全を必要としている[11]。

そもそも歴史家は、隠された事実、忘れられた人々に敏感でなければならない。それらの存在がパブリックな歴史のなかに書き込まれるように、地道な学術的研究をつうじて働きかける必要がある。たとえばカトリック国と形容される絶対王政期のフランスに生きたプロテスタントたち。プロテスタント地域とされるイギリスやオランダに相当数いたカトリックたち。宗派対立の時代に宗教的境界を越えた改宗者やそもそも中間的な信仰を抱いていた人たち。迫害時代のヨーロッパでユダヤ教やイスラームの教えを密かに守った人たち。彼らの存在に――たとえそれぞれ数行でもよいから、あるいは小さな注でもよいから――言及さえしないパブリックな歴史は、いつまでも不完全なものにとどまる[12]。

ルターのような巨人の影に隠れ、重視されてこなかった個性的な神学者や君主、政治家、男女の信徒たちについて、彼らの思想的傾向や観念について、また彼らがつくりだした各種の表象について、さらに従来注目されていなかった特色ある地域や時期について、われわれは目を凝らして観察を行い、過去の世界の多様性や豊かさを再認識し、宗教改革の歴史を書きなおさねばならない。本書を編んだわれわれの目標のひとつは、各種のパブリックな歴史叙述や歴史教科書、概説書に反映されるべき素材ないし要素を提供することにある。また従来とは異なる歴史の「見方」を示すことにある。以下、本書の構成に触れながら、各章がいかなる記憶を呼び起こし、何を語りなおそうとしているか、短く記しておきたい。

＊＊＊

本書は全一二章および附論からなる。最初の六章は、宗教改革の運動期の歴史を再検討する意図をもって書かれている。それらは「語りなおす宗教改革」と題する第Ⅰ部を構成している。これに続く第Ⅱ部「変化するキリスト教世界」も六章で構成され、宗教改革が領邦単位・都市単位で体制化した時代以降を扱っている。カトリック改革、宗派間の一致点と相違、対立と調停、和解、共存の問題にも目を向けている。また支配的宗派の形成の裏面において差別や迫害の憂き目にあったマイノリティの歴史と現在の問題も扱っている。

加藤喜之による第1章は、宗教改革と出版メディアの問題を論じ、運動期のルターとプロテスタント教会確立期のルターの違いないし変化（として説明されてきたこと）は彼自身の思想や態度の変化というよりメディアのなかのルター像の変化であったことを論証している。猪刈由紀による第2章は、宗教改革前後のカトリック世界における信仰と行いの問題を探求し、ルターの「信仰のみ」をもってキリスト教の実践上の問題が解決されたわけではないことを示し、プロテスタントにおける「行い」の地平を展望している。岩倉依子による第3章は、宗教改革が「単数」で言い表されるなかで忘れられがちなプロテスタントの多様性を論じ、ルター派、西南ドイツ派、スイス改革派の神学（とりわけ聖餐論）、教会組織、国家との関係の相違を鮮明に描き出している。渡邊伸による第4章は、都市と農村を「磁場」とみなす共同体的宗教改革の研究を批判的に継承しながら、都市から農村に改革思想が伝わって信仰生活の変化（改革）がもたらされるさいの意外な「緩さ」を指摘し、かつドイツのプロテスタント都市がカトリックを堅持する皇帝および帝国に配慮しながら改革に取り組んだ事例を示し、それらがけっして「閉ざされた共同体」ではなかったことを明らかにしている。高津美和による第5章は、ドイツ宗教改革の思想がどのようにしてカトリックの牙城であるイタリアに伝わっていたか、語られることの少ない歴史の細部に光をあて、より古い福音主義的な思潮と新思想が結びついていたこと、プロテスタント的でもカトリック的でもある幾多の書籍が出版されていたこと、そしてプロテスタントの群れに加わるイタリア人も少なくなかったことに分析のメスを入れている。深沢克己による第6章は、カルヴァン以前のフランスに生じていた教会改革と信仰刷新の「星雲状態」を観察し、二分法的な宗教改革史観では把握できない信仰上の「中間地帯」があったこと、またそこに生きた知識層の交流圏がヨーロッパ的な広がりをもっていたことを示し、それらの現象を記憶しなおすことを求め、それと同時に、国民史ないし一国史に傾きがちな宗教改革の歴史記述法の再検討を提唱している。

第Ⅱ部の最初に配した高津秀之による第7章は、宗教改革一〇〇年祭の年のドイツの政治情勢、宗派的状況（カルヴァン派の進出）のなかでつくられた宗教改革像が一六世紀に投影されていること、そしてルターによるヴィッテンベルクの城教会の扉への『九五箇条の論題』の掲出という歴史的事件の表象（図像化）もまた宗教改革一〇〇年記念印刷物の木版画に由来することを明らかにし、記念の行為が一〇〇年前の出来事に真実味を与え、宗教改革の物語がつくられていく過程を描きだしている。大場はるかによる第8章は、カトリックの対抗宗教改革における演劇の実践とその機能に注目し、一七～一八世紀に生じていた歴史の記念碑化（美的形成）の実相を解明しつつ、演劇を抑圧したプロテスタントの文化的特質を逆に照射している。小林繁子による第9章は、マインツ選帝侯（カトリック）とファルツ選帝侯（プロテスタント）の支配権が錯綜する地域の一六世紀後半以降の魔女迫害をとりあげ、新旧両宗派はともに「神罰」への強い恐れを抱いていた点で共通すること、しかしカトリック側は魔女を徹底的に弾圧することによって、プロテスタント側は無軌道な魔女迫害を抑止することによって神罰を免れようとした点で違いがあることを明らかにし、近世のキリスト教と魔女狩りの関係を考察する新しい糸口を見いだしている。皆川卓による第10章は、宗教改革と宗派間衝突をへて「世俗化」の時代に向かっていたと解釈されることの多い三十年戦争期を扱い、新旧両陣営の政治的交渉を研究対象とし、そこでは宗派を超えたキリスト教的統合体としての神聖ローマ帝国（神の帝国）の観念が重要な意味をもっていたこと、そしてこの観念こそ共存の政治（学）と外交を可能にしていたことを明らかにし、新しいドイツ近世像を描きだそうとしている。栂香央里による第11章は、ローマ教皇との結びつきや慈善（社会福祉）住宅の建設ゆえにカトリックの旗手とみなされてきたフッガー一族の信仰のあり方を丹念に調べ、敬虔なカトリックだけでなく確信的なプロテスタントもいたことを確かめながら、宗派的な越境こそ同家の繁栄と広範なネットワーク形成の背景であったことを明らかにしている。踊共二による第12章は、カトリックにもプロテスタント主流派にも弾圧された宗教改革急進派（再洗礼派）をとりあげ、宗教改革から五〇〇年たった現代における和解と対話、謝罪と赦し、そして記憶と忘却の問題を考察し、過去と現代の結びつきを認識しながら歴史研究を行う必要性を説いている。

森田安一による最後の附論は、わが国のドイツ宗教改革史研究の過去と現在とりわけ二一世紀の動向を整理し、将来を展望するものである。それは最新の研究入門と文献紹介の役割も果たしている。

注

（1）R・W・スクリブナー、C・スコット・ディクソン／森田安一訳『ドイツ宗教改革』岩波書店、二〇〇九年、第一章を参照。ドイツにおいてプロテスタントによる教会の刷新を「宗教改革 Reformation」と呼ぶ慣例が定着するのも一七世紀末以降のことであり、一六世紀においてはカトリック教会のほうがこの用語を多用していた。Emidio Campi, "Was the Reformation German Event?". in: Peter Opitz (ed.), *The Myth of the Reformation*, Göttingen, 2013, 17.『九五箇条』の掲出が事実か神話かについては長い論争がある。詳しくは本書の第1章を参照。なお城教会の扉への『九五箇条』の掲出は虚構だとの指摘を一九六〇年代にドイツのカトリックの歴史家イザーローが行って以降、この出来事は史実ではないとする識者が増えたが、近年、ふたたびその事実性を論証する研究が進んでいる。たとえばカウフマンの推論によれば、『九五箇条』はヴィッテンベルクの印刷所でプリントされた後に城教会だけでなく他の教会の扉にも掲出されたという。Thomas Kaufmann, *Geschichte der Reformation in Deutschland*, Berlin, 2016, 182ff.

（2）本書では「宗派」「教派」いずれの表現も執筆者の考えに応じて使っている。一般に日本のキリスト教会は二〇世紀半ば以降「教派」を用いているが、それ以前は同じ意味で「宗派」という用語も使っており、歴史研究者の多くがそれに倣ってきたからである。

（3）モーリス・アルヴァックス／小関藤一郎訳『集合的記憶』行路社、一九八九年、第二章を参照。

（4）ジャック・ル・ゴフ／立川孝一訳『歴史と記憶』法政大学出版局、一九九九年、第三章、第四章を見よ。『西洋美術研究一七号――記憶と忘却』三元社、二〇〇三年に収録された諸論考および香川檀「記憶の公共空間に介入するアート――歴史意識としての〈証跡保全〉」『ドイツ研究』四三号、二〇〇九年、一九～三七頁も参照。オーラル・ヒストリーとパーソナル・ナラティヴ、エゴ・ドキュメントの活用については長谷川貴彦『現代歴史学への展望――言語論的転回を超えて』岩波書店、二〇一六年、第二章にわかりやすく整理されている。

（5）J・L・ボルヘス／鼓直訳『伝奇集』岩波文庫、一九九三年、一四七～一六〇頁。主人公フネスは事故（落馬）を契機にどんな些細なことも忘れないようになり、自分の記憶は「ごみ捨て場」のようだと形容している（同書、一五六頁）。

（6）忘却への願望や忘却の効用をめぐる問題については本書の第12章を参照。「忌まわしい過去」の記念を国家が強制する事態についてはヴィレッド・ヴィニツキ・セルーシ「記念の本質」関沢まゆみ編『戦争記憶論――忘却、変容そして継承』昭和堂、二〇一〇年、四二～五六頁を参照。

（7）エルネスト・ルナン他／大西雅一郎他訳『国民とは何か』インスクリプト、一九七七年およびピエール・ノラ／谷川稔訳『記憶の場――フランス国民意識の文化＝社会史』（全三巻）岩波書店、二〇〇二、二〇〇三年を参照。

（8）水島司『グローバル・ヒストリー入門』山川出版社、二〇一〇年、羽田正『新しい世界史へ――地球市民のための構想』岩波書店、二〇一一年、パミラ・カイル・クロスリー／佐藤彰一訳『グローバル・ヒストリーとは何か』岩波書店、二〇一二年を参照。

（9）テッサ・モーリス・スズキ／田代泰子訳『過去は死なない――メディア・記憶・歴史』岩波書店、二〇一六年、第一章および岡真理『記憶／物語』岩波書店、二〇〇〇年の「はじめに」を見よ。

（10）正史ないし「公共の記憶」から抜け落ちた――あるいは抑圧された――記憶の問題については、阿部安成・小関隆ほか編『コメモレイションの文化史――記憶のかたち』柏書房、一九九九年の序章に詳しい。

（11）矢野敬一・木下直之ほか編『浮遊する記憶』青弓社、二〇〇五年、第五章を参照。

（12）関哲行・踊共二『忘れられたマイノリティ――迫害と共生のヨーロッパ史』山川出版社、二〇一六年の序章を参照。

第Ⅰ部　語りなおす宗教改革

第1章　マルティン・ルターの宗教改革
――実像と虚像――

加藤喜之

1　矛盾するルターの記憶

作家トーマス・マンは『ファウスト博士』（一九四七年）のなかで、語り手である古典学者ゼレヌス・ツァイトブロームにマルティン・ルター（一四八三〜一五四六年）の宗教改革について、次のように述べさせた。

もう半分棺桶に足をつっこんでいるものの命を、このように何度も何度も救ってやることは、文化的な観点から見て、果たして歓迎すべきことなのだろうか。宗教改革者たちはむしろ反動的なタイプ、不幸の使者と見なされるべきではなかろうか……もしマルティン・ルターが教会を更新しなかったら、人類の限りなき流血と恐ろしい殺し合いとが起こらずにすんだろうことはたしかに疑いのないところである。(1)

この見解はおそらくマン自身のものとそれほど違わないだろう。マンはナチス政権下に亡命を余儀なくされ、ナチスの蛮行はルターの宗教改革の流れにあると考えていた。マンはまたナチスとルターの媒介者として、ドイツ帝国を築き上げたビスマルクも糾弾する。彼によれば、ビスマルクはルターの記憶をプロイセン的な権威主義を浸透させるために利用したのである。ビスマルクの文化政策にとって、ルターは権力への服従、ナショナリズム、そして国家への忠誠を教える重要なシンボルであった(2)。

しかし一方で異なる記憶もある。一九世紀に活躍したユニタリアンの聖職者チャールズ・ビアードによれば、ルターはまさに中世の暗黒や圧政から人間を解放し、近代的な自由を生みだした力そのものであった(3)。また、一六世紀バーゼルの人文主義者セバスティアン・カステリヨは、異端に不寛容なジュネーヴの指導者カルヴァンを批判した書物のなかで、ルターを賞賛した。このザクセンの改革者こそが信仰の自由の擁護者なのだ、と(4)。

このような専制と自由、統制と寛容という相反するルターの記憶を、私たちはどのように理解するべきなのだろうか。どちらかが実像で、どちらかが虚像なのか。あるいは、どちらも実像、または虚像なのだろうか。もちろん、ルターのような偉大な歴史上の人物にこのような二面性、あるいは多面性を見いだすのは難しくない。偉人の功績や欠点は、後世においてしばしば異なった党派に利用され、またさまざまな思い入れのある著述家たちによって記されるものだからである。しかしルターには、他の偉人と決定的に違う点があった。彼は、自らの記憶を広範囲にわたってコントロールできたのだ。印刷メディアによってである。自伝や書物を記す偉人もいるだろうが、彼の書物の影響力は一六世紀前半において圧倒的であった。出版物の数だけでいえば、他の著者の一〇倍もの部数を打ち出していたのである(5)。だがそうであるならなおさら、なぜルターの記憶は矛盾するのだろうか。その答えもまた彼のメディア戦略に関係している。たしかに印刷メディアは、ルターに圧倒的な影響力を与えた。しかし同時に、印刷された彼の考えは、彼の手を離れなければならなかった。その結果、改革運動はルターの思惑とは違った方向へ進み出してしまう。そこに分派を統制し、民衆を教化する必要が生まれたのだ。

これをふまえて本章では、ルターと印刷メディアとの関係に光をあてることで、どのように二つの相反するルター像が形成されたかを分析する。第二節では、壮年期を迎えたザクセンの片田舎の神学教授が、印刷メディアによって一躍、世を席巻する英雄に成り上がっていく経緯を確認していこう。第三節では、このメディア戦略が成功しすぎたことで生じた問題に注目し、方針の転換をみていく。とくに一五二一〜二二年にヴィッテンベルクで起きた騒動に光をあてる。最後に第四節では、一五二五年の農民戦争に対するルターの反応に注目しながら、民衆の心が彼から離れていく様子をみていきたい。

2　一六世紀のメディア革命とスター誕生

（1）地方都市の大学教授

ルターの名がヴィッテンベルク以外の都市で知られはじめた時、彼は三四歳であった。アウグスティヌス会士としてヴィッテンベルク大学で働きはじめて五年が経っており、人文主義とアウグスティヌスら教父の著作に影響を受けた彼の聖書講義は、学生や同僚の間ですでに絶大な支持を得ていた。とはいえ、ヴィッテンベルク大学は一五〇二年に開学した新設大学であり、ヴィッテンベルクの街も決して大きかったわけではない。そのためルターの影響力は、広い視点でみれば、一五一七年まで皆無だったといってよいだろう。

この状況を大きく変えたのが、九五の論題からなる『贖宥の効力を明らかにするための討論』であった(6)。いわゆる『九五箇条の論題』である。一五一七年一〇月三一日に、ルターがこの論題をヴィッテンベルクの諸聖人教会（城教会）の扉に貼り付けたことが、宗教改革の始まりだと伝えられてきた。これによって彼はいったい何を成し遂げようとしたのだろうか。いや、それ以前にこれは歴史的な事実なのだろうか。というのも、この事件の伝承はルターの同僚メランヒトンが弔辞で語った言葉に依拠するのだが、メランヒトンはこの事件の目撃者ではなかったからである。(7) 二〇世紀には、この事件の真偽をめぐり論争が起こった。(8) 一部の学者は、この行為を捏造と見なしたほどである。しかし近年になり、伝承の信憑性を立証する証拠がいくつかでてきた。

『九五箇条の論題』の原本は現存しない。今残っているものは、すべて他の都市で出版されたものだ。原本がないことも伝承を否定する要因となってきた。原本がないということは、大学の討論のための印刷を行っていないということになり、そうであれば壁に貼り出す必要もないからである。だが最近になって、ルターが『九五箇条の論題』の八週間前に行った、九七の論題からなる『スコラ神学反駁の討論』の原本が発見された。(9) この討論はヴィッテンベルクで刊行されており、大学の出版物を一手に担っていた業者ヨハネス・ラウ・グルネンベルクが印刷したものである。ここで重要なのはその書式である。このスコラ神学についての九七の論題は、大判の紙に二五ずつにまとめられており、これとまったく同様の書式がニュルンベルクで刊行された『九五箇条の論題』にみられるのである。(10) どういうことだろうか。ニュルンベルクの業者は、ラウ・グルネンベルクが刊行した（だが現存しない）『九五箇条の論題』の書式をそのまま使用した可能性が高い。これはラウ・グルネンベルクが大学の討論用に『九五箇条の論題』を実際に印刷した重要な証拠である。もしそうであるなら、当時の慣習に従って、ルター自身が城教会の壁に論題を掲示したと考えるのは不自然ではない。これに加えて、最近になり目撃証言を立証する文献が発見され、ルターが一〇月三一日に論題を貼り付けたのは以前ほど不確かではない。(11)

ルターはこの行為によって何を意図したのだろうか。当時ヴィッテンベルク大学では、彼を中心に大学の改革が盛んに行われるようになっていた。従来のスコラ神学を退け、エラスムスら人文主義者とアウグスティヌスら教会教父の著作を中心に、大学のカリキュラムを刷新するというものである。それと並行してルターは、『詩篇』や『ローマ書』の講義を通して、革新的な神学の基礎を築いていた。このような自らの考えをより広い場所で公にするため、一五一七年九月に『スコラ神学反駁の討論』を用意したのだと思われる。だが、ルターの思惑は外れ、この討論にはほとんど反響がなかった。

ルターの次なるステップこそが、九五の論題からなる『贖宥の効力を明らかにするための討論』であった。だが前回の『スコラ神学反駁の討論』と違い、今回はタイミングを考慮した。彼は贖宥状を批判するにあたって、ザクセン選帝侯フリードリヒの聖遺物が市民に披露される諸聖人の日の前夜を狙ったのである。諸聖人教会はヴィッテンベルク城に隣接しており、ヴィッテンベルク市民の注目も、論題を扉に打ち付けるルターの姿に集まったはずである。格好のステージを得たというわけだ。こうして、前回に比べて、『九五箇条の論題』ははるかに多くの注目を集めることができた。またさらに、論題がより広く知られるように、マインツ大司教アルブレヒトや自らの知人に送りつけたのだった。

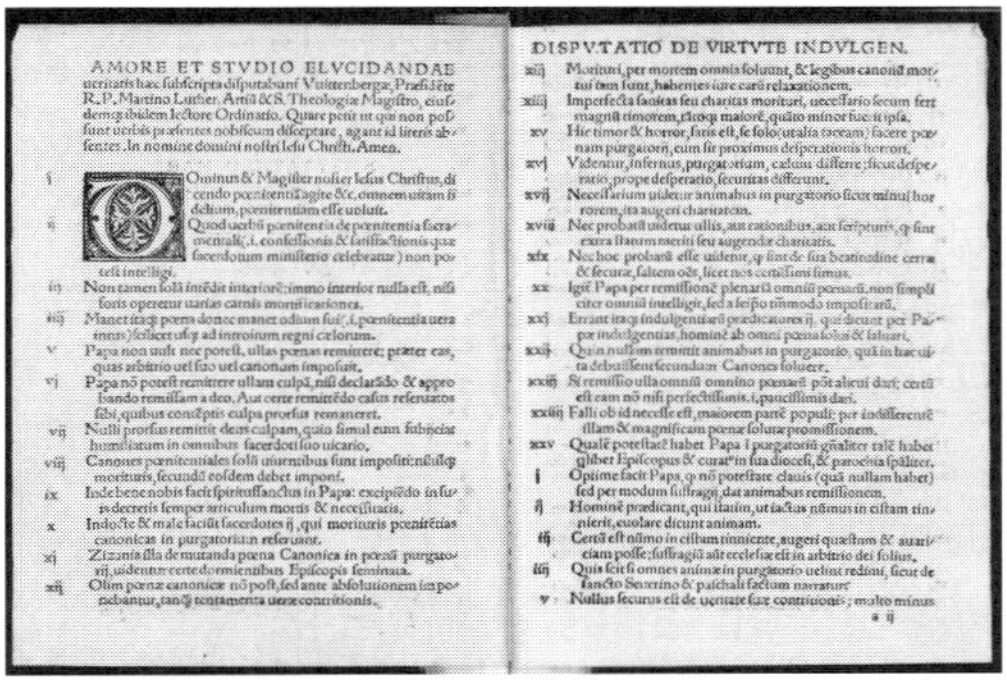

図1－1　バーゼルで四つ折り判として出版された『九五箇条の論題』

それからしばらくして、『九五箇条の論題』は、ニュルンベルク、ライプツィヒ、バーゼルなどの大都市で出版される。当時の出版の中心地であったバーゼルでは、組版も大判ではなく、四つ折り判で読みやすいパンフレットとして刷られた（図1－1）。またさらに、ニュルンベルクでは論題がドイツ語に訳されたのだ。大学の討論が俗語に翻訳されるということは、前代未聞のことであった。これにより、ルターの革新的な考えはヴィッテンベルクの壁を超えて広まっていく。だが彼自身は、この時点ではまだ印刷メディアの効力を完全には確信していなかった。このことは、ルターが一五一八年三月五日にニュルンベルクの人文主義者クリストフ・シュエルへ宛てた書簡で、「この方法は、民衆を教えるのに適切ではない」と記したことからもわかるだろう[12]。

(2) ベストセラー作家へ

たしかに『九五箇条の論題』は、ルターの名をザクセンの片田舎から引っ張りだすことに成功したが、それでも認知度はまだそれほど高くはなかった。論題が印刷されたとはいっても、総数としては一〇〇〇部を下回っていたし、広まったスピードもそれほど早くはなかったからである。[13] この状況が決定的に変わるのは、論題をより読みやすい形式に書きなおした『贖宥と恩寵についての説教』の出版をもってである。[14]

この説教は一五一八年三月に出版され、ドイツ語で記されていた。全体としては、一五〇〇字程度で、八頁からなるパンフレットである。簡潔にまとまっているためわかりやすく、大衆へ向けたメッセージだといえよう。この説教において、ルター神学の中心的な教義と見なされる「信仰義認論」は記されていない。むしろ中世スコラ神学の贖罪論が明確に否定されている。彼によれば、贖宥状の購入よりも、困窮しているものを助けるほうがはるかによい。そのような行為は自己犠牲を伴うが、それこそがまさに善い行いなのだ。このメッセージは、教会の圧政からの解放を求める人々の心をつかみ、ラウ・グルネンベルクによる再版は瞬く間に三版を数えた。一五一八年の年末までには、ライプツィヒで四度、ニュルンベルク、アウクスブルク、バーゼルでそれぞれ二度再版となる。[15] 一五一九年と一五二〇年にはさらに八版を数えた。ルターにとり、はじめてのベストセラーである。

作家ルターにとって『贖宥と恩寵についての説教』は、最後のベストセラーではなかった。一五一八年から一九年のわずか二年間でルターは、ヨーロッパでもっとも出版数の多い著者となったのである。彼はこの二年で四五の書物を出版し、そのうち二五をラテン語で、二〇をドイツ語で記した。[16] そしてこの四五の著作は、二九一もの版を重ねるのだ。

これはヴィッテンベルクという文化的に辺境の地にも大きな変化をもたらすことになった。一五〇二年から一五一六年にかけて、この小都市で出版された書籍は、一二三冊程度である。およそ一年に八冊のペースである。しかしルターと彼の同僚たちがこれを大きく変えた。一五一七年から一五四六年では、二七二一冊の書物が出版された。およそ一年に九一冊のペースである。総計にすれば、最初の一〇年ほどで福音主義的な著述家のパンフレットは、六〇〇万から七〇〇〇万部を数えた。[17] こうして一六世紀の終わりまでにヴィッテンベルクは、神聖ローマ帝国内最大の印刷都市へと成り上がる。

このような印刷メディアの急成長を支えたのが、ルターが好んだパンフレットという書物の形式であった。パンフレットは、四つ折り判が多くても三つ、合計三二頁からなる小冊子である。バーゼルで出版された『九五箇条の論題』や『贖宥と恩寵についての説教』はこの形式で印刷されており、かさばらず、値段も抑えられるのが利点であった。値段は、遍歴する職人の日当のおよそ三分の一程度だといわれている。このような消費者側の利点もさることながら、業者にとってもパンフレットは優れた商品であった。というのも、数百頁の本を刊行するために必要であった資本や労働力や紙などの材料の供給、そして在庫管理は、出版業者にとって大きな負担であったからである。この負担は、しばしば出版業者を経営の危機に追い込んだことだろう。だがパンフレットであれば、工程も短く、在庫の処理も難しくはない。だからパンフレットは好まれ、爆発的な売り上げを記録することができたのである。

またさらに、ルターのメッセージは直接パンフレットを読んでいないひとの間にも広まった。当時の識字率は、都市ではとりわけ男性の間で比較的高く、三〇％ほどであったが、農村では低かったので、帝国全体でみれば一〇％程度と考えられている。[18] そのため、実際にパンフレットを読んだ人は多いとはいえない。しかしルターの書物を読み、影響を受けたそれぞれの土地の聖職者、あるいは巡回する説教者たちは、そのメッセージの内容を文字の読めない民衆に説教などを通して語っていった。また都市では、市民たちがお互いにパンフレットの内容を語りあう。こうして、都市であれ農村であれ、このようなオピニオン・リーダー、あるいは中間知識人とでも呼べる名士や市民、そして聖職者たちがルターの考えを広めていくのだ。そうすることで、文字を読めない人たちでも、間接的ではあるが、ルターの著作に触れることができ、その革命的な考えは人々を熱狂させることになった[19]。

このような状況にローマ教皇を中心とするカトリック教会も黙ってはいられない。一五一八年一〇月一二日に、枢機卿カエターヌスはルターをアウクスブルクに呼び出し、教会批判をやめるよう促す。一五一九年一月の第一週には、教皇大使カール・フォン・ミリティッツ、そして一五一九年六月と七月にライプツィヒ討論でヨハン・エックが教会の立場から徹底的に批判した。いずれの会合でも教皇側は、教会への攻撃や「異端」的な教えの撤回、教会への従順を求めるが、ルターは受け入れない。既存の教会との関係はついに修復不可能な点に達してしまう。だがルターは、このような教皇派とのやりとりをパンフレットに劇的に記し、大衆の賛同を得ることに成功するのだ。

この時までにルターは、印刷メディアの効力を十二分に理解し、それを使いこなすほどになっていた。一五一七年に論題が出版された頃のルターは、まだ片田舎の大学教授であり、お世辞にも出版についての造詣が深かったとはいえない。だが、彼の元へ送られてくる、各地で印刷された彼自身の書物や、フリードリヒの所有する数多くの書物を通して、印刷について学ぶことができた[20]。すると次第にルターは、地元の出版業者ラウ・グルネンベルクの仕事の質に不満を覚えるようになる。そこで、印刷業においてははるかに秀でていたライプツィヒのメルヒオール・ロッターがヴィッテンベルクで支店を出せるよう画策し、これに成功する。さらに北ヨーロッパを代表する画家ルーカス・クラナハの木版画がその表紙を飾るようになる。こうして、ヴィッテンベルク特有の出版様式が形成されていくのだ[21]。

ヴィッテンベルクの出版が大成功を収めたのが、一五二〇年の三部作である。これらはルターの著作の代表作であるばかりか、商業的にも大成功だったといえよう。ロッターは『ドイツ貴族に与える書』を四〇〇〇部印刷し、五日間で売り切った。これはのちに一五版を重ねる。『キリスト者の自由』は、なんと一年で一八版を数え、ローマ教会の秘跡のシステムを徹底的に批判した『教会のバビロン捕囚』もまた熱狂的な読者を得た。[22]

（3）英雄と熱狂する人々

このようにして広まったルターの教えは、どのようなものだったのだろうか。それは現代の私たちが知り得る、たとえば信仰義認論に代表されるような彼の神学とはおそらく異なっていただろう。というのも、人々が彼のメッセージに触れたのは、神学的に厳密な議論を行う大学の討論のなかではなく、都市や農村、またそれぞれの生活のなかだったからだ。オピニオン・リーダーたちもまた、それぞれの仕方でルターを理解し、その考えを提示した。[23]彼らにとってルターは、なによりも善い行いを奨励する教師であり、堕落しきった教会や聖職者たちへ裁きの言葉を放つ預言者であった。ある修道士は、ルターを黙示録にあらわされた神の御使いであり、反キリストである教皇に対して戦いをしかける英雄（図1－2）と理解した。[24]

図1－2　ホルバイン「ドイツのヘラクレス」（1519年頃）

一五二一年四月一六日、ルターが皇帝カール五世に拝謁するためにヴォルムスへ到着したとき、人々の熱狂は最高潮に達した。教皇大使として当地へ赴いていたジローラモ・アレアンドロは、「全ドイツは騒乱のなかにある。九割の人々は、『ルター』と叫び、のこりの一割は『ローマ主義者に死を！』と叫んでいる」とローマへ報告したほどである。[25]まさにルターは、ローマ教会のくびきからドイツを解放する英雄、新しい預言者として、この帝国都市の人々に迎えられたのであった。そして彼もまたこの人々の声に神の霊の働きを感じていたことだろう。

このような熱狂を生み出したルターのメッセージは、印刷メディアを通して多くの人々に広まった。しかし同時に、印刷メディアはそのメッセージを曖昧なものにしたといえよう。人々が福音に見出した自由や解放への希望は、彼が考えていたものとは微妙にずれていた。さらにいえば、人々のうちにひとたびこのような自由や解放への熱狂が生み出された時、ルターはその熱狂を導くことができるのだろうか。ましてや、ヴィッテンベルクの同僚たちはこの重い責任に耐えられるのだろうか。というのも、ヴォルムスを後にしたルターは、ザクセン選帝侯の命により一年ものあいだヴィッテンベルクから行方をくらますことになるからである。

3　福音を伝える権威——カールシュタットとの抗争

(1)　高まる改革への熱意

ルター不在となったヴィッテンベルクでは、人文主義者フィリップ・メランヒトン、アウグスティヌス修道会士ガブリエル・ツヴィリング、そして司教座付補助司祭アンドレアス・カールシュタットが改革を推し進めていた。一五二一年六月頃から彼らはいくつかの討論を行い、教会が禁じていた聖職者の結婚やパンと葡萄酒からなる二種陪餐を擁護する。九月になり、ついに改革が実行に移される。メランヒトンは学生たちと共に初の二種陪餐を実践し、聖職者だけで行ういっさいの私唱ミサを禁止するのだ[26]。これに合わせてアウグスティヌス会修道院でも、一〇月六日にツヴィリングが私唱ミサを禁じ、修道士たちは伝統的なミサをあげるのを拒否するようになる。これらを耳にしたフリードリヒ選帝侯は、一〇月一〇日に大学へ書状をしたため、あらゆる宗教儀礼の変更を禁じた。また、大学教授と諸聖人教会の聖職者たちからなる委員会を発足させ、事態の検証にあたらせた[27]。だが数日後ツヴィリングは、ふたたび激しく私唱ミサを糾弾し、それによって今度は修道院からミサが一掃される。

この時点では、メランヒトンとツヴィリングが改革を先導し、カールシュタットはむしろ二人をなだめる役回りだった。たとえばカールシュタットは、一〇月一七日に一三八の論題からなる討論を行い、改革は市参事会の同意のもとでなされるべきだと主張したほどである(28)。

数日後、委員会は驚くべき内容の報告を行う。選帝侯の意に反し、死者へのミサを廃止し、二種陪餐を導入すべきだというのだ。同時に、良心のとがめを感じるものたちに対しては、私唱ミサを残しておくべきだとも主張している(29)。この報告に選帝侯は同意できるはずがない。選帝侯の考えによれば、実質的な改革はあくまで教会会議（公会議）の決定を待つ必要があったからである。そしてあらゆる反対意見がなくなるまで、つまり、完全に教皇派がヴィッテンベルクからいなくなるまで忍耐強く待つべきだというのだ。選帝侯の帝国内での政治的な立ち位置を考えれば当然の見解であろう。

しかし、ひとたび熱狂した民衆を抑えるのは容易なことではなかった。一二月には、フランシスコ会の教会でのミサが暴徒によって妨害されるという事態が起きてしまう。フリードリヒは犯人を捕まえ罰するように命じるが、功を奏しない。勢いにのったヴィッテンベルク市民は、市参事会に対して改革についての六箇条を要求する。これらは、説教の自由、強制的なミサの禁止、私唱ミサの禁止、希望者には二種陪餐の許可、居酒屋・宿場・売春宿の閉鎖、礼拝の妨害を罰しないというものであった(30)。

これに乗じるようにカールシュタットは、一月一日に福音主義的なミサを行うと宣言した。だが実際には、予定を繰り上げクリスマスにこれを行い、諸聖人教会の参事会の怒りを買う。また、カールシュタットは祭司服ではなく、大学教授の服装で聖餐式を執り行う。その数日後に、ツヴィッカウの地で同じような改革運動を展開していたトーマス・ミュンツァーの影響を受けた織工ニクラウス・シュトルヒがヴィッテンベルクを訪れ、神から直接的な啓示を受けたと証言し、幼児洗礼を否定した。カールシュタットはこのシュトルヒを家に迎え入れるのであった(31)。

一五二二年一月になり、毎日行われていたミサは『詩篇』についての説教に変更され、金曜日には説教が二度行われるようになる。ツヴィリングもカールシュタットにならい、一月一日に諸聖人教会で二種陪餐を執り行う。これをうけて一月一〇日と一一日にツヴィリングに率いられたアウグスティヌス会士たちは、祭壇と聖画像を破壊する。一二月に秘密裏にヴィッテンベルクを訪問し、改革の進展に満足していたルターも、このような事態の急な展開について書簡で報告を受け、懸念するようになっていた(32)。

ついに一月二四日に市参事会は改革を法制化した。いわゆる「ヴィッテンベルク規定」である。この規定は、二種陪餐、物乞いの禁止、共同金庫の設置などの条項からなっており、ヴィッテンベルク市長クリスティアン・バイヤーは、この決定を大学と市参事会の合意のもとなされたものであると選帝侯に報告した。カールシュタットはこれに飽き足らず、改革をさらに促進させるため「聖画像の撤去」というパンフレットを一月二七日に出版した。これにはメランヒトンもついに反対を表明し、選帝侯の参事アインジーデルに聖画像については自由（adiaphora）であるべきだという内容の手紙を書き送った(33)。しかし市民はカールシュタットに賛同しており、二月の初めに暴徒化した市民は市教会の聖画像を破壊する。これにはバイヤーも驚き、アインジーデルとともにカールシュタットとツヴィリングの説教を問題視するようになった。そこでアインジーデルは、カールシュタットへ書簡をしたため、扇動的な説教をひかえるよう命じ、メランヒトンをツヴィリングの説得にあたらせた。これによってツヴィリングはヴィッテンベルクを去るが、カールシュタットは止まらない。こうして、二月八日にアインジーデルとバイヤーは、説教者たちが民衆を扇動していると選帝侯へ報告するのだ(34)。事態の収拾が絶望的になったと知ったルターは、ついに身を隠していたヴァルトブルク城を離れ、ヴィッテンベルクへ戻る決心をするのである。

（2）ヴィッテンベルクへの帰還と秩序の確立

ヴィッテンベルクに戻ったルターは、三月九日から八日間にわたって四旬節の説教を行う。彼は説教を通して、自らの権威を確立し、改革の方向性を打ち出した。それが熱狂する民衆をなだめ、秩序を再び確立するのに最も効果があると考えたからだろう。説教のなかで彼はまず、自分こそが神によって最初に真理を啓示され、人々を導くために召されたと宣言する。(35) カールシュタットやメランヒトンは彼から学んだのであり、すべては彼から始まったのだ。その一方で、今回の騒動の責任は自分にはないという。ルターによれば、ヴァルトブルクにいた彼のもとにはヴィッテンベルクでの騒動について何の情報も届いていなかったからである。(36) したがってヴィッテンベルクの人々は、ルターを信頼し、ルターの権威に改革を委ねるべきだと彼は主張した。

残りの説教でルターは、より具体的に改革のあるべき姿を描きだしていく。カールシュタットやツヴィリング、そして市参事会は、法によって改革を推し進めようとした。神の言葉が命じていることを実行に移すのは当然だと考えたからであろう。カールシュタットらは、私唱ミサの禁止、聖職者の結婚、聖画像の禁止、肉食、二種陪餐といった改革をすぐさま導入しようと画策した。とくに聖画像に関していえば、神への偶像礼拝になるので破壊を試みた。しかしルターは、このやり方ではまだ改革の教えに同意できていない人々を傷つけることになるという。必要なのは法ではなく、むしろ説教や教えを語ることで人々の心が神によって変えられるのを待つべきなのだ。それが彼やメランヒトンがこれまで行ってきたことだからである。ルターによれば、「フィリップとアムスドルフとヴィッテンベルクでビールを飲んでいる間に、みことばが人々のあいだで働いた」(37)。それゆえ、しばらくは実質的な改革から手をひき、説教や講義に専念しなければならないと説教を結ぶ。

この一連の説教はルターの権威を確立させ、ヴィッテンベルクに秩序を回復した。そうするにあたって彼は、自分を騒動の指導者たちから鋭く区別し、自らの権威の正統性を聴衆に訴えかけた。しかし彼の描き出した光景は、事実と微妙にずれている。まず彼は、この騒動の責任を否定するにあたって、騒動に関する無知を主張したが、これは正しくない。情報は常に書簡を通して彼に届いており、さらに一二月にはヴィッテンベルクを訪れ、改革の進展に満足していたからである。また、ヴィッテンベルク規定に定められた条項は、ルターがこれまで様々なパンフレットで訴えてきた内容と大きく違わなかった(38)。たしかに彼は、信仰の弱いものへの配慮を軽視したことはなかったが、この微妙な違いを多くの人は理解できないだろう。むしろ民衆たちからすれば、彼の同僚たちは彼の教えに素直に従ったにすぎない。そのため、騒動への関与を一切否定し、自らの権威の正統性を訴えるルターには違和感を覚えざるをえない。

もちろんルターが苦境に立たされていたのは否定できない事実である。状況をコントロールできなければ、改革は民衆の騒動や反乱を引き起こすものとして教皇派の諸侯や領主につぶされてしまう。これまでの努力が水の泡である。また、実質的な改革の導入は、これまで彼を保護してきたフリードリヒ選帝侯の政治的な立場を危険にさらすことになっていただろう。実際、帝国議会は一五二二年一月二〇日にあらゆる宗教儀礼の変革を禁止していた。しかしこれらを勘案しても、ルターのやり方には疑問が残らないだろうか。結果的には、カールシュタット一人が責任を負わされ、ヴィッテンベルクを追われることになる。

(3) カールシュタットの没落

ルターの帰還によって、ヴィッテンベルク規定が導入した改革はひとまず保留となった。同時に当局は、カールシュタットを騒動の主犯と見なし、大学での教育を継続することは許可したものの、教会で説教することを禁止した。カールシュタットは自分の処遇もさることながら、改革が保留されたことに異を唱えるために、カトリックのミサを批判したパンフレットを一五二二年四月に出版する。これがルターへの批判ととられ、検閲により発売禁止

となる。(39)

カールシュタットとルターの溝は深まるばかりであった。カールシュタットは大学教授のしるしであったガウンを脱ぎ、自分を「新しい俗人」と名乗るようになっていた。一五二三年の夏にはついに大学の職を辞し、イエナ近郊の町オルラミュンデへ移った。主任司祭として仕えるためである。また、イエナに出版業者をみつけ、いくつかのパンフレットを出版している。それらによると、カールシュタットの考えはますます急進的なものとなっており、とりわけ聖餐式の理解に関しては、スイスのツヴィングリに近いものとなっていた。(40) これに対してルターは、カールシュタットの出版物を禁止することに成功する。通常の検閲は、まず大学の神学部の承認をとることが必要であったが、彼は直接選帝侯に働きかけ、これを成し遂げたのである。だがこの処置はカールシュタットの批判を止めることができず、ルターが一五二三年一二月にヴィッテンベルクで導入した礼拝改革の批判を招いてしまう。ルターは典礼にドイツ語を使用したが、部分的にラテン語や伝統的なカトリックの要素をのこした。カールシュタットはこれを「教皇派のミサ」と見なし、パンフレットで攻撃した。さらにカールシュタットは、自らのサクラメントについての理解を記したパンフレットを出版した。これによれば、聖餐はキリストの死を記念するためにあり、キリストの身体的な臨在を伴わない。(41)

一五二四年の春にカールシュタットは、急進的な礼拝の改革をオルラミュンデで導入する。この改革によると、会衆は詩篇を歌い、聖画像を破壊し、幼児に洗礼を施すのを拒否しなければならない。このことは、すぐさまこの地方を治めるヨハン・フリードリヒ公やルターの知るところとなった。また、同時期に、テューリンゲンの村アルシュテットの牧師となっていたミュンツァーが、民衆を扇動しているとの報告も届いていた。そこでルターは、ヨハン・フリードリヒ公の命を受け、一五二四年の夏にこの地方の巡察に向かう。その時カールシュタットと会合をもつのだが、会合は誹謗中傷の飛び交う泥仕合いとなってしまう。その結果、初期宗教改革運動の二大牽引者の決裂は決定的となった[42]。

その後カールシュタットはザクセンを追放され、各地を転々とした。この間、カールシュタットはチューリヒやバーゼル、そしてシュトラースブルクの改革者や再洗礼主義者たちとも交流し、影響を与えている[43]。一五二五年の農民戦争では一時的にルターのもとに身を寄せるが、再度ヴィッテンベルクを去ることとなった。最終的にカールシュタットは、バーゼル大学の旧約聖書の教授となり、スイスでの改革に尽力することになる。

このカールシュタットとの確執は、印刷メディアを通して生まれたルター像を理解するにあたって重要である。印刷メディアによって彼は一躍スターとなった。だが、そこにあったのはルターという虚像であり、彼の神学の厳密な理解ではない[44]。むしろ民衆は圧政や搾取からの解放をみたのだ。その虚像には聖俗を明確に分ける二王国論や信仰の弱い者への配慮、騒動や謀反の禁止といった一五二二年の騒動以前のルターの著作にもみられるような考えはみいだせない。カールシュタットが理解していたルターもおそらくこの虚像に近かったはずである。それがカールシュタットの理想だった。だから彼は民衆に寄り添い、改革を実現しようとしたのだろう。他方でルターは、メディアが作り出したこの虚像を破壊し、「正しい」改革を打ち立てていかねばならない。そのためには、これまでのように「ビールを飲んでいる間に、みことばが人々のあいだで働」くのを待つだけではなく、積極的に自らの権威を打ち立て、検閲や巡察を行う必要があった。これが改革運動の重要な分岐点となる。だが分岐点はこれひとつではない。一五二五年の農民戦争へのルターの応答は、多くの改革者や民衆のうちにあった虚像を決定的に破壊することになるのだ。

4　農民の侮蔑と落日の英雄

（1）農民の『一二箇条』と福音

農民戦争もまた、印刷メディアによる事件である。一五二五年三月にシュヴァーベンの農民たちによる『一二箇条』がアウクスブルクで印刷されると、それは瞬く間に各地へ広がっていった。南はシュトラースブルクやヴォルムス、レーゲンスブルク、そしてコンスタンツで版を重ねており、北部でも、ツヴィッカウ、ライプツィヒ、マクデブルクに広がった。ミュンツァーの記したものと合わせると、短期間で八五もの版を数えるのだ。(45) これによって、農民たちの蜂起は統一した理念をもった運動となり、勢力を増した農民たちは諸侯や領主たちに恐怖を与えることになる。

ルターは、この『一二箇条』への最初の応答として、『農民の一二箇条に対する平和勧告』というパンフレットをその年の四月下旬に記した。(46) 農民たちは福音運動との連帯を求めており、『一二箇条』の聖書的な真偽の判断を代表的な改革者たちに委ねたからである。(47) ルターはこれを好意的に受け取っており、その言葉にも農民たちへの配慮が見受けられる。

『勧告』には、諸侯と農民双方への忠告が記されていた。まず諸侯に向かってルターは、その搾取と専制を非難する。とりわけアルベルティン系のザクセン公ゲオルクに代表されるような、これまで福音の運動を弾圧してきた諸侯が批判されている。教皇派に留まり続けることがこのような事態を招くことになったというのだ。またルターは今回の蜂起の原因ではなく、ミュンツァーのようなサタンに操られた「偽預言者」たちが農民たちを扇動しているという。(48)

一方でルターは、農民たちを「愛する兄弟たち」と呼び、諭すようにして語りかけた。ルターによれば、農民たちをこのような行動に導いているのは、悪魔であり、殺人の霊である。そのためすべての霊や説教者を信じてはいけない。また、農民たちは「キリスト教同盟」を名乗ることによって神の名をみだりにとなえているという。というのも、農民たちは暴力に訴えかけているからである。剣をとることは農民には許されておらず、統治者のみに許された権利なのだ。キリスト者を名乗る者は、むしろキリストのように専制や苦しみを耐え忍ばねばならない。ルター自身も教皇や皇帝によって迫害されたが、暴力に訴えることはなかった。たしかに当局の圧政や搾取は間違っているが、このように農民たちの要求も世俗的なものなので、これは福音ではなく異教だと論じる。[49]

『勧告』の最後でルターは、双方の間違いを指摘した。暴君は罰せられ、暴動もまたよい結果を生まない。というのも、どちらの訴えもキリストや聖書によっては正当化できないからである。諸侯が戦っている農民はキリスト者ではなく、また農民が戦っている相手もキリストの殺害者でありキリスト者ではないのだ。そのため、双方は和解しなければならず、いずれかの一味として戦うものには永遠の罰が待っていると論を結ぶ。[50]

この書物は、領主と農民双方への批判があり、比較的バランスのとれたものだったといえるだろう。だが出版された頃には、すでに状況が悪化していた。そのため、数週間後に記されたルターの書物では、トーンがまったくといってよいほど変化している。

(2) 偽預言者の殺人・強盗団

『勧告』を書き終えた直後、ルターはアイスレーベンで説教をする機会を与えられた。そこで彼は民衆の反感を肌で体験する。ヴィッテンベルク騒動の時とは桁違いの暴動であり、混乱であった。また、五月に入り、彼のもとに各地での暴動や反乱の様子がより詳しく伝わってきた。反乱はすぐそこまで迫ってきている。ミュールハウゼンでは、あのミュンツァーが神権国家を成立させようとしているではないか！　ルターは農民たちへの態度を大きく変えざるをえない。こうして五月六日にルターは、彼の著作で最も暴力的なもののひとつ『農民の殺人・強盗団に抗して』（図1－3）を書き上げるのだ[51]。

　この短いパンフレットのなかでルターは、すべての責任は「悪魔の頭目ミュンツァー」にあるとした。彼のせいで「気の毒な人々は邪道に陥り」、三つの恐るべき罪を犯したのだ。第一に、農民たちは諸侯や領主といった正当な権力へ誓った服従をないがしろにした。第二に、彼らは暴動を起こし、略奪をしている。また第三に、彼らはこれらの罪を福音の名のもとに行っている。彼によれば、まさに時は終末の様相を呈しており、「地獄には一匹の悪魔も残っておらず、彼らはことごとく農民のうちにはいりこんでしまった[52]」。

　このような無秩序を正すにはひとつの解決策しかない。それは反乱を起こす農民たちを躊躇せずに皆殺しにすることである。ルターによれば、福音を認容しない教皇派の当局であっても、和解の話し合いなしに「農民を打ち、罰することができる」。というのも、農民は「不従順な反乱を惹起する殺人者、略奪者、瀆神者であることが明瞭になった」からだ。悪者を罰するのは当局の義務なのである。また、福音を認容している諸侯なら、祈り、話し合いをもつべきだと勧める。それが役に立たなければ、容赦なく罰しなければならない。

図1－3　『農民の殺人・強盗団に抗して』（ランツフート，1525年）

　さらにルターは、農民たちの討伐を勧めるだけでなく、そこに神学的な正当性を付与するのだ。彼によれば、当局に味方して殺される者は、キリスト教徒としての良心をもっていれば殉教者になれる。一方で、農民に味方する者は、永遠の業火で焼かれる[53]。なぜ彼はこのように語ることができたのか。それは彼がこの戦争を終末の始まり、最後の日の序曲として捉えていたからである。もしかしたら農民たちが諸侯から権力を強奪するかもしれない。そうなれば、その簒奪者たちを罰するためにキリストがこの地に戻る、と。だからこそルターは、諸侯たちへの次のような恐ろしい奨励をもって本書を結ぶのだ。

なしうるものは誰でも刺し殺し、打ち殺し、絞め殺しなさい。そのために死ぬのならあなたにとって幸せである。これ以上祝福された死はあなたにありえない。というのも、あなたは神の御言と命令に従い、また悪魔と地獄のきずなから、あなたの隣人を救い出す愛の奉仕のうちに死ぬからである[54]。

（3）英雄の没落

ルターの『農民の殺人・強盗団に抗して』が刷りあがった時、世間はフランケンハウゼンの話で持ちきりだった。ルターの言葉がまさに現実となったのだ。五月一五日にフランケンハウゼンに集った八〇〇〇人の農民反乱軍のうち、六〇〇〇人があっというまに虐殺された。諸侯側の死者はわずか六人である。この歴然とした力の差を前に、ルターの言葉はあまりにも強すぎた。

カトリックの擁護者たちはこれを好機と捉え、ルターの非情さを喧伝した。この年だけでも『農民の殺人・強盗団』は二〇もの版を数え、その版元の多くは普段はルターの書物を印刷しないケルン、インゴルシュタット、ドレスデンといったカトリック都市にあった[55]。もともと『農民の殺人・強盗団』は『勧告』とともに印刷されたが、それらの都市ではよりスキャンダラスな『農民の殺人・強盗団』のみが刊行された。カトリックだけでなく、ルターに共感を示してきた人たちも、この著作でのルターの言葉には惑いを禁じえない。なかにはフリードリヒ選帝侯が逝去したため、保身を考えカトリック諸侯に取り入ろうとした、という者までいたほどである。(56) しかしルターは自分の正義を信じて疑わなかった。友人への弁明によれば、農民たちは神の秩序を乱し、彼らに禁じられている暴力や強奪を行った。そのような農民たちが正当な権力によって口を封じられ、処罰されることは何もおかしくない。(57) こうして、多くの民衆は預言者、救世主としてのルター像が虚像であったことを理解し、権力の側にたつ専制的なルターから離れていくのであった。

5　変化するキリスト教世界のなかで

本章は、ルターと印刷メディアの関係を通して、二つの像が形成されていくのをみた。ひとつは、ヴィッテンベルク騒動にいたるまでの、教皇や皇帝の圧政に立ち向かう英雄ルターである。もうひとつは、ヴィッテンベルク騒動の後で顕著になった、権力の側に立ち、検閲や暴力を正当化するルターである。しかし彼自身の考えにはそれほど変化はない。騒動の前から、キリストにある自由はあくまで非政治的なものであり、だからこそこの世の苦難を耐え忍ぶことができると主張していた。また、改革は騒動や暴力を通してなされるものではなく、神の言葉を語ることによってのみ可能だともはっきり記していた。騒動の後、ルターがより積極的に教会の巡察や扇動的な司祭を取り締まる「監督」という役職を設置したのは、「正しい」神の言葉が語られるためである。そこにずれはない。

むしろ二つのルター像が生まれた理由は彼の変節にあるのではなく、印刷メディアによるところが大きい。というのも、パンフレットや書物は受け取る側の状況によって意味が決定されやすいからである。説教や講義であれば、より厳密な意味の伝達が可能であろう。だが印刷物はひとたび著者の手を離れれば、読み手の文脈のなかで独自の意味をもち出すのだ。たしかに初期のパンフレットは、彼の影響力を増し、彼に権威を与えることに成功した。同時にその権威は、読み手である知識人、市民や農民といった民衆の渇望する自由や解放と同じ方向へ向かう限りで力をもったのである。ヴィッテンベルク騒動や農民戦争への応答で明らかになったのは、ルターが求める改革は民衆のものと同一ではないということだった。そのため一五二五年以降、ルターの影響力は急速に弱まり、局所的なものに留まる。

しかしこれはルターが印刷メディアを見限ったことを意味しない。彼は本を書き続け、小都市ヴィッテンベルクはヨーロッパでも有数の出版の中心地であり続けた。とはいえ、記された書物の内容は大きく異なっている[58]。農民戦争以降、ルターは宗教教育に関連する書物に力を入れ、教会規則集、教理問答、賛美歌集、説教集などがヴィッテンベルク中の印刷機から刷り上がっていった。こうして、ルターのメッセージは初期の爆発的な影響力を失ったものの、より正確に、またより組織的に教会と領民の生活のなかに浸透していくのである。

注

（1）トーマス・マン／関泰祐・関楠生訳『ファウスト博士』岩波書店、二〇〇一年、上巻、一五七頁。

（2）Thomas Mann, "The letter to Gustav Blume on July 5, 1919", in Erika Mann (ed.), *Letters of Thomas Mann 1889–1955*, 90; Erika Mann (ed.), *Thomas Mann: Briefe 1889–1936*, Frankfurt am Main: S. Fischer Verlag, 1961, 165. ナチス政権下でのルターの記憶については、Christopher J. Probst, *Demonizing the Jews: Luther and the Protestant Church in Nazi Germany*, Bloomington, IN: Indiana University Press, 2012 を参照。

（3）Charles Beard, *Martin Luther and the Reformation in Germany: Until the Close of the Diet of Worms*, London: Kegan Paul, Trench & Co., 1889, 3.

（4）Sebastian Castellio, *De haereticis, an sint persequendi*, Basel: Peter Horst, 1554.

（5）Mark U. Edwards, Jr., *Printing, Propaganda, and Martin Luther*, Berkeley: University of California Press, 1994, 27.

（6）マルティン・ルター／緒方純雄訳「贖宥の効力を明らかにするための討論」『ルター著作集』第一集第一巻、聖文舎、一九六四年、六七〜八六頁。

（7）Philip Melanchthon, "Oratio in funere D. Martini Lutheri", in C. G. Bretschneider/H. E. Bindseil (ed.), *Corpus reformatorum : Philippi Melanthonis Opera quae supersunt omnia*（*CR*）（Halle : Schwetschke, 1835–1860）11 : 726–734. この四か月後に、メランヒトンはルターのラテン語著作集の前書きとして短いルターの伝記を掲載した。*CR* 6 : 155–170を参照。

（8）論題をめぐる近年の論争については、永田諒一『宗教改革の真実――カトリックとプロテスタントの社会史』講談社、二〇〇四年、一六〜二四頁を参照。

（9）Falk Eisermann, "Der Einblattdruck der 95 Theses im Kontext der Mediennutzung seiner Zeit", in Irene Dingel/Henning P. Jürgens（ed.）, *Meilensteine der Reformation : Schlüsseldokumente der Frühen Wirksamkeit Martin Luthers*, Gütersloh : Gütersloher Verlagshaus, 2014, 100–106.

（10）Andrew Pettegree, *Brand Luther : How an Unheralded Monk Turned His Small Town into a Center of Publishing, Made Himself the Most Famous Man in Europe-and Started the Protestant Reformation*, New York : Penguin Press, 2015, 71.

（11）Timothy J. Wengert, "Georg Major : An 'Eyewitness' to the Posting of Martin Luther's Ninety-Five Theses", in Joachim Ott/Martin Treu（ed.）, *Luthers Thesenanschlag : Faktum oder Fiktion*,（Leipzig : Evangelische Verlagsanstalt, 2008）, 93–97.

（12）ルター「クリストフ・シュエル宛の一五一八年三月五日の書簡」Martin Luther, *Werke:Kritische Gesamtausgabe, Briefe*（WABr）, Weimar : Böhlau, 1930, 1 : 152.

（13）Scott H. Hendrix, *Martin Luther : Visionary Reformer*, New Haven : Yale University Press, 2015, 62.

（14）ルター／徳善義和訳「贖宥と恩寵についての説教」『ルター著作集』第一集第一巻、八七〜一〇〇頁。

（15）Pettegree, *Brand Luther*, 80.

（16）Pettegree, *Brand Luther*, 105.

（17）アンドルー・ペティグリー／桑木野幸司訳『印刷という革命――ルネサンスの本と日常生活』白水社、二〇一五年、一七〇頁。

(18) Edwards, *Printing*, 38.

(19) Miriam Usher Chrisman, "Reformation Printing in Strasbourg", in Jean-François Gilmont/Karin Maag, *The Reformation and the Book*, Aldershot : Ashgate, 1998, 214-234 ; Paul A. Russel, *Lay Theology in the Reformation : Popular Pamphleteers in Southwest Germany, 1521-25*, Cambridge : Cambridge University Press, 1986 ; Edwards, *Printing*, 129.

(20) Pettegree, *Brand Luther*, 147.

(21) ペティグリー『印刷という革命』一六六頁。

(22) Pettegree, *Brand Luther*, 127-128.

(23) Edwards, *Printing*, 106-107.

(24) Robert Kolb, *Martin Luther as Prophet, Teacher, and Hero : Images of the Reformer, 1520-1620*, Grand Rapids, MI : Baker Books, 1999, 29.

(25) Kolb, *Martin Luther as Prophet, Teacher, and Hero*, 26.

(26) Nicholaus Müller, *Die Wittenberger Bewegung 1521 und 1522 : Die Vorgänge in und um Wittenberg während Luthers Wartburgaufenthalt : Briefe, Akten u. dgl. und Personalien*, 2nd ed.（*NM*）(Leipzig : Heinsius, 1911), #4.

(27) *NM* #9, #10.

(28) *NM* #15, #18.

(29) *NM* #16.

(30) *NM* #54, #68.

(31) Hendrix, *Martin Luther : Visionary Reformer*, 124.

(32) ルター「シュパラティン宛の一五二二年一月二二日の書簡」WABr 2 : 443-444.

(33) メランヒトン「ユーゴルト・フォン・アインジーデル宛の一五二二年二月五日の書簡」、*NM* #84, #85.

(34) *NM* #89.

(35) Luther, *Werke : Kritische Gesamtausgabe*（WA）, Weimar : Böhlau, 1905, 10/3, 8.

(36) WA 10/3, 11.
(37) WA 10/3, 18.
(38) Mark U. Edwards Jr., *Luther and the False Brethren*, Stanford, CA : Stanford University Press, 1975, 10.
(39) Amy Nelson Burnett, *The Eucharistic Pamphlet of Andreas Bodenstein von Karlstadt*, Kirksville, MO : Truman State University Press, 2015, 8.
(40) 同様の理解は、すでにチューリヒのツヴィングリやバーゼルのエコランパディウスらがラテン語の著作で記していたものである。Amy Nelson Burnett, *Karlstadt and the Origins of the Eucharistic Controversy : A Study in the Circulation of Ideas*, Oxford : Oxford University Press, 2011, 92.
(41) Burnett, *The Eucharistic Pamphlet*, 10–11.
(42) Edwards, *Luther and the False Brethren*, 41–45.
(43) Burnett, *The Eucharistic Pamphlet*, 16.
(44) 送り手と受け手のあいだの意味の乖離については、Edwards, *Printing*, 171–172 を参照。
(45) Pettegree, *Brand Luther*, 238–239.
(46) ルター／渡辺茂訳「農民の一二箇条に対する平和勧告」『ルター著作集』第一集第六巻、三一七～三五四頁。
(47) James M. Stayer, *The German Peasants' War and Anabaptist Community of Goods* (Montreal : McGill-Queen's University Press, 1991), 39.
(48) ルター「平和勧告」、三三〇頁。
(49) ルター、同掲書、三三五～三四二頁。
(50) ルター、同掲書、三五〇頁。
(51) ルター／渡辺茂訳「農民の殺人・強盗団に抗して」『ルター著作集』第一集第六巻、三六三～三七二頁。
(52) ルター、同掲書、三六七頁。
(53) ルター、同掲書、三六九～三七〇頁。
(54) ルター、同掲書、三七一頁。

(55) Pettegree, *Brand Luther*, 242.
(56) Edwards, *Luther and the False Brethren*, 69.
(57) ルター／有賀弘訳「農民に対するきびしい小著についての書簡」『ルター著作集』第一集第六巻、三八〇～三八一頁。
(58) ペティグリー『印刷という革命』一七七頁。

第2章　カトリック世界としての一六世紀ドイツ

——信仰と行い——

猪刈由紀

1　罪の赦しを求めて

（1）信仰から行いへ

というのも、神のみもとに近づくとは（聖アウグスティヌスの言うように）外的な場所を通じてではなく、近づかんとするその意志によって、また愛によって近づくのだからである。そして、それは心と心情との足によって（mit den Füßen des Herzens und Gemüths）世を生きて行くことである（マルティン・ルター[1]）。

キリスト教における信仰の本質とは、非常に簡潔にまとめれば、キリストによってもたらされた福音と、キリストの十字架により実現された救い（＝神との和解）を信ずることと定式化できるだろう。しかし、そうした信仰をもって生きるということは、実際のところどのように生きることなのだろうか。古代以来、キリストを信じる者たちがこの問いにどう答えてきたのかを知るには、いわゆる信仰実践の長くまた広範な歴史を紐解かねばならないが、ひとまず以下のように言えるだろう。神の愛への応答、また神との交わりとして祈ること。隣人を愛し、隣人への愛の業を行うこと。そしてその双方において模範を示した先人を偲び、崇敬し、その徳に倣うこと。これらはいずれも、信仰という神との関係に生きる専門職ともいうべき修道会が古くから目指してきたことである。信仰者としてのこうした理想的な生き方は、一二世紀シトー会が平修士として俗人の修道生活を受け入れたことや、一三世紀のフランシスコ会第三会という形でしだいに俗人にもその実践への門戸が開かれた。さらには祈りと愛の奉仕という信仰の集いとしての俗人兄弟団(2)や俗人の擬似的修道生活としての性格をもつベギン会などの団体が各地に設立されていった。また、じつに様々な敬虔の業が生まれては俗人の生活の中に取り入れられ、特別な組織に属さない人々によっても広く実践されていった。キリスト教化の進展の結果であり、修道生活の一般への広がりとも、俗人の希求を教会が受け入れたものともいえる、相互的影響関係である。その際、敬虔の業が普及する中心的原動力の一つとなったのは、死と死後への不安であったと言われる(3)。安らかな死と死後の魂の平安を願う心情が、神への祈りと神によろこばれる業としての愛の業へと人々を駆り立て、また神へと執り成しをしてくれる徳高い模範的先人である聖人への崇敬の念を篤くしたのだった(4)。罪の赦しとは、神との和解である。穏やかなる死のためには、神と和解して死を迎えねばならない。ペストや戦争、飢饉など死の危険が常に身近に迫っていた中世、よき死を迎える準備のために人々は多くの労力をさいた。こうして信仰の業は中世末には盛んに、また熱意をもって実践されるに至ったのである。

本章では信仰の業について、おもにドイツにおける宗教改革前の状況に始まり、宗教改革が及ぼした影響、そしてカトリック教会から対抗措置が打ち出されるまでのおよそ一〇〇年を中心に検討する。教会への献金や遺産の隣人愛的遺贈、聖人崇敬、巡礼と巡礼者への援助へと具体化した信仰の業について見ていくが、まずはその支柱となった罪の赦しにまつわる教理と制度から始めたい。

（2）罪の赦し[5]

罪とは神との関係の破れであり、罪を赦すことはただ神の権能、赦しとはすなわち神の恵みである。教皇権の発展とともに整備されていった教会神学によれば、キリストと聖人の功徳・業績は全人類の罪を贖うのにあまりあるほどに十分な「教会の宝」をなす。その管理を任されているのが教皇であるとして、罪の赦しにおける教皇と教会の権威が根拠づけられた。罪を犯したものは真の悔悛を通じて再び神と和解するが、悔悛のしるしとしての、また赦しへの感謝としての償いの業が求められる。償いの業は犯した罪の種類や軽重、罪人のおかれている状態に応じて課されるが、別の業によって代替すること、それにともない果たすべき期間を短縮するという裁量も認められてきた。免償、贖宥とは、罪そのものをなくす、あるいは減じることではなく、赦しに応じてなされるべき、しかしなされないなら消えることなく蓄積してゆくこの贖罪の業を減らすという意味であった。教会への奉仕として、聖堂建設のために献金すること、修道会のために献金すること、特定の祈りを定められた条件を満たすように捧げること、また特定の教会、修道院や祭壇を定められた祝日（多くの場合教会開基の日）に参詣し、ミサに与り告解すること。こうした行為は、よき信仰的行為として贖宥に値する業とみなされた。（日本ではルターの名とともに知られるところである）「免罪符」、贖宥状とは、贖宥行為が満たすべき条件と、それにより認められる贖罪行為の減免を明記した証書である。なお贖宥は全免償と部分免償に分けられ、全免償を与えるのは教皇のみに認められた権限だが、部分免償を付与することは司教にも認められていた。全免償とは文字通り、すべての贖罪の業を免じるという免償であり、全免償に値する行為として名高かったのがかの十字軍であり、また一三〇〇年を皮切りに「聖年」が一〇〇年ごとに祝われ、ローマ巡礼者には全免償が認められることになる。これに対して、部分免償とは特定の期間（日数）の免償、すなわち贖罪の行われる期間を短縮することを認める免償である。一三世紀初めの第四ラテラノ公会議では三〇日、四〇日、あるいは一年といった免償期間が定められ、いくつかの部分免償を足し合わせていけば、ちょうど負債とその償還という罪と贖罪の業の貸借表ができあがる。

（3）贖罪と善き行い

贖罪の業とは本来、罪の赦しの条件としての行為ではなく、悔悛により罪を赦された者としてのへりくだりと恭順を示す行為であり、また罪を赦されたことへの感謝の行為である。罪を赦すのはあくまで神であり、悔悛者に聴罪司祭が与える赦しの秘跡は、司祭による神への執り成しの祈りに基づいている。このように罪の赦しには祈りがもっとも効果あるものと考えられ、聖人による執り成しとならんで専門家たる聖職者、在俗司祭や修道院での祈りとともに、神に近いものとしての貧者による祈りには特別な働きがあると信じられた。貧者のための施しは、遺言状でしばしば目にする愛の業である。さらに教会建設のための献金、修道院への寄付、貧しい学生――当時学生とはほぼ神学生であり、未来の聖職者だった――への援助が神に喜ばれる業と考えられている。

善き行いの一覧は、福音書でキリストが正しい者にむかって語った慈悲の業に見るとおりである。「あなたがたは、わたしが空腹のときに食べさせ、かわいていたときに飲ませ、旅人であったときに宿を貸し、裸であったときに着せ、病気のときに見舞い、獄にいたときにたずねてくれたからである。（……）わたしの兄弟であるこれらの最も小さい者のひとりにしたのは、すなわち、わたしにしたのである」(6)。「救済の摂理」の考えにあっては、悪い行いは心からの悔悛とそれにともなう赦しの秘跡ののち、贖罪の業を果たすことで赦され、愛の業を行えば神はそれを嘉して、天に宝を積むことにつながる。さらに、贖罪の業を果たさずに死を迎えた者は、地獄へ行くほどの大罪を犯していなくとも、まずは煉獄という罪を贖う場に向かい、しばらくそこで贖罪の苦しみを味わわねばならないという観念の広がりとともに、自らの魂の救済のために、また煉獄滞在を短くするために死の準備をなすことが重要となった(7)。死を準備する証書たる遺言状では、自らの救いのために定期的にミサをたてることを願う文言とならんで、貧しい者のための施しがしばしば明記されている。中世における貧しい者とは、現代のように経済的な弱者を意味するだけでなく、力に欠けている状態をさした。財力のない者のみならず、病気の者、身寄りのない寡婦や孤児、高齢の者、体の不自由な者、そして守ってくれるはずの家族や共同体を離れ、旅をしている者、すなわち学生や職人、そして神のために旅する人であった巡礼者も含んでいた。(8)

これら貧しい者たちを収容する、あるいはその生活を支援するホスピタルは遺言状によって設立されることが多かった。たとえば巡礼者を宿泊させるためのケルンで最初の巡礼向けホスピタルは、一二一八年に一市民の遺言により設立されている。ホスピタルとは施療院、あるいは救護院と日本語に訳されたりするが、その内実は現代で言うところの病院という狭い意味にとどまらない。ホスピタルは上述の「貧しい者」、キリスト教的慈善の対象となる弱い者全般を助けるための総合施設であって、病人や体の不自由な者が必要な手当を受けながら生活するのみならず、老いて働けなくなった者の生活する養老院であったり、また生活の糧を配分する施設であったりと、必要な生活援助と医療全般を担う施設であった。またいったん設立されたホスピタルはその後も遺産贈与先にしばしば指定され、死後の魂をケアするための施設としての人気を教会や修道院と二分していた。一五世紀ケルンの遺言状のサンプル調査によれば、三分の一の遺言状でホスピタルへの寄付が規定されている。(9)

(4)免償の利用法

罪の赦しにともなう贖罪行為を管理する制度が教会にできあがっていくと、免償を与える側は、教会堂建設や新設された修道会の援助のためにこの制度を積極的に用いた。必要とされる資金を集める上で、寄進を誘導する格好の手段となったのである。新しい修道会の活動基盤を確立するべく、その修道会への寄進には免償が与えられた。(10)資金のみならず、参加者を募る動員の手段としても免償は効果的だった。特定の信心業、中世ならばたとえばロザリオの祈り、近世ならばいわゆる聖心崇拝を広めようとするなら、その行為に免償がともなうようにすれば、その業の人気はいやおうなく高められることになった。また信心会や兄弟団は、特定の祭日、多くの場合その団体の守護聖人の祝日に、その聖人のために定められた祭壇で立てられるミサに関わる免償を得ていた。こうして、兄弟団の活動を通して会員たちは免償に与ることになり、兄弟団に認められている免償はその兄弟団の魅力をいっそう増すことにもなった。なお信心会、兄弟団には、信仰的目的から集まって活動することを主とする団体や、実質的には同職組合とみなすべき集まりだが、会員の死後の霊的ケアのための宗教活動をする団体など、その性格には幅があったことが知られている。しかし宗教的・信仰的要素と、職業上の、また社会的結びつきを維持、強化するといった世俗的要素は、比重の違いや、それぞれがどれだけ明示的か、暗示的かの違いはあっても、いずれの信心会、兄弟団においても見出される要素であった。中世とは、この地上において聖と俗とが混在し併存している時代だったのである。職業団体が「宗教的」信仰団体としての面をもっていただけではない。都市の参事会の使節が、都市の祝祭のために贖宥を得るべく教皇に働きかけた場合すらあった。ケルン市は一三九三年に聖務停止を解いてもらうことをそもそもの目的としてローマへ使節を派遣したのだが、この使節は交渉を通じて、ローマのコレマッジオ聖母教会で七年ごとに行われる祝祭に認められているのとおなじ免償を、聖母エリザベト訪問の祝日（現在は五月三一日）にケルンのマリア・イム・カピトール教会に参詣する者、また一一週間にわたりケルンの複数の教会で行われる、聖遺物を公開展示する祝祭に参加する者に認める、という特権を得ている。(11) この二つ目の贖宥の特権は、ケルンで七年ごとに行われることになる聖遺物展の起源だと考えられている。免償というメリットをともなってこそ、多くの参加者を得て新しい祝祭は成功し、以後も継続的に人を集め続けることになる。中世盛期、巡礼がブームとなり、ヨーロッパ各地に様々な聖人ゆかりの巡礼地ができたが、そのさい贖宥の果たした役割は大きい。他の巡礼地との競争のなかで、自らの聖堂に巡礼者を呼び寄せるべく教会側が努めたのは、自らが奉る聖人の聖なる力の強さをアピールするとともに、なるべく多くの贖罪の業が免除されるような贖宥を手に入れることだったのである。

2　信仰的行為としての巡礼と善行

（1）巡礼地の成立――ケルンとアルトエッティングの場合

信仰の業として、また罪を償う業として、巡礼と贖宥とは深い結びつきのうちにある。罪の赦しを願う行為として、古代以来、巡礼が刑罰として命じられてきた。罪人を一時的に故郷から離れさせるということは、共同体の壊された平和を回復する手段であり、罪人自身が巡礼者としてそれにふさわしい服装でへりくだりを示しながら遠路目的の聖地へ向かい、そこで罪の赦しを請い、神への執り成しを求め、帰還して共同体に復帰することが求められた。刑罰として巡礼を科すこうした判決は、近世にいたるまで引き続き出されていたことが知られている[12]。一方、キリスト受難の地であるイェルサレム、あるいは使徒ペトロやパウロ殉教の地ローマをおとずれ、その足跡を偲ぶことは、篤い信仰のなせる業と考えられてきた。キリストと使徒に限らず、殉教者を筆頭とする徳に優れた信仰の模範たる聖人にゆかりの地、ゆかりの品、またその亡骸を訪ね、彼らに直に神への執り成しを願う巡礼は、中世盛期には聖人崇敬の高まりや、商業の発展、交通路の整備、また東方からの聖遺物の流入とも相まって盛んになっていった[13]。現在も巡礼地として人気の高いスペイン、サンチアゴ・デ・コンポステーラが大巡礼地へ発展したのは一一～一二世紀のことである。「永遠の建築現場」と呼ばれ、一八八〇年にやっと完成することになるケルン大聖堂の定礎式が行われたのは一二四八年、東方の三博士とも呼ばれる聖三王の遺骸のもとへ巡礼者が殺到し、ロマネスクの聖堂が手狭になったためだった。

聖三王の亡骸はミラノから戦利品としてもたらされたと言われる。一一六四年のことである。ケルンは中世キリスト教世界の中心であるローマの娘、「聖なるケルン」と呼ばれたが、その呼び名にふさわしく、かつて多くの徳を示して世を去った聖人たちの遺物とそれをまつる聖堂であふれていた(14)。古代ローマ帝国に属し、キリスト教世界の一部だったケルンは、聖三王の遺骸がミラノからやってくる前からすでに、ローマ時代の遺骸を地中に数多く秘めた土地でもあった。都市の発展により一二世紀初めに市域が拡張され、市壁が取り壊されたさいに、ローマ時代の墓地から多数の遺骸が発見されたが、それらはみな殉教した聖人の遺骨とされた。ローマ巡礼から戻り、一万人を超える随行者とともに殉教したと伝えられる聖ウルズラや、ローマ兵士であり、信仰のために命を捧げた聖ゲレオンなど、聖人の足跡にみち、殉教者の血に洗われた地ケルンであれば、それは当然のことであった。

「聖地」としてのこうした自己理解は、ケルンだけに限られない。ケルンの西南、フランスに近いトリーアはかつて西ローマ帝国の首都であり、古代以来のキリスト教信仰と聖人の記憶とであふれていた。アルプス以北では唯一の使徒の墓所として、ユダに代わる十二使徒として選ばれた聖マティアスの遺骸が奉られている。あるいはカール大帝ゆかりの地であり、神聖ローマ帝国皇帝戴冠の地アーヘンは、カール大帝の他、聖母マリア、洗礼者ヨハネの聖遺物を擁する大聖堂を誇る。一四世紀以降、これら各地の聖堂で贖宥と結びついた祝祭がさかんに執り行われ、多くの巡礼者たちが各地から訪れた。特別なミサに与り、贖いの業を軽減してもらうことは、彼らにとって重要な関心事の一つだったに違いない。一五世紀の末には、ライン地方ではケルン、アーヘン、トリーアの他、聖マリアの母聖アンナの聖遺物を奉るデューレンなど、一日で移動できる範囲で数週間のうちに集中的に聖遺物を公開する聖遺物展が各地で開催され、巡礼者たちは群れをなして複数の聖堂を渡り歩いては聖遺物を拝し、贖宥に与った(図2－1、2－2)。

聖遺物を崇敬の対象としてケルン、アーヘン、トリーアを目指す巡礼が中世盛期にさかんな、言わば教会公認型の巡礼の典型だとすれば、中世盛期から後期になると、新しいタイプの巡礼が見られるようになる。下からの、民衆的起源をもつ巡礼であり、この場合は聖遺物ではなく、奇跡をはたらくホスチア（聖餅）や聖像が巡礼の対象となることが多かった。ホスチアではアンデクス、ヴァルデュルンやヴィルズナックなどが、マリア像ではスイスのアインジーデルンのほかエーバーハルト・クラウゼン、レーゲンスブルクなどが知られている。発端が奇跡だけに、信徒の私的体験の広がりとともに自然発生的に巡礼が生じることが多く、聖職者側はその当初、懐疑的な反応を示すことも少なくない。バイエルンを代表する巡礼地アルトエッティングの場合、後に崇敬の的となる黒いマリア像はすでに古くから奉られていたが、一四八九年に起こったこの像にまつわる奇跡をきっかけに、巡礼者が押し寄せ

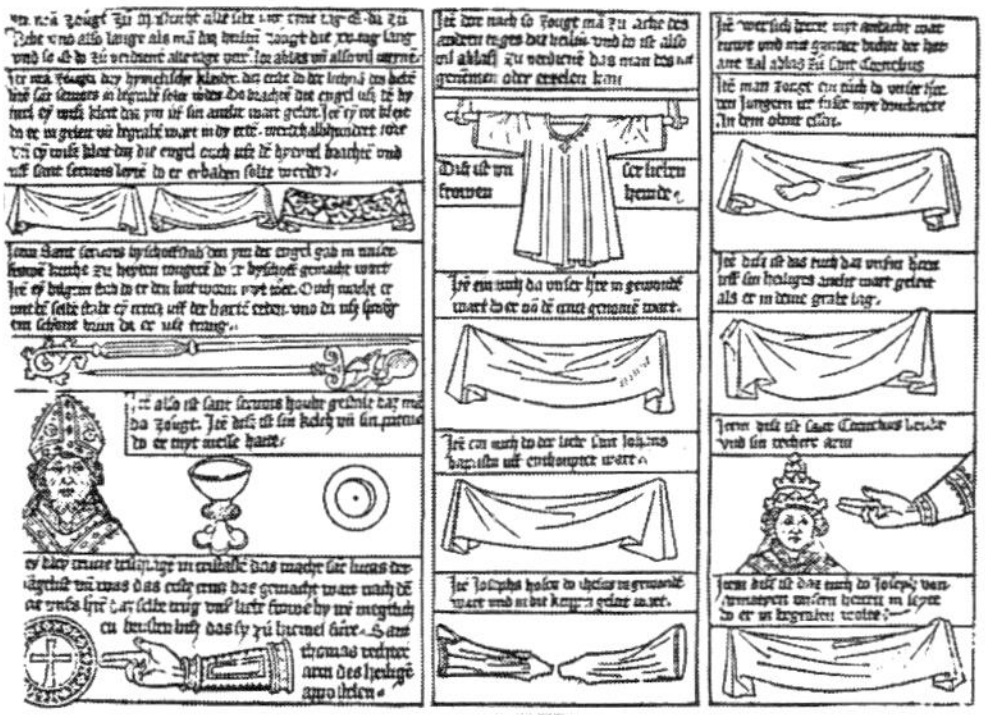

図2－1　アーヘンとその周辺の聖遺物展で展示される聖遺物を説明した15世紀後半の木版画。Wolfgang Brückner, *Populäre Druckgraphik Europas. Deutschland. Vom 15. bis 20. Jahrhundert*, Callwey, 1969, 21.

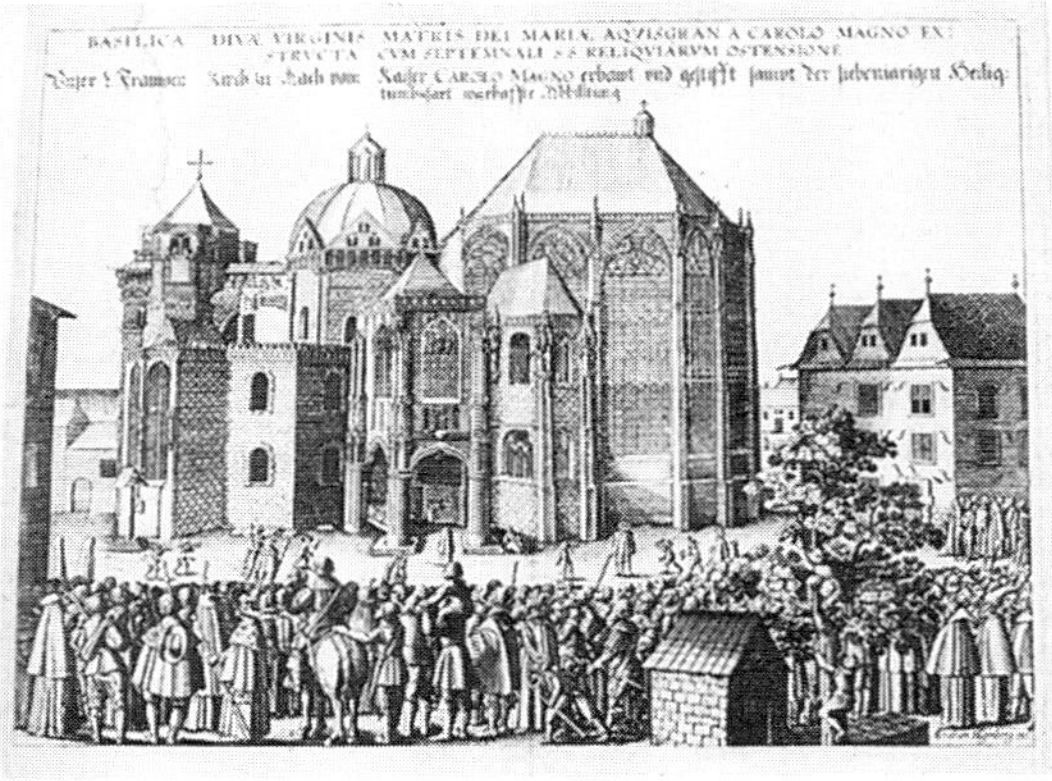

図2－2　アーヘン聖遺物展の様子を描いた17世紀の版画。左上の塔（十字架がある）から聖遺物である布を広げて見せている。幅広の帽子と杖をもった巡礼者たちや右端にはケープを肩にかけた修道士の姿が見える。右手前では，人混みが邪魔になるのか，子どもたちが木に登っている。F. G. Zehnder (ed.), *Hirt und Herde*, Dumont, 2000, 37.

図2－3　アルトエッティング最初のミラーケルブーフ

ることになった。三歳の男の子がアルトエッティング近くの小川に落ちておぼれてしまう。見つけた母親は、その子を抱いてアルトエッティングへと急ぎ、聖母の祭壇に子どもを寝かせて必死で祈ったところ、死んでいたと思われた子どもが息を吹き返したというのである。巡礼の増加にともない、まもなく小さな聖堂の横には大きな教会堂が増築され、次々に起こる奇跡をまとめた小冊子ミラーケルブーフが出版される（図2－3）[15]。七頁からなる最初の冊子は一四九四年に出版され、二五の奇跡譚を掲載している。一四九七年に出されたものは五四頁と厚さを増し、七七の奇跡譚とマリア賛歌で構成されている。とくに最初の冊子の場合、一つひとつの奇跡譚は簡潔だが、必ず当事者の名前と出身地が明記され、それが何年のことであったかまで書かれている場合もある。文字通り老若男女が、ありとあらゆる病気（膀胱結石、眼疾患、精神病など）や怪我、強盗による被害、あるいは無実で投獄された事態にいたるまで、じつに様々な困難や危機にあって「アルトエッティングの」マリアに助けを求め、そして実際に助けられたエピソードが語られている。アルトエッティングに代表されるこうしたタイプの巡礼を支えていたのは贖宥ではない。むしろこの地上で生きるなかでの日々の苦しみや危機に際しての、奇跡的で確かな効力のある、特別な力という助けの希求であり、そしてその祈りは必ず聞きとどけられるという信念だった。この願いと信念のよりどころとなっていたのが聖画像であり、聖餅であり、またそれらが象徴する聖人の執り成しやキリストの神秘であったが、こうした奇跡のありかたやその評価もまた、宗教改革では大きな争点となった。アルトエッティングはプロテスタントとの闘いのなかで、バイエルン大公家の特別な庇護のもと、バイエルンにおけるカトリック信仰のシンボルとして発展していくことになる。

（2）「善行」への批判――ケルンにおける宗教改革の影響

ルターの『九五箇条の論題』はまさに贖宥制度の濫用される状況を批判の対象としたものだったが、それは罪の赦しにまつわる教皇と教会の権威を問うことでもあった。神学議論を呼びかけたはずの一修道士の行為は全ヨーロッパを揺るがす事態へと急速に展開し、やがて普遍を掲げるカトリック教会は宗派の一つとしてプロテスタント教会と併存することを余儀なくされることになる。神聖ローマ帝国では、まずはルター派教会が公認され、三十年戦争以降は、カルヴァン派教会を合わせた三宗派が、地域によっては文字通り並立しながら近代を迎える。

帝国都市ケルンにおけるルターら宗教改革者の思想の影響は限定的だったといわれている。(16) 聖職者を批判、あるいはカトリックの典礼や教理を揶揄するものが現れて処罰されるといった出来事はあったが、都市の聖なる領域の土台であった教会制度が根幹から揺さぶられるような事態には至らなかった。ケルンの聖職者のほとんどはカトリックの立場に堅く立ち、ルターを断罪する見解を表明したケルン大学は、大聖堂参事会員の臨席の下、その著作を公の場で燃やしている。一五二〇年以降、煉獄の教義を批判する書を出版し処刑されるルター信奉者が出、三〇年代には幼児洗礼を認めない、いわゆる再洗礼派の集団の存在が確認されたりもしたが、一六世紀の後半には市当局による異端取り締まりが徹底された。ことに帝国全域で厳罰の対象だった再洗礼派は、見つかれば投獄の上、処刑された。(17) また低地地方からの移住者にはカルヴァン派やルター派が多く見られたが、彼らはより多くの自由を求めてケルンを後にするか、少数者として居住をかろうじて許されるという立場に甘んじるかを選ぶことを強いられた。もっとも、ケルンの中でプロテスタントの「異分子としての位置」が明確化するのは、ケルン戦争（一五八三〜八七）の後のことである。参事会からルター派の会員が排除されたのは八〇年代になってからのことであり、市民権を得る条件としての宗派はカトリックのみを認める、と規定されるのは一七世紀初めである。(18) 帝国レベルで、またヨーロッパ的規模でも既存のカトリック教会を改革する試みと、新しい福音主義的教会確立の動きとが混在する移行期が見られたように、ケルンでも六〇年ほどの流動的時期を経て、カトリックとしての地歩が固められていった。教皇特使の拠点として、またイエズス会を筆頭とする改革修道会の活動地点の一つとして、ケルンはプロテスタントに対抗し、カトリック内の改革を実行していく上で重要な場となっていく。

それでも一六世紀のケルンの遺言状のサンプル調査の結果をみると、いささか驚かされることになる。とくに一五二〇年代以降、ホスピタルへの遺贈が三から五％と微々たる頻度でしか記されていないのである[19]。すでに一四九〇年代に入った時点で、その割合は二割を切り、一五〇〇年に入ってからはおよそ一〇％の言及にとどまっている。サンプル調査のため、どこまでこの数字を読み込みうるのか慎重であるべきだが、数値を解釈する限りでは、遺贈先としてのホスピタルの人気は一五世紀末にはすでに衰えを見せており、一五二〇年代にはさらにその傾向に拍車がかかった、ということになる。また、巡礼とならびルターによる批判の対象となった兄弟団だが、兄弟団への遺贈を記した遺言の割合も、一五〇〇〜〇九年の二六％に対して、一五一〇年代には一三％に減少、二〇年代以降はさらに一桁に落ち込む結果となっている。因果関係を特定することは困難だが、ここでは一六世紀の前半、これまでの「善き業」への信頼が何らかのかたちで失われていったと見られることを確認できれば十分だろう。

別の角度から、聖遺物への信頼が失われていった様子を見てみよう。ケルン大聖堂の建築維持のための会計簿のうち、一六世紀以降では一五一三年から一四年、一五五九から六〇年、一五六八から六九年、また一六〇二から〇三年のものが現存している[20]。大聖堂では、聖遺物を携帯して各地を回り、喜捨を募ってケルン大聖堂の建築資金とするクエストと呼ばれる活動を修道会に委託していた。会計簿によれば、一三〜一四年は大聖堂建築資金約四〇〇〇グルデンの収入のうち九割が喜捨によるもので、中でもこのクエストにより、ケルン・アーヘン周辺のアイフェルやヴェストファーレン地方からおよそ三六五〇グルデンを得ていた。ところが、遅くとも一五二〇年代以降、クエストによる資金集めは困難に直面した。一五二八年には、アルデンヌの聖フーベルトゥス修道院から聖フーベルトゥスの聖遺物を借りた賃料を支払うことができず、交渉の末、以後賃料が引き下げられた。おそらくは以前のようには喜捨が集まらなくなったためだと推測される。さらに追い打ちをかけるように、アントニウス修道会による喜捨を募る事業がドイツ司教区内では禁止となる（一五三四年）。そして次の一五五九年から六〇年の会計簿には、喜捨による収入はまったく記載されていないのである。大聖堂の祭壇への献金も、一五一三年から一四年には一九五グルデンあったのが、この年には三グルデンのみとなり、遺言による遺贈の額も、六二から一九グルデンにまで減っている。教会や聖遺物への献金が自らの魂の救いのために有益だという信念は揺らぎ、教会自身がそれを見直さなければならない事態に陥ったことは明らかである。

3　継続と刷新

（1）ケルンを訪れる巡礼者の変化

アーヘン、ケルンなどの大聖堂では前述の通り、七年に一度、開基式の大祭のさいに大聖堂が奉る様々の聖遺物を広く公開する聖遺物展が開かれてきた。とくにその年にはヨーロッパ各地から多くの巡礼者が訪れたが、中でもハンガリー巡礼者と呼ばれる、東からのエキゾチックな巡礼集団を歓待することは、一四世紀の初め以来ケルンの伝統になっていた。この人たちは実際にはスロヴェニアからやってくる巡礼者だったとされるが、ケルンの日々の出来事を綴った一級のエゴ・ドキュメント「ヴァインスベルクの書」の著者、ヘルマン・ヴァインスベルクは、一五一七年から一五八七年までの（五九年と六六年を除く）八度に渡って、彼らの訪問について記している。その記述によれば、一五一七年はまだヘルマンが生まれる前のことだが、彼をおなかに宿した母親がアーヘンまで聖遺物展巡礼に出かけたという。聖母マリアが着ていたとされる服が特別な宝物とされるマリア巡礼地アーヘンである。安産祈願の意味もあっただろうか。次の一五二四年には二〇〇〇から三〇〇〇人のハンガリー人、チェコ人、オーストリア人、またそのほかの外国人巡礼者がケルン大聖堂の聖遺物展にやってきた、とヴァインスベルクは書いている。次に人数を記しているのは一五八〇年で、二〇〇人のハンガリー巡礼者、つづく一五八七年には一万人の巡礼者が集まったが、その多くが低地地方の人たちで、ハンガリー巡礼者は一五〇人ほどだったらしい。この年はケルン戦争の最中で、巡礼者たちはいつものようにアーヘンなど他の巡礼地を回ることは諦めて、ケルンを後に帰国したとも書かれている。相次ぐ宗派紛争と戦争の危険により、巡礼者が旅をするには決して安全ではない時代だったことが、ヴァインスベルクの記録からもよくわかる。

こうした困難にもかかわらず、ケルンやアーヘンの聖遺物展は中断することなく七年ごとに行われ、市参事会は変わることなく巡礼を援助し続けた。ケルンの各教区の中では巡礼者への施しが呼びかけられ、ヴァインスベルクも自らの教区であり、そこで教会役員を務めてもいた聖ヤーコプ教区で集められた寄付について言及している（一五八〇、一五八七、一五九四年）。

ケルン市参事会は一五八七年と一五九四年に巡礼援助を呼びかける参事会令を出すが、そのなかで巡礼者を「善き人々」と呼び、彼らのために「なされるキリスト教的寄付にたいしては、神が祝福して豊かに報いてくださるだろう」と、カトリックが堅持した神と人とのあいだの「行いと報い」の原則を明確に繰り返している。[21]

ルターによる巡礼批判はよく知られているところであり、ツヴィングリやカルヴァンなど他の宗教改革者による批判はいっそう手厳しい。[22]そうしたこともあってか従来の巡礼研究では宗教改革とともに巡礼慣習が終わる、あるいは下火になることが前提とされ、多くの研究が中世をピークとし、一六世紀初頭までを対象期間としてきた。しかし、実際の調査によると、こうした時代的区分は必ずしも当たらないことが近年明らかになってきた。それを端的に表しているのは、宿泊先として巡礼者を無料で受け入れてきたホスピタルの状況である。一六世紀以降も閉鎖されたり収容対象者を変更したりもせず、中世以来の運営が維持され、巡礼宿舎として機能した例が少なくないのである。たとえば、ケルン、アーヘン、トリーアといった巡礼都市の周辺地域にあたるユーリヒ地方では、中世に設立された二一のホスピタルで巡礼者が受け入れられてきたが、そのうち七軒は一八世紀まで存続し、巡礼者の宿泊所として機能し続けた。また一六、一七世紀に新設された四軒で巡礼者を受け入れていたが、そのうち一軒が閉鎖されたものの、残りの三軒は一八世紀末まで存続していた(23)。ケルン市参事会が運営管理した二軒の巡礼宿舎と同様に、アーヘン（三軒）やトリーア（二軒）の巡礼ホスピタルも、一八世紀まで巡礼者の宿泊先として存続していたのである。

もっとも、中世以降も巡礼宿舎が存在し続け、巡礼という制度が維持されたとしても、巡礼の意味――巡礼者にとっての、巡礼に出る動機、巡礼という行為がもつ意味、またそれを援助する側の動機や援助をなす意味――は、中世から近世、近代へという時代の変化とともに、変わらない側面と同時に変わる側面があったことは間違いない。巡礼のスタイル自体、個人や有志がそれぞれに思い立って出発する巡礼から、兄弟団によって組織され、同行する聖職者の指導のもとで行列を組んで、毎年決まった祝日に聖地へ向かう巡礼が主流になるように姿を変えていったことも指摘できる(24)。そしてこうした変容は、カトリック教会によるプロテスタントへの対抗とも、またカトリック教会改革とも深く関連している。

（2）カトリックの回答――バイエルンの宗派化と信仰実践

教会分裂以降、神聖ローマ帝国でカトリック陣営の支柱となるバイエルン大公だが、領内では時としてプロテスタント化した諸身分との力比べや駆け引きを強いられ、大公によるカトリック公教化策は宗派化という締めつけを通じた中央集権化の様相を呈していた(25)。一五五〇年代には二種陪餐の求めに対し譲歩せねばならなかったほどルター派の広がりが見られたが、一五六四年に散会したトレント公会議で聖杯拝受を認めるのは教皇特権と規定されて以降、カトリック改革といわゆる宗教改革の境界は明瞭となり、二種陪餐を求める運動は下火になっていく。同じ公会議では、行き過ぎへの勧告を含みつつも聖人崇敬を教義として堅持することが決まった。聖人崇敬とは信仰の模範に対する崇敬をしめすことであって、信仰に適い、かつそれを涵養する有益な事柄とされた(26)。また煉獄にかんする教義も変更が加えられることなく保持されることになった(27)。

カトリック改革を担ったのはバイエルンでもイエズス会を筆頭とする修道会であり、早くも修道会設立直後から、大公のイニシアティブのもと、領内各地に学校や神学校が新設され、イエズス会にその運営が委ねられた他、宗派対立の混乱により空席となっていた教員ポストもイエズス会士によって埋められていった。一六世紀初頭には巡礼が押し寄せていた巡礼地アルトエッティングでも、改革思想の広がりとともに一五二〇年代以降は巡礼者が減少し、巡礼者への妨害行為などのエピソードも報告されている。ここを拠点としたプロテスタントへの対抗、カトリック再生の努力が本格化するのは、やはりトレント公会議以降のことだった。一五六七年に律修聖堂参事会長となったマルティン・アイゼングライン（一五三五〜七八）によるカトリック擁護の著作には、伝統の保持を前面に押し出すカトリックの新しい姿勢が端的に表れている。ルター派の両親をもつ哲学教授アイゼングラインはカトリックへの改宗により当時耳目を驚かせたが、叙階の後には、インゴルシュタット大学学長、またアルトエッティングその他の聖堂参事会長として、論争神学の中心的な担い手となる。一五七〇年、イエズス会士ペトルス・カニシウスはジビーラ・フッガー侯付き侍女の悪魔払いを行うが、この出来事を記したアイゼングラインの『我らが愛するアルトエッティングの聖母』は、この事件の翌年に出版されている。悪魔払いが有効であるのと同じように、聖人の執り成しに基づいた神のこの世への直接介入の出来事として、神に由来する奇跡は現在でもなお起こりうるというカトリック教義の立場がこの著作を通して強力に擁護された。そして同年には、大公アルブレヒト五世が大公妃とともにアルトエッティング巡礼に訪れ、祭壇と教会のため装飾品を寄進している。

しだいに増えてゆく巡礼者の司牧にあたるべく、九〇年代にはアルトエッティングにイエズス会の修道院が建てられた。アルブレヒト五世の後継者であり、敬虔公とも呼ばれるヴィルヘルム五世（在位一五七九〜九七年）は、即位後、必ず毎年一度は徒歩でアルトエッティングへ巡礼したといわれる。オーストリア・ハプスブルク家のピエタス・アウストリアカ（オーストリア的敬虔）とならび称されるピエタス・バヴァリカ（バイエルン的敬虔）という言葉がある。こう呼ばれることになるカトリック信仰の表明、具象化は、為政者と聖職者が先頭に立ち、領民らも実践した積極的な信仰のしるしであり、証であった。なかでも巡礼者としての恭順、罪人としてのへりくだりを公に示すと同時に、金銀の豪華な教会装飾や、聖母像へのきらびやかな衣服といった寄進を欠かさなかった大公らによる巡礼は、大公領のカトリック的アイデンティティを目に見える形ではっきりと象徴する行為であった（図2－4）。

こうしたデモンストレーションは、ヴィッテルスバッハ家とそれを支えた世代にも引き継がれていく。三十年戦争でカトリック陣営のために戦い、重要な戦闘の前には必ず巡礼者として訪れたティリーのほか、カトリックを支えた歴代バイエルン大公の心臓はアルトエッティングの聖堂に納められている。

図2－4　2011年，普段安置されている聖堂での工事のため，律修参事会教会へ移されたさいに，間近から撮影されたアルトエッティングの聖母子像の写真。王冠をかぶり，宝石のついたマントを着る（ウィキメディア・コモンズより）。

ケルン戦争以降、ヴィッテルスバッハ家はトルクセスに代わるケルン大司教となったエルンスト（一五八三〜一六一二年）以後、五人のケルン大司教を出したが、一八世紀のクレメンス・アウグスト（在位一七二三〜六一年）に至るまで、彼らはいずれも、ヴィッテルスバッハ公子として、アルトエッティング巡礼を欠かすことはなかったのである。

4　行いによらず——信仰の「かたち」か「心」なき外面か

トレント公会議であるべき敬虔の業が規定されて以降、その規範に則った信仰的行いの実践がカトリック・ヨーロッパの各地で奨励された。その中心的担い手は修道会であり、また為政者とその家族、家臣には、臣民の模範として信仰を「目に見える形で」示すことが期待された。真の教えに基づくカトリック信仰、その篤信を目に見えるように示す。神の神秘と奇跡を表す典礼の華やかさ、荘厳さ、典礼の場としての空間を形作り彩る教会建築・絵画・彫刻や典礼音楽、教会内にとどまらず、町へ出て練り歩くプロセッション、屋外を舞台として大がかりに行われる宗教劇——おおよそバロックと呼ばれる芸術スタイルと無縁のカトリック信仰を考えることは難しい。一方、カトリックとは別のキリスト教信仰の道を選んだプロテスタントは、典礼を簡素化し、聖画像を排し、宗派によってはオルガンも教会から取り除かれ、神のみことばと信仰、すなわち「神とのまことの関係」にすべてを集中することになった。宗教改革者たちに続く後の世代はとりわけ、行いに何らかの意味や価値を認めることに自己栄化と物神化の危険を見、それが信仰の果実たる業であったとしても、信仰をともなわない単なる行為へと堕すことを恐れた。そして純粋なるみことばが語られ、聞かれることをひたすらに追求したのだった。

冒頭に挙げたルターの言葉は、当時の巡礼を批判したものである。機械的な、心をともなわない単なる外的な行為としての巡礼はルターにとって有害なものに他ならず、それで罪が赦されると思い、あちらこちらへと巡礼に励む俗人たちの無知を嘆くとともに、それにつけ込むかのように巡礼を奨励し、贖宥を都合のよい集金の機会としている聖職者らへの憤慨は強かった。自分の罪深さに心底苦しみ、聴罪でいかに赦しを告げられても心の安らぎをえることの無かった人物にとって、罪の赦しというキリストの教えと業との根幹にあたる教会の権限を、聖職者が先頭に立って教理からはずれることも厭わず濫用する状況には我慢がならなかっただろう(28)。もちろんルターは、本当の信仰の業としてなされる、心をともなう巡礼を否定するわけではなかった。しかし大切なのはあくまで心であり、心情なのだった。

罪の赦しにおいて、為された行為によるのではなく何を意志したのか、外的な行為ではなく悔いる心、自らの罪に痛みを感じるかが問われなければならない。ルターの語る「心の足による精神の巡礼」は、宗教改革が選んだ宗教の内面化、精神化の道をはっきりと示している。しかし信仰と行為とは、果たしてそのように切り離しうるものなのだろうか。宗教改革に対して打ち出されたカトリック改革の立場は明快で、信仰の業には行き過ぎや悪弊は確かにあったのだからそれは取り除く、しかし「本来の」、すなわち信仰に裏づけられた信心の業にはよりいっそう励もうという立場であった。一方の宗教改革は、過剰に生い茂り、重みにあえぐほどだった枝や葉を剪定し、伸びるべき本来の幹へ立ち戻る改革運動であり、新たな教会の設立であったが、刈り込むことによって、生きた信仰というエネルギーまでもが削がれる恐れはなかっただろうか。

精神と内面世界だけでは地上に教会は築けない。信仰者として生きるものにとって、信仰から行為へとむかわせるもの、双方をつなぐものは何なのか。やがて次の世紀にはプロテスタントのあいだにも「行いをともなう信仰」をうたう敬虔主義者と呼ばれる人々が現れてくる(29)。このことは、新たな信仰のかたちへの希求として、また改めて語られねばならないだろう。

注

（1）Ernst Zimmermann /Friedlich Wilhelm Lomler（eds.）: *Geist aus Luthers Schriften oder Concordanz der Ansichten u. Urtheile des großen Reformators über die wichtigsten Gegenstände des Glaubens, der Wissenschaft u. des Lebens*/Bd. 1–4, Karl Wilhelm Leske, 1828–1831, Bd. 4, 657（Walch. Ausgabe IX. 278）.

（2）河原温・池上俊一編『ヨーロッパ中近世の兄弟会』東京大学出版会、二〇一四年。

（3）フィリップ・アリエス／伊藤晃訳『死と歴史――西欧中世から現代へ』みすず書房、二〇〇六年。

（4）Arnold Angenendt, *Heilige und Reliquien : Die Geschichte ihres Kultes vom frühen Christentum bis zur Gegenwart*, C. H. Beck, 1997.

（5）Bernd Hamm, *Ablass und Reformation. Erstaunliche Kohärenzen*, Mohr Siebeck, 2016. 宗教改革と贖宥の関連を考察し、独自の分析的テーゼが魅力的な研究。第二章で贖宥についての知るべき事柄がコンパクトにまとめられており、その点でも参照に値する。

（6）マタイによる福音書二五章三五～四〇節、『新約聖書』日本聖書協会、一九五五年。

（7）ジャック・ル・ゴフ／渡辺香根夫・内田洋訳『煉獄の誕生』法政大学出版局、一九八八年。

（8）Michele Mollat, *Armut im Mittelalter*, C. H. Beck, 1984, 9 : 中世ケルンの巡礼宿舎については以下を参照。猪刈由紀「中世都市ケルンと巡礼制度」『比較都市史研究』第二八巻第二号、二〇〇九年、三九～五二頁。

（9）Yuki Ikari, *Wallfahrtswesen in Köln vom Spätmittelalter bis zur Aufklärung*, SH-Verlag, 2009, 55–57. 数はホスピタルへの遺贈ほど多くはないが、巡礼に行くよう委託する文言を含む遺言も見られる。興味深い例を一つあげれば、一四二七年、ある女性は自らの魂の救済のため、三三回アーヘン巡礼をするように委託し、そのために遺品となるベッドとカーテンを使ってくれるよう願っている。三三とはキリストが亡くなったとされる年齢にちなんでいるようである。

（10）Christiane Neuhausen, *Ablaßwesen in der Stadt Köln vom 13. bis zum 16. Jahrhundert*, Janus, 1994, 18–34.

（11）Haltmut Kühne, *Ostensio Reliquiarum. Untersuchung über Entstehung, Ausbreitung, Gestalt und Funktion der Heiltumsweisungen im römisch-deutschen Regnum*, De Gruyter, 2000, 261 ; Leonard Ennen, *Quellen zur Geschichte der Stadt Köln*, M. DuMont-Schaumberg'sche Buchhandlung, Bd. 4, 1870, Nr.183.

(12) Ikari, *op. cit.*, 66–67.

(13) Robert Plötz, "Strukturwandel der Peregrinatio in Hochmittelalter. Begriff und Komponenten", *Rheinisch-Westfälische Zeitschrift für Volkskunde* 26, 1981, 129–151.

(14) Anton Legner, *Kölner Heilige und Heiligtümer*, Greven, 2002.

(15) Robert Bauer, "Das älteste gedruckte Mirakelbüchlein von Altötting", *Ostbairische Grenzmarken*, 1961, 144–151 ; id., "Das Buchlein der Zuflucht zu Maria. Altöttinger Mirakelberichte von Jacobus Issickemer", *Ostbairische Grenzmarken*, 1964–65, 7, 206–236.

(16) Franz Bosbach, "Die Katholische Reform in der Stadt Köln", *Römische Quartalschrift* 84, 1989, 120–159 ; Manfred Groten, "Die nächste Generation. Scribners Thesen aus heutiger Sicht", Georg Mölich/Gerd Schwerhoff (eds.), *Köln als Kommunikationszentrum. Studien zur frühneuzeitlichen Stadtgeschichte*, Dumont, 1999, 110–113 ; Tobias Wulf, *Die Pfarrgemeinden der Stadt Köln. Entwicklung und Bedeutung vom Mittelalter bis in die Frühe Neuzeit*, Verlag Franz-Schmitt, 2012, 406–432.

(17) Hans H. Th. Stiasny, *Die strafrechtliche Verfolgung der Täufer in der freien Reichsstadt Köln 1529 bis 1618*, Aschendorff, 1962.

(18) Joachim Deeters, "Das Bürgerrecht der Reichsstadt Köln seit 1396", *Savigny-Stiftung für Rechtsgeschichte. Germanische Abteilung*, 104, 1987, 1–83.

(19) Ikari, *op. cit.*, 97–98.

(20) Manfred Huiskes, "Finanzierung des Dombaus und ihr Zusammenbruch", in : Joachim Deeters (ed.), *Ad Summum 1248. Der gotische Dom im Mittelalter. Ausstellung des Historischen Archivs der Stadt Köln*, Historisches Archiv der Stadt Köln, 1998, 43–67.

(21) Historisches Archiv der Stadt Köln, Edikte 18, fol. 186 (1587), fol. 187 (1594).

(22) Günther Reiter, *Heiligenverehrung und Wallfahrtswesen im Schrifttum von Reformation und katholischer Restauration*, Phil. Diss. Würzburg, 1970, 18–42.

(23) Hans Otto Brans, *Hospitäler, Siechen- und Krankenhäuser im früheren Regierungsbezirk Aachen von den Anfängen bis 1971. Bd. 1, Hospitäler und Siechenhäuser bis zum Ende des 18. Jahrhunderts*, Verlag Murken-Altrogge, 1995.

(24) 詳細は Ikari, *op. cit*, Kapitel 3, 4 を参照。

(25) Walter Ziegler, "Bayern" in Anton Schindling/Walter Ziegler（eds.）, *Territorien des Reichs im Zeitalter der Reformation und Konfessionalisierung. Land und Konfession 1500–1650, 1. Der Südosten*, Aschendorff, 1989, 57–70.

(26) Hubert Jedin, "Entstehung und Tragweite des Trienter Dekrets über Bilderverehrung", *Theologische Quartalschrift* 116（1935）, 404–429.

(27) Michael Ebertz, "Tote haben（keine）Probleme? Die Zivilisierung der Jenseitsvorstellungen in katholischer Theologie und Verkündigung" in Lucian Hölscher（ed.）, *Das Jenseits. Facetten eines religiösen Begriffs in der Neuzeit*, Wallstein Verlag, 2016, 233–258, 240.

(28) Bernd Hamm, "Wollen und Nicht-Können als Thema der mittelalterlichen Bußtheologie", Reinhold Friedrich/Wolfgang Simonibid（eds.）, *Religiosität im späten Mittelalter. Spannungspole, Neuaufbrüche, Normierungen*, Mohr Siebeck, 2011, 355–390.

(29) 猪刈由紀「ハレ・フランケ財団（シュティフトゥンゲン）における救貧と教育——社会との距離・神との距離・積極性」『キリスト教史学』第七〇集、二〇一六年、九二～一一二頁を参照。

第3章　三つのプロテスタント

――ルター派・西南ドイツ派・スイス改革派――

岩倉依子

1　プロテスタント三宗派の成立と三つの聖餐論

（1）プロテスタント陣営の成立

周知のように「プロテスタント」とは、元来、一五二九年のシュパイヤー帝国議会において、教会改革を禁ずる議決に対し「抗議」した者たちを指す名称である。この抗議の声を上げたのは当初、五人の諸侯と一四の帝国都市であった。この抗議によって、ドイツにおけるプロテスタント陣営が成立したといえよう。その後プロテスタントは、三一年には自らの防衛を目的としてシュマルカルデン同盟を結成し、プロテスタント発展のための基礎を築いた。この同盟はその後ルター派同盟としての性格を強め、皇帝・帝国との長きにわたる交渉・抗争を展開した。そしてついに五五年の『アウクスブルクの宗教和議』において、ルター派はカトリックとならんで公認されるに至ったのである。

この間、プロテスタントは外なる敵と戦っただけでなく、プロテスタント内部の対立・抗争にも対処していかなければならなかった。初期の宗教改革運動におけるプロテスタント内部の対立は、ルター対ツヴィングリ、またはルター派対スイス改革派（ツヴィングリ派）と捉えられてきた。しかし、当時のドイツプロテスタントは、ルター派で統一されていたわけでなく、地理的にスイスに近い西南ドイツ都市では、ツヴィングリの影響下に宗教改革が進められていた。そのため、西南ドイツのプロテスタント都市は、ツヴィングリ派の一派と見なされたり、早期にルター派に統合されたとして、一つの宗派として認知されてこなかった。

しかし、本章の考察が示すように、三〇年代前半、シュトラースブルクの宗教改革者マルティン・ブツァーに率いられた西南ドイツプロテスタント都市は、四都市の連携から始まり、その後、連携の輪を広げながら、初期の宗教改革運動の展開において、無視できない役割を果たしていた。本章は、この西南ドイツプロテスタント都市を、上述のルター派、スイス改革派とならぶ「西南ドイツ派」と位置づけ、これら三つのプロテスタントの対立点と一致点に光をあてる。

三〇年代のドイツとスイスでは、各地のプロテスタントが改革運動の渦中にあった。しかし、改革を支える理論的基礎となった教義、教会・国家観等は、各宗派によって一様ではなかった。いやむしろ、宗教改革は、宗派間のほとんど恒常的な不一致と多様性を抱えながら展開した運動だったのである。本章は、単数形の「宗教改革 Reformation」という伝統的観念のゆえに忘れられがちな、宗教改革に内在した不一致ないし多様性に関する歴史的記憶を回復させる作業である。言い換えれば「宗教改革」を複数形において捉えようとする試みといえよう。

（2）一五三〇年のアウクスブルク帝国議会

二九年のシュパイヤー帝国議会における抗議行動で団結したプロテスタントは、その日のうちに同盟結成に向けて動きだした。しかし、プロテスタント内部の教義の違いが問題となり、この目論見は難航した。この状況を打開するため、二九年一〇月、プロテスタント諸侯の中心人物の一人であったヘッセン方伯フィリップの居城マールブルクで宗教会談が開催された[1]。しかし、ルターとツヴィングリの間で行われた教義問題についての討議は、一五の論点のうち一四の点において合意を得たが、ただ一点、聖餐論に関して、合意に至らなかった。

こうした状況の中で、三〇年六月二〇日、アウクスブルク帝国議会が開催された。議会の冒頭で、皇帝カール五世は、帝国諸身分に対し、宗教問題の打開に向けて自らの考えを文書で提出せよと命じた[2]。これに応じて、最初に提出され、六月二五日の議会で朗読されたのが、メランヒトンが起草し、ルターが承認した『アウクスブルク信仰告白』である。この信仰告白に署名したのは、ザクセン、ヘッセンを含む五つの領邦と六つの帝国都市であり[3]、これをもってルター派が形成されたといえる。一方、西南ドイツプロテスタント都市の中心であったシュトラースブルクの市長ヤコブ・シュトゥルムは、議会開催以前からアウクスブルクで、ヘッセン方伯フィリップを仲介として、聖餐論に関するルター派との合意の形成のために奔走していた。しかし、メランヒトン等ルター派神学者は、シュトラースブルクをツヴィングリ派と見ていたため、聖餐条項を除いて『アウクスブルク信仰告白』に署名するというシュトラースブルクの最後の妥協案も受け入れなかった[4]。

そこで、シュトラースブルクは独自の信仰告白を作成しなければならなくなり、そのために、市からブツァーとヴォルフガング・カピトをアウクスブルクに招聘した。しかしこの二人の神学者によって作成された信仰告白は、最終的に、わずか四都市の署名を得るにとどまった。これが、『四都市信仰告白』であり、七月九日に皇帝の副宰相に受け取られた[5]。これをもって西南ドイツ派が形成されたのである。

一方、七月八日には、ツヴィングリ個人の信仰告白である『信仰の弁明』が皇帝に届けられていた。ツヴィングリは、帝国議会には招かれず、当時の状況においては、「個人の」信仰告白というかたちでスイス改革派の立場を皇帝に表明する手段しか残されていなかったのである[6]。

こうしてプロテスタント三宗派が皇帝にそれぞれの信仰を表明した。一一月一九日の帝国議会議決において皇帝は、『アウクスブルク信仰告白』を提出したルター派に対し、翌年の四月一五日までに、皇帝・帝国諸身分とカトリック教会を支持するか態度を決定すること、さらにそれまでの改革の禁止を命じた。『四都市信仰告白』を提出した西南ドイツ派に関しては、信仰上彼らがドイツ国民とキリスト教世界（カトリック）から分離しているゆえ、過ちを悟りキリスト教世界と和解せよと勧告したが、四都市は自説に固執した、と述べている。ツヴィングリの信仰告白については、議決では言及すらされていない。このように、三つの信仰告白に対する皇帝の対応は異なったが、いずれにせよ、この議決は、教会改革を禁ずるヴォルムス勅令（二一年）の再施行を宣言し、プロテスタント改革は、ラント平和令違反として帝国法の厳しい処罰に晒されることになったのである。(7)

（3）三つの聖餐論

アウクスブルク帝国議会に提出された三つの信仰告白の違いは、一言でいえば聖餐論である。三つの信仰告白の聖餐条項から、各派の聖餐論の要点と差異を明らかにしてみよう。

まずルター派の『アウクスブルク信仰告白』の聖餐論は、簡潔に以下のように聖餐を規定している。「キリストの真の身体と血は、聖餐におけるパンとぶどう酒の形のもとで真に現在し、そこで分け与えられ、受け取られる」。(8)ここでは、まず第一に、聖餐におけるキリストの身体の「真の現在」が言われている。この点が、マールブルク会談でも克服することのできなかった、聖餐論争の最大の争点であった。すなわち、マールブルクでルターとツヴィングリは、キリストの身体と血が、肉体的にパンとぶどう酒の中に存在するか否かについて合意できなかった。(9)ルターは聖餐におけるキリストの身体の肉体的現在を主張し、ツヴィングリはそれを認めなかったのである。(10)

『アウクスブルク信仰告白』に言うキリストの身体の「真の現在」とは、ルターの主張するところの、パンとぶどう酒の中にある、肉体としてのキリストの身体と血の現在を意図したものである。ルターは、『大教理問答書』

（二九年）の中で、キリストの聖餐制定の言葉（『マタイによる福音書』二六章二六節）によって、パンが真にキリストの身体となり、それによって罪の赦しが保証されると説いている。[11] これは、ルターにとって譲ることのできない聖餐論の核心であった。

さらに『アウクスブルク信仰告白』は、聖餐においてキリストの真の身体と血が、誰に受け取られるかを特定していないことが注目される。この点、すなわち、「聖餐を受ける者の適格性」が聖餐論争の第二の争点である。ルターはやはり『大教理問答書』において、聖餐は、人間の神聖さにもとづくものではなく、上述のキリストの言葉にもとづいているため、不信仰な者も、聖餐においてキリストの身体と血を受け取るとしている。[12] ルターにとっては、聖餐におけるキリストの身体は、受ける者の信仰の有無にかかわらず受け取られる、客観的・肉体的なものである。

『アウクスブルク信仰告白』の文言は、この二つの争点を明示的には打ち出していない。しかし、その意図するところは明らかである。それゆえに、シュトラースブルクはこの条項を受け入れることができなかったのである。

次に、これら二つの争点について、西南ドイツ派の『四都市信仰告白』がどのように論じているかをみてみよう。『四都市信仰告白』の、聖餐論を扱った主要部には、キリストは聖餐において、「信仰者たち」に「キリストの真の身体と真の血」を、彼らの「魂の食物」として、そして永遠の命のために与える、とある。[13]

まず第一に注目すべきは、「キリストの真の身体と真の血」を与える、という部分であり、これは一見すると『アウクスブルク信仰告白』に類似している。しかし、キリストの身体と血が「現在する」という表現は用いられておらず、また、「キリストの身体と血」と「パンとぶどう酒」との関係を示す表現もない。したがってこれは、キリストの身体の肉体的現在を含意してはいないと言わざるを得ない。『四都市信仰告白』が述べているのは「魂の食物」についてである。すなわち『四都市信仰告白』に現れる「真の現在」は、キリストの身体と血が「霊的に」現在することを言っているのである。

このことは、第二の争点につながっていく。聖餐が魂の食物である以上、聖餐を受け取る者は、「信仰者たち」に限られる。なぜなら、キリストの霊的な身体を受け取ることができるのは、信仰をもった者たちだけだからである。したがって、聖餐とは、一つのパンを食べる信仰者たちすべてが「一つの身体」（一つの共同体）になることであり(14)、聖餐共同体の一致のしるしである。

一方ツヴィングリも『信仰の弁明』において、「真の現在」について、独自の理解を示している。ルターの主張する、キリストの身体の肉体的現在を、ツヴィングリはきっぱりと否定する。肉体としてのキリストは、あくまで天において神の右に座している。聖餐においてキリストの真の身体は、「信仰の観想」によってそこに現在するのである。そして、聖餐に罪の赦しという意味が含まれるというルターの主張を否定し、聖餐とは、キリストの救済の業に感謝することを通じて、魂を力づけ、新たにすることであるという。聖餐を受ける者は、「信仰の観想」という言葉が示すように、当然信仰者に限られる(15)。

以上が、ルター派、西南ドイツ派、ツヴィングリ三者の聖餐論の概要である。これらをみるとき、『四都市信仰告白』の聖餐条項は、可能な限り『アウクスブルク信仰告白』の聖餐論に合致させようと腐心したであろうことが読み取れる。しかし、キリストの身体の「真の現在」を霊的なものと捉え、「聖餐を受ける者の適格性」を「信仰者」に限定している点をみれば、『アウクスブルク信仰告白』の聖餐理解とは大きな隔たりがあることは否めない(16)。一方、ツヴィングリの『信仰の弁明』は、これら二つの争点に関して、『四都市信仰告白』に近い立場をとりつつも、その論調が、ルター派に対する鮮明かつ論争的な信仰の表明となっているところに、『四都市信仰告白』との相違が顕著である(17)。

西南ドイツ派とツヴィングリないしスイス改革派の、ルター派とのこのような距離感は、三〇年代のその後のプロテスタント統合の動きにも、基本的には継続されていくのである。

2　プロテスタントの統合と分裂

(1) シュマルカルデン同盟の成立と発展

一五三〇年のアウクスブルク帝国議会の議決によってプロテスタントが直面した政治的・軍事的脅威は、教義問題により頓挫していたプロテスタント同盟政策を再び押し進め、三〇年一二月、プロテスタント防衛同盟（シュマルカルデン同盟）が成立した。三一年二月の同盟契約は、有事の際の相互援助を規定するのみであり、この時点で教義的条件は挙げられていない。同盟の当初の構成メンバーは、ザクセン選帝侯ヨハン、ヘッセン方伯フィリップ等七人の諸侯や伯、八つの西南ドイツ都市、そして三つの北ドイツハンザ都市であった。なお、同盟の期限は当面六年とされた(18)。

この同盟成立により教義問題は乗り越えられたかに見えた。しかしその後、プロテスタントに対して皇帝カール五世が行った提議は、この問題を再び争点化した。皇帝は、プロテスタントが対トルコ戦争で皇帝を援助すること等とひきかえに、実質的に先のアウクスブルク帝国議会議決を無効にするともちかけたのである。ただし、提議の交渉相手は『アウクスブルク信仰告白』の信奉者に限られていた。そこで同盟は、三二年四月に会議を行い、同盟の構成員のうち西南ドイツ都市は、『アウクスブルク信仰告白』へ署名することになった。しかし、西南ドイツ派は、『四都市信仰告白』を放棄したわけではなく、あくまで『四都市信仰告白』を維持しながら、『アウクスブルク信仰告白』に同意したのであった(19)。ともかくこうして、当面の平和状態、「ニュルンベルク休戦」が成立した（三二年七月）(20)。

しかしその後、シュマルカルデン同盟を主導するザクセンは、西南ドイツ派に対する態度を硬化させ、三七年に期限が切れる同盟の継続に難色を示し始めた。また、西南ドイツ地方の防衛同盟であるシュヴァーベン同盟が三四年二月に解体すると、西南ドイツ派は、それを補うためシュマルカルデン同盟の延長を確保しなければならなくなった。そこで西南ドイツ派は、三四年一一月と三五年三月にエスリンゲンで都市会議を開催し、シュマルカルデン同盟の延長と拡大等について審議する同盟会議を開催するよう、ザクセン選帝侯ヨハン・フリードリヒ等に請願することを決議した(21)。これを受けて、三五年一二月、シュマルカルデンで同盟会議が開催され、同盟の一〇年の延長と新規加盟が承認された。しかし加盟条件として、その支配領域で『アウクスブルク信仰告白』の教えを説くことが課された(22)。この後シュマルカルデン同盟は、ルター派同盟としての性格を強めていくのである。

こうした政治的展開の中で西南ドイツ派は、ルター派との間の教義的一致を急務と考え、為政者たちは、そのために三四年一一月から動き始めていた(23)。

（2）『ヴィッテンベルク一致信条』の成立

一五三四年一二月には、コンスタンツで西南ドイツの神学者会議が開催された。ブツァーは、今まで以上にルター派に近い聖餐論を提示した。そしてこれは西南ドイツ派の同意を得、またその後メランヒトンの承認も得ることができた(24)。一方ルターも、三五年、西南ドイツ都市アウクスブルクの加盟をめぐって、ルター派と西南ドイツ派との一致に期待を寄せるようなっていた(25)。

そしてついに、三六年五月二二日からヴィッテンベルクでルター派と西南ドイツ派の神学者が一堂に会した。ここで両派の一致信条として成立したのが『ヴィッテンベルク一致信条』（以下『一致信条』）である。この『一致信条』は、西南ドイツ派の信仰告白としてメランヒトンが起草し、それをルター派が承認したものである(26)。

この『一致信条』において、聖餐論の二つの争点がどう扱われているかを確認してみよう。まず、キリストの身体の「真の現在」を、ルター派は「肉体的」現在と解釈し、西南ドイツ派は「霊的」現在と解釈していた。この点に関して、『一致信条』は次のように言っている。「キリストの身体と血は、パンとぶどう酒とともに、真に、そして本質的にそこにあって、授けられ、受け取られる」。ここで、「ともに」という言葉によって結ばれる「キリストの身体」と「パンとぶどう酒」は、隣り合って存在する別のものを意味し、キリストの身体の「真の現在」は、霊的な現在を意味している。しかし、この『一致信条』は、キリストの身体が「いかに」現在するかに立ち入ることなく、「サクラメント的一体性により、パンはキリストの身体である」と表現するのみである。「サクラメント的一体性」という表現が、キリストの身体の現在の仕方を、いわば神秘のヴェールで覆っているのである。(27)

もう一つの争点、「聖餐を受ける者の適格性」について、上述のように、ルター派は信仰の有無を問わず、西南ドイツ派は「信仰者」のみと限定していた。この点について、『一致信条』は次のように表現する。「キリストの身体と血は、受けるにふさわしくない者にも真に渡され……受け取られる」。(28) ここで新たに登場した「受けるにふさわしくない者」という概念は、ブツァー側には信仰をもっているが信仰を実践していない「信仰者」と理解され、ルター側には「不信仰者」と解釈された。両者はこの表現を異なる立場から解釈したのだが、ルターはこの相違をあえて問題とせず、この協議の最後に、この信条に関する限り西南ドイツ派と「一つである」ことを認め、彼らを「愛する兄弟」として受け入れた。(29)

このように『一致信条』は、解釈の余地を残す二つの概念（「サクラメント的一体性」と「受けるにふさわしくない者」）を用い、聖餐におけるキリストの身体の「真の現在」とは、「いかに」現在することなのかを問い詰めないことで、両派の「一致」を成立させた。こうして、『一致信条』は一〇年にわたる聖餐論争に一応の終止符を打ち、ドイツプロテスタントは、強力な統一的基盤をもつことになった。(30)

しかし、ブツァーのめざすプロテスタントの統一は、この『一致信条』に、さらにスイス改革派をも引き込むことであった。

（3）スイス改革派と『ヴィッテンベルク一致信条』

スイス改革派は、西南ドイツ派の求めに応じ、一致信条成立に向けた交渉に関与していた。一五三六年二月、スイス改革派の初めての統一信仰告白である『第一スイス信仰告白』が、ブツァーの手を借りて完成した。それは、聖餐におけるキリストの身体の肉体的現在を否定しつつも、ルター派への歩み寄りを示している。(31) ツヴィングリは三一年の第二カペル戦争で死を遂げていたが、その後継者ハインリヒ・ブリンガーは、三六年四月末、ルターとの一致を願いながら、ルター派神学者との会談に向かうブツァーとカピトに、この信仰告白を託したのである。(32)

ヴィッテンベルクでの会談後、スイス改革派の信仰告白を受け取ったルターは、スイス改革派からも『一致信条』の承認を得るよう、ブツァーとカピトに交渉を依頼した。(33)

三六年九月に、バーゼルの会議でブツァーとカピトは、スイス改革派都市に『一致信条』の内容を詳細に伝え、『一致信条』への署名を要請したが、各都市の反応は賛否に分かれた。結局交渉の末、ブリンガーが起草したチューリヒの「信仰宣言」（三七年一月）が、『一致信条』に対するスイス改革派の態度表明として、ルターに送られたのである。(34)

ここでブリンガーは、聖餐におけるキリストの身体の「真の現在」は天なるものであって、肉体的なものではないこと、さらに、「受けるにふさわしくない者」と「正しい信仰をもたない者」とを等置し、両者はともにキリストの身体を受け取らないと明言している。(35) これらは明らかに『一致信条』に対する批判の表明である。しかしブリンガーはそれでもなお、添付の手紙の中で、ルター派との間に一致が成立することへの期待を書き添えている。(36)

三八年四月にチューリヒで、ブツァーとチューリヒの聖職者の間で会談が行われた[37]。ここでチューリヒ側は、聖餐においてキリストの身体が「いかに」現在するかの問題に固執し、その「霊的」現在の立場を説いて譲らなかった。一方、ブツァーは、「いかに」を止揚したところの、キリストの身体の「真の現在」を主張し、ルターの立場との一致点を説いたが、チューリヒ側を説得することはできなかった[38]。こうして、スイス改革派とドイツプロテスタントの一致交渉は、実質的に破綻に至るのである。

以上のように、ルター派と西南ドイツ派は『一致信条』を成立させることによってドイツプロテスタントの教義的統一をなし遂げたが、スイス改革派との統一までは実現できなかった。しかし、プロテスタント内部の不一致は決して聖餐論だけの問題ではない。次節でそれについて考察したい。

3　プロテスタント三宗派の教会・国家観

(1) 国家の権限と教会の自律

宗教改革者たちは、それぞれの都市や領邦で宗教改革を推進するに当たり、新たなプロテスタント的な教会と国家の形成に関与していかなければならなかった。都市当局や領邦君主が教会に対して権力を拡張する政策は、すでに中世末期から着実に進められていた。ルターの改革理念である信仰義認や万人司祭主義は、中世的教会権力を否定し、このような教会に対する国家の優位を、いわば神学的に正当化することになった。その結果、宗教改革によって、いずれのプロテスタント宗派でも、従来教会の権限とされてきていたこと、たとえば、学校教育や婚姻裁判、貧民救済なども国家に委ねられたのである[39]。

しかし、この教会と国家の関係において、教会に対する国家の権限はどこまで及ぶのか、換言するならば、教会の自律性はどこまで確保されるのか、という点について、宗教改革者たちの対応は必ずしも一致してはいなかった。本節では、ルター、ツヴィングリ、ブツァー三人の教会・国家観を中心に比較検討したい。

そこで考察すべきは、三人の教会訓練観である。「教会訓練」とは、『マタイによる福音書』一八章（一五～一八節）にもとづいて、道徳的・教理的に問題のある教会メンバーに対し、訓戒・勧告・破門などの手段を講じて、その者を罪から更生させることを意図し、また同時に、教会の純化を図るためのものである。教会訓練によってキリスト教世界に規律を再構築しようと試みたという点では、宗教改革者たちは一致している。しかし教会訓練を実施する権限（とくに破門権）を誰がもつかが大きな問題となった。本来教会に帰属すべき「鍵の権利（罪を罰し赦す権利）」を、教会が保持すべきか、国家（為政者）が掌握すべきかという問題である。これは、国家に対する教会の自律性をめぐる問題といえよう。[40] ここに、宗教改革者たちの教会・国家観の差異が明確に表れている。

（2）ルターとルター派教会

ルターは一五二三年に著した『この世の為政者について、人はどこまでそれに従うべきか』の中で二王国論を展開し、霊的統治と世俗的統治、内的なことがらと外的なことがらを明確に分け、両者の相互不介入を、教会と国家の関係の原則とした。[41] しかし、農民戦争の騒乱を経て、この原則は変更を余儀なくされ、教会の領域にも為政者が介入するようになっていった。二七年のザクセンの教会巡察（為政当局による教会視察）にあたってメランヒトンが作成した『ザクセン選帝侯国内の牧師たちに対する巡察官の指導書』（二八年）の序文で、ルターは、ザクセン選帝侯ヨハンに、新しい教会を形成する任務を委ねた。[42] しかし、このいわゆる「臨時司教」としての為政者の任務は、ルターにとって、牧師や説教者によって正しい教会統治が行われるよう助けることまでが限度であり、教義や礼拝の内容、「鍵の権利」にまで立ち入るべきものではなかった。[43] したがって、ルターは早くから、教会訓練は教会

（牧師と会衆）よって行使されるべきものと位置づけ、しかも破門の形態としては、聖餐からの排除という宗教的懲罰を考えていた(44)。

ルターの君主であるザクセン選帝侯ヨハン・フリードリヒのもとで三九年に、まずは暫定的に宗務局（構成委員は神学者と法律家）が設置された時も、このようなルターの意に沿って、宗務局は為政当局による教会統治機関としてではなく、単なる宗教裁判所として発足し、実際、ルターの生存中、宗務局は専ら婚姻裁判所として機能したのであった。しかも、この発足当時の宗務局に、ルターはたしかに教会訓練の権限も認めてはいるが、それは上述の破門を含む宗教的懲戒権に限られていた(45)。

しかし、宗務局は、ルター派領邦において、ルターの死（四六年）後次第に領邦君主による教会統治のための機関へと変質していく。領邦君主による教会統治が帝国法として成文化されるのは『アウクスブルクの宗教和議』（五五年）においてであるが(46)、ザクセンでは、八〇年の『教会規定』で、教会が領邦君主に従属する体制が完成する。宗務局には、領邦内の教会に対する最高の監督機関として、教会巡察実施権とならんで、破門（聖餐からの排除）だけでなく、実刑をも含む教会訓練の権限が与えられた(47)。こうして罪は犯罪ともなり、教会訓練はほとんど為政当局による処罰と化したのである(48)。この現象は、他のルター派地域においても同様に確認される(49)。

二王国論にもとづく〈ルター〉の教会・国家観は、最終的には、教会が国家に従属する国教会制（領邦教会制）の確立につながったのである。

（3）ツヴィングリとスイス改革派教会

ツヴィングリの教会・国家観は、チューリヒの宗教改革初期からツヴィングリの晩年にかけて、以下のように変化していったとみることができるだろう。

一五二三年一月のチューリヒ宗教討論会のためにツヴィングリが起草した『六七箇条』の中には、教会の会衆が牧師とともに破門を課すことができる、とある。[50] ここでは、破門権、すなわち教会訓練は専ら教会に委ねられ、教会と国家が明確に区別されている。一方、同年七月に出版された『神の義と人間の義について』の中でツヴィングリは、「人間の義（この世の社会倫理）」の実践者として、為政者に、神への冒瀆なども含む、外的な悪行を処罰する広範な任務を与えている。しかし、この為政者は、キリスト教的為政者でなければならず、それどころか神の代理人とされている。この文書では、すでに教会と国家の区別は背後に退き、教会と国家がともに「神の義（絶対倫理）」を実現すべきキリスト教的共同体の形成がめざされている。[51] 二五年に市当局によって設立された「婚姻裁判所」の規定は、婚姻問題にかかわる破門権（聖餐からの排除）はなお牧師と会衆に委ねているが、そこには、為政当局による実刑処罰権も併記されている。[52]

三〇年の『道徳・規律令』に至ると、破門権は聖餐からの排除としてではなく、市民生活からの排除という市民的処罰として、専ら市民的権力（ツンフト親方や市長）に委ねられ、教会には、当事者への勧告の役割が与えられているにすぎない。[53] 翌年、ツヴィングリはフランス国王フランソワ一世に『キリスト教信仰の解明』を献呈した。そこでは、為政者による破門権を推奨しているだけでなく、為政者なくしては教会は無力で不備なものである、とまでいいきっている。[54] このようにツヴィングリは、その晩年にあたり、教会訓練における為政者の任務を、教会にとって本質的なものとして位置づけた。

結局ツヴィングリは、チューリヒにおける宗教改革進展の過程で、教会と国家を一つの統一体として描くに至ったが、それは、牧師と為政者が共働して築くキリスト教的共同体である。そこでは教会の自律は影をひそめ、為政当局がキリスト教的共同体の名において教会統治に当たった。ここにチューリヒの国家教会が成立し、スイス改革派地域ではジュネーヴを例外として、大部分の都市でチューリヒ型の教会統治が行われたのである。[55]

（4）ブツァーと西南ドイツ派教会

ブツァーは、一五二三年の著作『人は自分自身のためではなく、他者のために生きるべきである。いかにして人はそこに至れるか』の中で、教会と国家の関係を明確に示している。すなわち、霊的職務は神の言葉を説くことである。一方、為政当局は、外的な秩序と平和を保ち、同時に、神の法に従って統治する「キリスト教的統治権力」であり、神の言葉の宣教を助ける任務もつ。[56] このようにブツァーは、教会と国家の職務を明確に区別しつつも、両者を同じ目的のもとで緊密に共働すべき関係と捉えた。

しかし、シュトラースブルクで二九年にミサが廃止され、新しい教会形成の段階に入ると、市当局と聖職者たちの間に教会訓練をめぐる深刻な対立が生じた。[57]

ブツァーは、三〇年代の初めからバーゼルの宗教改革者エコランパディウスの影響を受けて、教会による自律的教会訓練の問題と取り組み始めた。三一年、ブツァーは市当局に働きかけて、各教区に三名（市当局から二名、教区員から一名）の「教会世話人」を任命する制度を設けさせ、彼らに教会訓練を自律的に行う任務を委ねようとした。しかし、市当局は教会世話人の任命権を掌握しただけでなく、教会世話人に破門の権限を与えようとしなかった。[58] シュトラースブルクの新たな信仰告白『十六箇条』（三三年）の中の破門規定には、破門権の所在についての言及はない。一方、「神の奉仕者」である為政者の任務は、神の教えを純粋に保ち、罪深い瀆神的行為を処罰によって排除すること、とある。[59] これらの条文は、市当局が教義上の監督権、教会訓練の権限を掌握し、教会統治権を確立したことを示している。

こうした状況を受けて、ブツァーは三八年、『真の牧会と正しい牧者の務めについて』を著した。この中でブツァーは、二三年の著作と同様に教会と国家の職務を明確に区別した上で、教会訓練は教会独自の職務であるとし、自律的教会訓練の必要性を説いている。[60]

しかし、シュトラースブルクの市当局は、自律的教会訓練によって中世の教皇制的権力が再現することを危惧し、依然としてそれを認めようとしなかった[61]。結局、シュトラースブルクでは、専ら市当局が教会統治権を掌握し、国家教会ともいえる体制が作り上げられた。これは、他の西南ドイツ都市においても同様に見られた結果であった[62]。

ブツァーの教会訓練の理念がドイツで実現をみたのは、ヘッセン方伯フィリップの依頼によってブツァーが起草した三九年の『ツィーゲンハインの訓練規則』においてである。ここでは、牧師と、俗人から選出された教会の長老たちに破門権が与えられている[63]。そして、三八年から三年間、シュトラースブルクで亡命生活をおくったカルヴァンによって、自律的教会訓練は、六〇年代にジュネーヴの地で実現され[64]、この改革派の新たな理念は、六〇年代以降のいわゆる「第二次宗教改革」の波に乗って、ドイツに再び導入されることになるのである[65]。

4　宗教改革の多様性

教会訓練は、聖餐からの排除に代表される宗教的・精神的懲罰であり、本来教会が保持すべき権限であった。この権限が国家の手にわたり、刑法的処罰に変質することによって、為政当局による教会統治も強化され、教会の自律は損なわれたといえよう。このような状況下で国家教会の雛型が成立したのである。

その流れを積極的に押し進めたのがツヴィングリであった。しかし、ツヴィングリがめざした国家は、キリスト教的為政者と教会が緊密に共働して、「神の義」を実現するキリスト教的共同体である。一方ルターは、宗務局の設置を承認したことによって、結果的には国家による教会統治の道を開き、ルター派国家教会（領邦教会）が形成されることになる。しかし、ルター自身は国家による教会統治、あるいは教会訓練への為政当局の介入に、生涯、基本的には反対であった点に留意する必要がある[66]。

この点で、ルターに近い立場にあったのがブツァーである。ブツァーは、キリスト教的為政者と教会が共働するキリスト教的共同体という国家観では、ツヴィングリと一致していたが、教会の自律性を保持しようとした点においてはツヴィングリではなくルターに近かった。ただし、二王国論に立つルターは、キリスト教的国家の建設をめざさず[67]、為政者に教会の外的秩序の維持のみを委ねた。そこにツヴィングリ、ブツァーとは異なるルターの国家観の特色があった。

このように、三人の宗教改革者の教会観・国家観は、重なりあいつつも異なっていた。ルターとブツァーは、『ヴィッテンベルク一致信条』の聖餐論においては一致を見いだしたが、異なる国家観をもち、また教会の自律に関する立場では、ブツァーはルター以上に教会の自律に配慮した。では、宗教改革者たちの教会・国家観と聖餐論との関連は、どのように捉えられるだろうか。

ルターの聖餐論では、聖餐に参加するすべての者が肉体としてのキリストの身体を受け取るとされた。そこでは、聖餐は何より個々人に対する罪の赦しの保証を意味するものであり、聖餐を共同体的視点からみる姿勢は希薄である。同様に、ルターの国家観においても、共同体はほとんど重要な役割を果たしていない。一方、ブツァーにとっては、信仰者のみが聖餐において霊的なキリストの身体を受け取ることができ、それによって信仰者たちは「一つの身体」、「キリストの身体と血の共同体[68]」、すなわち一つの聖餐共同体を形成するのである。このような聖餐解釈は、同様にツヴィングリにおいても確認できる[69]。ブツァーやツヴィングリにとって、聖餐とは、聖餐共同体の一致のしるしという意味をもっていた。それは、彼らがめざした国家、すなわちキリスト教的共同体の理念とも重なるものである。

このうちブツァーは、この聖餐共同体の一致を教会自らの手で実現しようとした。それが自律的教会訓練である[70]。上述のように、聖餐論と自律的教会訓練のためにブツァーが尽力した時期がちょうど重なるのは示唆的である。一方ツヴィングリは、聖餐共同体の一致を、国家（キリスト教的為政者）の手に委ねた点でブツァーと袂を分かっている。したがって両者は、キリスト教的共同体の建設という理念を共有しながらも、ブツァーにおいては、そのキリスト教的共同体における教会と国家の区別がより鮮明であり、ツヴィングリにおいては、教会と国家はまさに一体となるべきものであった。

以上のように、宗教改革は、政治的要請の下でプロテスタント全体の一致を求め、それを部分的には実現しつつも、各宗派間に解消しえない不一致と多様性を内包しながら展開した運動であった。それにともなって、各地に複数の宗教改革の類型が生まれたのである。

これら複数の宗教改革の類型を分類する上で重要な要因として、教会の自律の問題が挙げられる。教会の自律が実現された国家（都市）と、為政者の教会統治権が貫徹された国家（都市）とにおいてなされた教会訓練、およびその結果としての宗教的・社会的規律について、社会史的側面から考察してゆくことが、今後の課題となるだろう。

注

（1）Vgl. Ekkehart Fabian, *Die Entstehung des Schmalkaldischen Bundes und seiner Verfassung 1524/29–1531/35*, Tübingen: Osiandersche Buchhandlung, 1962, 43–56.

（2）Hans Virck (Hg.), *Politische Correspondenz der Stadt Straßburg im Zeitalter der Reformation* (*PC*), Bd. 1, Strassburg: Verlag von Karl J. Trübner, 1882, Nr. 746, S. 458.

（3）Ruth Kastner (Hg.), *Quellen zur Reformation 1517–1555*, Darmstadt: Wissenschaftliche Buchgesellschaft, 1994, Nr. 158, S. 503. R・シュトゥペリヒ／森田安一訳『ドイツ宗教改革史研究』ヨルダン社、一九八四年、二二四～二二六頁。

（4）Reinhold Friedrich, *Martin Bucer: "Fanatiker der Einheit"?*, Bonn: Verlag für Kultur und Wissenschaft, 2002, 67, 288, Anm. 19; *PC*, Bd. 1, Nr. 728, S. 447, Nr. 746, S. 458.

（5）Friedrich, *op. cit.*, 68. Vgl., *PC*, Bd. 1, Nr. 754, S. 465, Nr. 758, 469.
（6）Ulrich Gäbler, *Huldrych Zwingli: Leben und Werk*, 3. Aufl., Zürich: Theologischer Verlag, 2004, 128.
（7）Kastner（Hg.）, *op. cit.*, Nr. 158, S. 504, 506f., 516, 519.
（8）*Die Bekenntnisschriften der evangelisch-lutherischen Kirche*, 12. Aufl., Göttingen: Vandenhoeck & Ruprecht, 1998, 64.
（9）*Dr. Martin Luthers Werke*,（*WA*）, Bd. 30/3, Weimar: Hermann Böhlaus Nachfolger, 1910, 169f.（『ルター著作集』第八巻、聖文舎、一九七一年、六二一～六二二頁）。
（10）W・ケーラー／瀬原義生訳「ツヴィングリ、ルターの聖餐論争とマールブルク会談」『立命館文学』第六〇七号、二〇〇八年、三三～四四頁参照。
（11）*WA*, Bd. 30/1, 1910, 223–226.（『ルター著作集』第八巻、五一九～五三四頁）。
（12）*WA*, Bd. 30/1, 224.（『ルター著作集』第八巻、五三一頁）。
（13）Robert Stupperich（Hg.）, *Martin Bucers Deutsche Schriften*（*BDS*）, Bd. 3, Gühtersloh: Gühtersloher Verlagshaus Gerd Mohn, 1969, 123–125.（『宗教改革著作集』第一四巻、教文館、一九九四年、一四六頁）。
（14）*BDS*, Bd. 3, S. 125f.（『宗教改革著作集』第一四巻、一四六頁）。Vgl. Ernst Bizer, *Studien zur Geschichte des Abendmahlsstreits im 16. Jahrhundert*, 3. Aufl., Darmstadt: Wissenschaftliche Buchgesellschaft, 1972, 28–30.
（15）Walther Köhler, *Zwingli und Luther: Ihr Streit über das Abendmahl nach seinen religiösen and politischen Beziehungen*, Bd. 2, Gütersloh: C. Bertelsmann Verlag, 1953, 201–203.
（16）Bizer, *op. cit.*, 29.
（17）Gottfried W. Locher, *Die Zwinglische Reformation im Rahmen der europäischen Kirchengeschichte*, Göttingen: Vandenhoeck & Ruprecht, 1979, 513.
（18）Fabian, *Die Entstehung*, 151–165（bes. 160–162）, 347–353.
（19）*PC*, Bd. 2, 1887, S. 110, 120–122.
（20）Thomas Kaufmann, *Geschichte der Reformation*, Frankfurt a. M.: Verlag der Weltreligionen, 2009, 613f.
（21）Ekkehart Fabian（Hg.）, *Die Beschlüsse der oberdeutschen Schmalkaldischen Städtetage, 3. Teil: 1533–1536*, Tübin-

gen: Osiandersche Buchhandlung, 1960, 34, 36, 40.

(22) *PC*, Bd. 2, 321f.

(23) *PC*, Bd. 2, Nr. 254, S. 233f.

(24) *WA, Briefwechsel* (*WA Br*), Bd. 12, 1967, 167f.; Johann G. Walch (Hg.), *Dr. Martin Luthers Sämmtliche Schriften* (*MLSS*), Bd. 17, St. Louis, Mo: Condordia Publishing House, 1901, Sp. 2056f.; Bizer, *op. cit.*, 71–79.

(25) *MLSS*, 2069f.

(26) *WA Br*, Bd. 12, 202; Köhler, *Zwingli und Luther*, 444f., 453–455.

(27) *MLSS*, 2087f.; Vgl. Heinrich Bornkamm, "Martin Bucer. Der dritte deutsche Reformator", in: Heinrich Bornkamm, *Das Jahrhundert der Reformation: Gestalten und Kräfte*, Göttingen: Vandenhoeck & Ruprecht, 1961, 99, 102; Bizer, *op. cit.*, 122.

(28) *MLSS*, 2088.

(29) *BDS*, Bd. 6/1, 1988, 151–154.

(30) Vgl. Thomas Brady, *Zwischen Gott und Mammon. Protestantische Politik und deutsche Reformation*, Berlin: Siedler, 1996, 151. 拙稿「マルティン・ブツァーと福音派教会統合」『キリスト教史学』第六五集、二〇一一年、一〇一頁参照。

(31) E. F. Karl Müller (Hg.), *Die Bekenntnisschriften der reformatorischen Kirche*, Leipzig: Deichert, 1903, 107.

(32) Hans U. Bächtold (Hg.), *Heinrich Bullinger. Briefwechsel*, Bd. 6, Zürich: Theologischer Verlag, 1995, 269.

(33) *BDS*, Bd. 6/1, 170f.

(34) Vgl. *WA Br*, Bd. 12, 241–244.

(35) *WA Br*, Bd. 12, 256f.

(36) *WA Br*, Bd. 12, 272.

(37) Vgl. Köhler, *Zwingli und Luther*, 513–516.

(38) *MLSS*, 2156–2160 (bes. 2158f.). 拙稿、前掲論文、九八〜一〇〇頁参照。

(39) B・メラー／森田安一他訳『宗教改革と帝国都市』教文館、一九九〇年、二〇〜二一頁、六七〜六八頁。Hans-Walter

Krumwiede, "Art. Landesherrliches Kirchenregiment", *Theologische Realenzyklopädie*（*TRE*), Bd. 19, 1990, 59–61. Vgl. *WA*, Bd. 6, 1888, 409f.

(40) 石引正志「マルティン・ブツァーの統治権力観」『史學雜誌』第八七号、一九七八年、三〇頁。Heinz Schilling, ""Geschichte der Sünde" oder "Geschichte des Verbrechens"? : Überlegungen zur Gesellschaftsgeschichte der frühneuzeitlichen Kirchenzucht", *Annali dell' Istituto storico italo-germanico in Trento*, Vol. 12, 1986, 176, 184f. ; Hans-Jürgen Goertz, "Art. Kirchenzucht, 3. Reformationszeit", in : *TRE*, Bd. 19, 1990, 176.

(41) Vgl. *WA*, Bd. 11, 1966, 249–271.（『ルター著作集』第五巻、一九六七年、一四六～一八二頁参照）。Horst Rabe, *Neue Deutsche Geschichte IV : Reich und Glaubensspaltung. Deutschland 1500–1600*, München : Beck, 1989, 238f.

(42) *WA*, Bd. 26, 1964, 197, 200.（『ルター著作集』第七巻、一九六六年、六二三～六二四頁）。

(43) 中村賢二郎『宗教改革と国家』ミネルヴァ書房、一九七六年、八五頁。Vgl. *WA*, Bd. 53, 1920, 255.

(44) *WA*, Bd. 8, 1889, 173 f. ; *WA*, *Tischreden*, Bd. 4, 1916, Nr. 4381a, S. 273f. ; Ruth Götze, *Wie Luther Kirchenzucht übte : Eine kritische Untersuchung von Luthers Bannsprüchen und ihrer exegetischen Grundlegung aus der Sicht unserer Zeit*, Göttingen : Vandenhoeck & Ruprecht, 1958, 107, 109, 111f.

(45) 中村、前掲書、九四、九五頁参照。Vgl. Aemilius L. Richter（Hg.), *Die evangelischen Kirchenordnungen des 16. Jahrhunderts*（*EKO*), Bd. 1, Weimar : Verl. des Landes-Industriecomptoirs, 1846, 367 ; Götze, *op. cit.*, 130 ; Wilhelm Maurer, Die Entstehung des Landeskirchentums in der Reformation, in : Ders, *Die Kirche und ihr Recht*, hrsg. v. G. Müller / G. Seebass, Tübingen : Mohr, 1976, 141f.

(46) K. Brandi（Hg.), *Der Augsburger Religionsfriede vom 25. September 1555 : kritische Ausgabe des Textes*, Göttingen : Vandenhoeck & Ruprecht, 1927, 20–22.

(47) *EKO*, Bd. 1, 414, 420. 中村、前掲書、一〇一、一〇七頁。

(48) Vgl. Schilling, op. cit., 190f. ; Christoph Link, "Art. Bann : V. Reformation und Neuzeit", *TRE*, Bd. 5, 1980, 187.

(49) Vgl. Goertz, op. cit., 180f.

(50) Fritz Blanke et al.(Hgg.), *Zwingli Hauptschriften*（*ZH*), Bd. 3, Zürich : Zwingli-Verlag, 1947, 7.（『宗教改革著作集』第

五巻、一九八四年、一五、四五一頁）。

(51) *ZH*, Bd. 7, 1942, 63, 101.（『宗教改革著作集』第五巻、四五、八〇～八一頁）。森田安一「「神の義」と「人間の義」——ツヴィングリの権力・社会観」『思想』第六四六号、一九七八年、九一、九七頁参照。

(52) Emil Egli et al.(Hgg.), *Huldreich Zwinglis sämtliche Werke*, Bd. 4, Zürich : Theologischer Verlag , 1982, 186f. 出村彰『スイス宗教改革史研究』日本基督教団出版局、一九八三年（再版）、三〇五頁参照。

(53) Emil Egli（Hg.）, *Aktensammlung zur Geschichte der Zürcher Reformation in den Jahren 1519–1533*, Zürich : Scientia Verlag Aalen, 1973, 704f. Vgl. Roger Ley, *Kirchenzucht bei Zwingli*, Diss., Zürich : Zwingli-Verlag, 1948, 110–114.

(54) *ZH*, Bd. 11, 1948, 333f.

(55) 石引、前掲論文、三〇頁。Schilling, op. cit., 171.

(56) *BDS*, Bd. 1, 1960, 51f., 55, 57f.

(57) 石引、前掲論文、二九～三〇頁。

(58) 渡邊伸『宗教改革と社会』京都大学学術出版会、二〇〇一年、三二五頁。Walter Köhler, *Zürcher Ehegericht und Genfer Konsistorium*, Bd. 2, Leipzig : Verl. von M. Heinsius Nachfolger, 1942, 408–410.

(59) Manfred Krebs et al.(Hgg.), *Quellen zur Geschichte der Täufer, Bd. 8. : Elsass T. 2*, Gütersloh : Gütersloher Verlagshaus Gerd Mohn, 1960, 28f.

(60) *BDS*, Bd. 7, 1964, 147, 190f.（『宗教改革著作集』第六巻、一九八六年、一二四頁、一七一～一七二頁）。

(61) Köhler, *Zürcher Ehegericht*, 452.

(62) Vgl. Rabe, *op. cit.*, 240.

(63) *BDS*, Bd. 7, S. 262f, 268, 270. Vgl. Gustav Anrich, "Ein Bedacht Butzers über die Einrichtung christlicher gemeinschaft", *Archiv für Reformationsgeschichte*, Ergänzungband, 1929, 63.

(64) 出村、前掲書、二七九～二八三頁参照。

(65) Vgl. Harm Klueting, ""Zweite Reformation" oder reformierte Konfessions- und Kirchenbildung? : Zum Problem von Politik und Religion im Konfessiouellen "Zeitalter", *Monatshefte für evangelische Kirchengeschichte des Rheinlandes*, Bd.

34, 1985, 29f.

（66）Heinz Brunotte et al.(Hgg.), *Evangelisches Kirchenlexikon*, Bd. 2, 2. Aufl. Göttingen : Vandenhoeck & Ruprecht, 1962, 837 ; Krumwiede, op. cit., 61f.

（67）*WA*, Bd. 11, S. 252.（『ルター著作集』第五巻、一五〇頁）。

（68）*MLSS*, 2158.

（69）*ZH*, Bd. 11, S. 332.

（70）Vgl. Schilling, op. cit., 181.

第4章　宗教改革の磁場
——都市と農村——

渡邊　伸

1　都市と農村の宗教改革に関する言説

都市や農村における宗教改革運動の研究は、第二次大戦後に進展した。マルクス主義史学では、エンゲルスの『ドイツ農民戦争』を基礎として、都市のブルジョワと農民の運動を「初期市民革命」として捉える見解を発展させた。これを批判する形で、西側では都市と農村の運動を峻別する議論が主流となった。F・ラウの研究を端緒として、都市の宗教改革に関心が集まり、B・メラーの画期をなす研究がその後の研究動向を方向づけた。メラーは、当時のドイツ都市、とくに帝国自由都市にみられた自治・共和制の性格が、原初教会の「信者の共同体」を教会組織原理とする宗教改革理念との間に強い親和性をもち、これを基礎として改革運動が展開したことを明らかにした。また、彼は、当時の識字率、教育環境、印刷・出版を含む文字文化、情報・交通などの諸要件からも、改革運動は大都市から中小都市を経て農村へと波及したことを示した。(1) こうして、都市の宗教改革研究が活発となったが、農村での運動は周辺のものであり、偏差や誤解を生じたとする含意があり、「初期市民革命」論を批判するものでもあった。

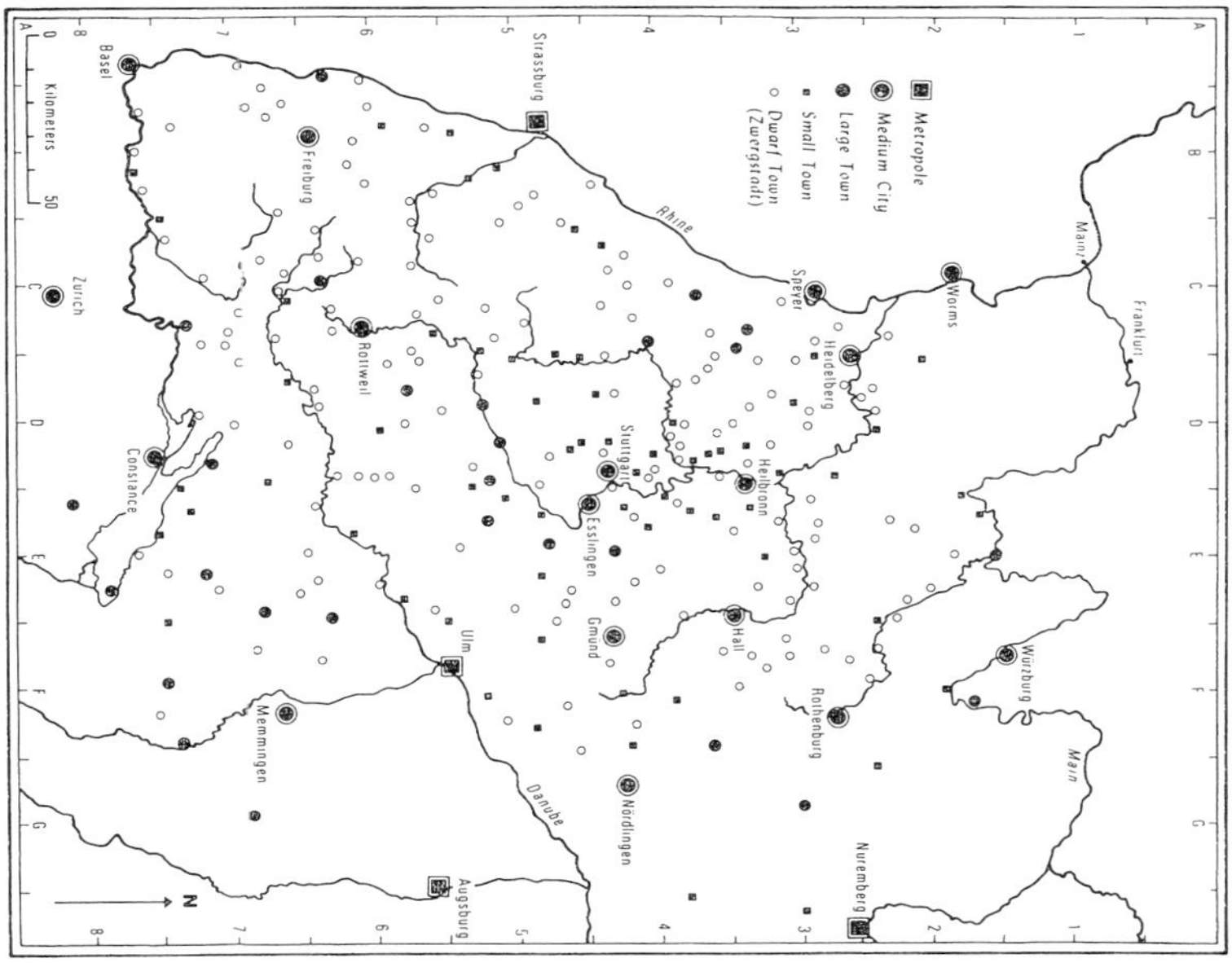

図4-1　西南ドイツの都市分布（1550頃）

出典：M. Hannemann, *The Diffusion of the Reformation in Southwestern Germany*, Chicago, 1975, 36.

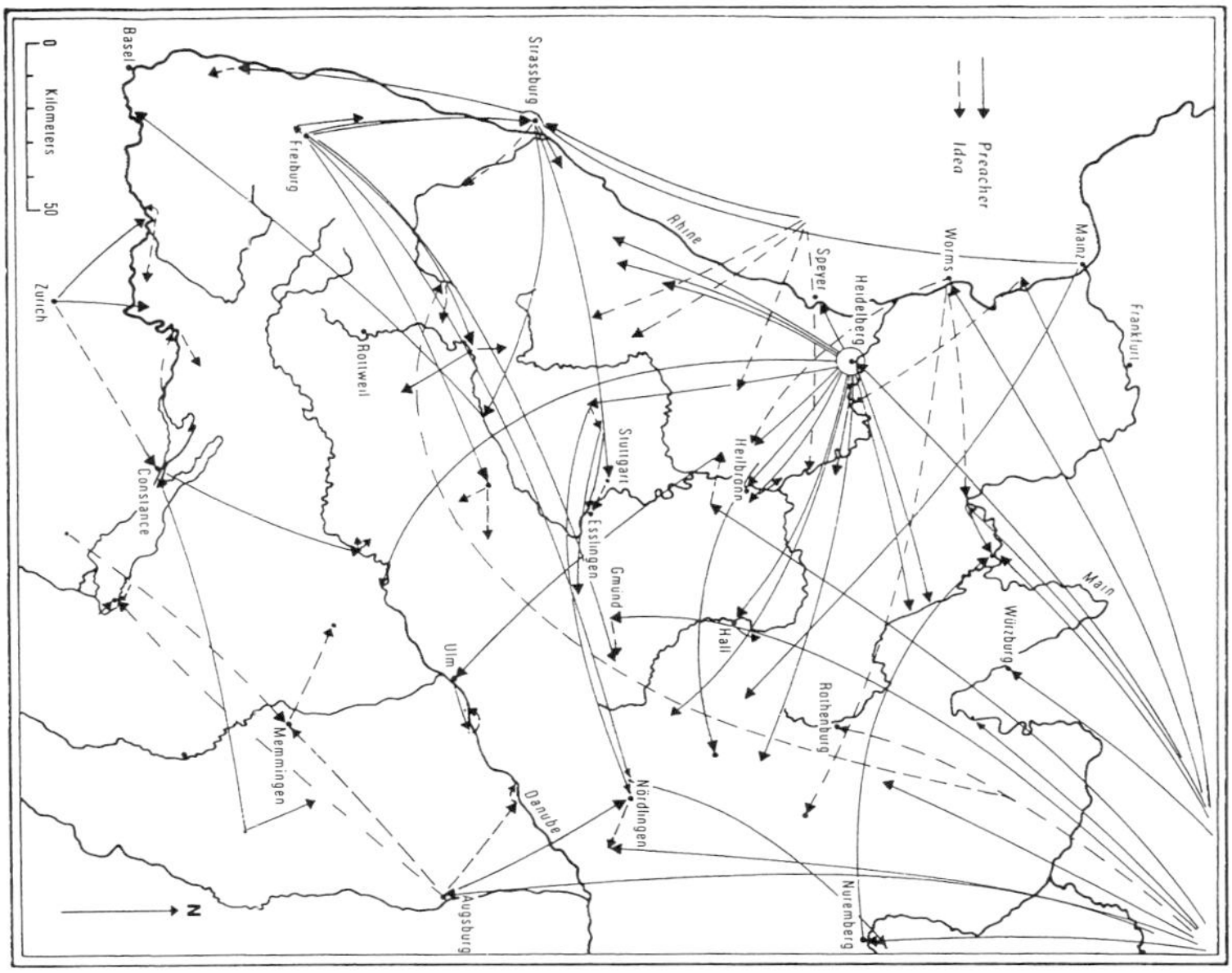

図4-2　福音派理念・説教師の伝播（1518-1524）

出典：Hannemann, *op.cit.*, 10.

このような波及の経過は、説教師の口頭による宣教について彼らの説教活動を整理したマウラーの研究などから確かめうるし、また歴史地理学の手法により伝播経路を地図化したハンネマンの資料をみれば一目瞭然である（図4－1・4－2を参照）[2]。また、初期の宗教改革主張者は、ほとんどが都市出身の比較的教育を受けたカトリックの聖職者であった。一五二〇年頃から一五五〇年にかけて帝国内で活動が判明する福音派聖職者に関する調査によると、一七六名の内、四割が元カトリック在俗聖職者、三割が修道士、一三％が教師であり、八七％が都市出身で、大半が上中層市民、一三％が農民、貴族の出身であった[3]。このように、都市が改革理念の波及に果たした役割は、疑問の余地がない。

他方、農村での運動は、まず一五二四年以後西南ドイツから広がった農民戦争に関心が集まり、とくに四五〇周年となる一九七五年にかけて集中的に研究が進められた。マルクス主義史学研究がプロレタリアのイデオロギーを代弁するミュンツァーの改革思想とその影響を論じ、西側ではこれに対抗する形で、「古き法」と「神の法」を論拠として運動が展開したことを明らかにしたG・フランツの研究を基盤として研究が重ねられた。その中から、P・ブリックレが西南ドイツでは都市と農村の自治構造に大差が無く、都市と同様の「信者の共同体」の理念に基づく改革理念の受容があったことを指摘し、都市と農村の改革運動を全体として「平民の革命」ととらえる「共同体宗教改革」論を展開した。これ以降、農民への改革理念の波及、とくに「神の法」の影響について研究が進み、広域的な農民運動や大領邦単位の農民の組織化にスイス兄弟団など宗教改革急進派が果たした役割の大きさがあきらかにされてきた[4]。

一九九〇年代以降になると、研究の焦点は、宗教改革運動の急進的な展開から、宗教改革理念の定着の実態、制度化へと移ってきている。とくに一六世紀後半以降から絶対主義の時代に至る時代を、ルター派、カルヴァン派、カトリックなどが信仰告白をもとに域内の信仰統一、教会の体制強化を図った「宗派化」の時代としてとらえようとするH・シリンクらの研究が契機となって、都市や農村での民衆の信仰の実態や、体制に順応できない人々の動向に関する研究が活発になっている状況である(5)。

以上の研究動向の概略からも読み取れるように、都市や農村における宗教改革の研究は、メラーによる宗教改革思想と都市の共同体理念との親和性の指摘を基礎として語られ、ブリックレらによって展開された都市や農村社会の類似性に基づく「共同体宗教改革」論、さらにその後の「宗派化」における変化と信仰活動の実態が検討されている。

しかし、「共同体宗教改革」として都市と農村での運動に焦点を当てることにより、各共同体の内側へと視点がむけられ、そのため外部との関連への考察は十分とはいえない状況がある。そこで、本章では都市と農村の相互関係、さらにその外部との関係に注目する。

2　都市から農村への改革伝播と組織化

都市と農村の相互関係について、ここでは、帝国都市の中で最も早く宗教改革を導入し、帝国議会で都市部会の、またシュマルカルデン同盟においても都市の代表役を果たしたニュルンベルクとシュトラースブルクをとりあげる。この両都市は、当時、帝国都市の中で比較的大規模な市領を保有した都市でもあった。市領の大きさは、帝国都市の中で例外的ではあるが、両都市が市領の教会改革を組織化する過程から共通性を見いだせれば、宗教改革をめぐる当時の都市・農村関係の特徴を推測することは可能であろう。

（1）シュトラースブルク

まず、宗教改革の伝播について、具体的な詳細が判明するシュトラースブルクの例から紹介しよう。この都市は、西南ドイツ・エルザス地方の中心都市であり、ルターとツヴィングリにならぶ影響力をもった宗教改革者M・ブツァーが中心となって改革を進めた。一五一九年ルター文書の出版が、シュトラースブルク市の最初期の運動記録で、一五二一年頃から説教師たちが近隣の小都市に宗教改革思想を伝えた。ヴァイセンブルクではブツァー自身が一時活動した。南のシュレットシュタット市では改革をめぐる対立にシュトラースブルク市が介入した。オーバーエーンハイム市民一五名は、シュトラースブルクで改革説教を聴いて帰り、それを広めたとして罰金処分を受けている。ハーゲナウ市の改革指導者はシュトラースブルク改革者と連絡をとり、招いて説教させている。(6)

さらに、一五二一年、教会の教導権や特権を批判する一連の「カルストハンス」と呼ばれるパンフレットが出版され、各地に流布した。最初のものの印刷地はエルザスとされ、その後、数週間のうちにシュトラースブルクで三版が出されている。作者の一人、俗人説教師ハンス・マウラーは、一五二一年以降、シュトラースブルクやエルザス各地で活動している。また、シュトラースブルクの菜園人ツィーグラーも、各地で改革思想を説教してまわった。一五二四年一二月に司教領ヴァイエルスハイムで説教を行い、翌年の二月にはベルシュ、オーバーエーンハイムで説教した。その後もハイリゲンシュタインや市領ループレヒツアウでも説教した。(7)

シュトラースブルク市の改革運動が本格化したのは、一五二三年から農民戦争前後にかけてである。とくに二四年夏以降、市内各教区から福音派牧師や説教師採用の要請が、おそらく市参事会の意向によって行われ、実現した。その後、菜園人を中心に、教会十分の一税の納付拒否、聖画像撤去など急進的な運動が展開した。これを受けて、後述する公開討論会による改革導入を市参事会が画策し、カトリックと交渉のうえ、一五二五年に文書による討論という形式をとって、市は一連の改革を導入した。(8)

シュトラースブルク市領農村での宗教改革も、都市の教区のそれと同じく、各教区からの改革派牧師の派遣・採用要請が中心である。比較的詳細の判明する記録には、十分の一税の問題も登場する。農村での要求内容も、基本的に都市内のそれと共通し、時期的に少し遅れるが、ほぼ併行して改革要求が行われている[9]。

シュトラースブルク市領の中で、最も改革運動が活発だったのが、市の南隣、七村からなるアムト・イルキルヒである。ここは、行政・統治権からみると、市がその全域の領主裁判権を保有する唯一のアムト（管区）であった。一五二三年二月のドルリスハイム村以降、二四年一一月にイルヴィッカースハイム村、一五二五年二月、イッテンハイムとハントシューハイム村、イルキルヒ・グラーフェンシュターデン村が、いずれも常駐の福音派牧師を求めており、その請求先は市参事会である。常駐の聖職者がいない場合に村民の負担で常駐を求めたり、十分の一税と賃租の支払い拒否を通告したり、といった個別の内容もあるが、いずれも市参事会に要請して、認められている[10]。

同アムト内、シルティヒハイム村は、一五二五年二月八日、市参事会に説教師を請求したことまでは他と同様であるが、二月二三日に教会内の装飾品が撤去される事態に展開しており、教区民の運動が急進化していることが特徴である。その原因は、常駐の司牧者選任あるいは教区独立という住民の要望を、市参事会が実現できなかったためで、それは同地の教会庇護権をシュトラースブルク司教がもっていたからであった[11]。

また、他のアムトでは、市参事会は、教会の庇護権などを保有しないために、権限をもつ者と交渉を行った。市の北隣で経済的にも重要なループレヒツアウ村では、二四年に教区民が教会を管理する権利を主張し、市参事会は、彼らが牧師に選んだ人物を市の聖シュテファン教会参事会に承認させている。また、市の西方、通商路沿いのアムト・ヴァッセルンハイムも、一五二四年一二月に教区民が代官と連名で市参事会に福音派説教師を要請し、市が庇護権者のファルツ伯と交渉して福音派の人物を任命させた。他方、アムト・マーレンハイムでは、教会庇護権をハスバッハの教会参事会がもち、各村の半分が司教領であったため、マーレンハイム、フレックスブルク、フリードルスハイム、イッテンハイム村では福音主義の活動は抑圧された。この地区内で宗教改革が導入されたのは、市参事会が後に教会庇護権をえたローマンスヴァイラー村とその支聖堂区コスヴァイラーのみである。またライン河上流のアムト・エッテンハイム、フュルステンエックでも司教の権限が強く、改革は停滞した。市の北西、アムト・ヘレンシュタインのドッセンヴァイラー、デトヴァイラー村でも、一五二五年初頭以降、住民が福音派の聖職者を要求し、「市領内の臣民」を守るよう求めたが、市参事会はこれに即応できなかった。教会庇護権をもっていたのは、ハーナウ・リヒテンベルクの領主であり、三〇年代になって導入に成功した。(12)

このように、市参事会が、裁判権や教会庇護権を保有していない村々では改革の進展が遅れた。帝国諸侯でもあるシュトラースブルク司教や、他の領主の権限下にある領域では、市参事会の改革導入の努力は実を結ばなかったが、世俗領主や教会参事会などが姿勢を転換した場合には、改革導入に成功していることが読み取れよう。

その経過を具体的につかめる例が、ヴァンゲン村の場合である。すでに一部を別稿で紹介したように、ここは市の聖シュテファン女子修道院領であった。教区民は、他の村と同様に、一五二五年三月二日、市参事会に改革派牧師を要請したが、修道院長は拒絶し、新しい教義を告白した市民たちを弾圧した。(13)

市参事会が行動を起こしたのは、一五三二年六月二三日「ニュルンベルク平和」が締結された後、一五三三年一月である。このとき、村民の二名が再洗礼派の嫌疑をかけられ、院長から罰金と追放刑を受けたのに対し、市参事会が擁護して、院長さらに司教とも対立した。市参事会の主張は、二月一日づけ司教宛の回答に明確に示されている。すなわち、嫌疑をかけられた市民は、司祭がいなかったので、別の村で子どもにドイツ語による洗礼を受けさせた。そのために彼らは罰金刑を女子修道院長より受けた。彼は持ち合わせがなかったので、妻子と別れねばならなくなった。彼らは聖書が記していること以外は信じていない。女子修道院長は、農民戦争の際に市に保護を求めたことにより、シュトラースブルク市民でもあるから、市参事会の下にあるべきで、院長は処罰できないはずである。市参事会は、被疑者やその他のものが不正なことで処罰されるのであれば、それを正し、また修道院長には交代を求め、服属させるだろう、と述べている。女子修道院長は、同時期の司教宛書簡で、被疑者は再洗礼派であり、「その子を同村で洗礼させずにあちこちに引きずり回し、ルター派セクトにおいて洗礼させた」とあるので、実際には再洗礼派ではなく、ルター派信奉者を異端として処罰したと考えられる。(14)

この対立は、双方の主張が平行線をたどったまま、翌三四年夏以降、同村の統治問題にも拡大することになった。修道院長がヴァンゲン村の支配強化のため、オーバーシュルトハイス（代官長）をシュトラースブルク市民から配下の非市民に交代させたことから、市参事会が抗議・介入を決定した。これに対し、修道院長は、オーバーシュルトハイスへの誓約を拒否した者を処罰するため、シュトラースブルク司教やファルツ伯、その他に援助をもとめるつもりである、と市に通告した。このため、市参事会も動きがとれなくなったようである。この膠着状態が変化するのは、一五三九年、院長アンナの死去によってであった。女子修道院も、市によって新規加入者が制限されたため、修道女が減少し、また修道院に監督権をもつ聖シュテファン教会参事会員にも市参事会が影響力を行使して福音派を送り込んだことから、四〇年、市参事会は同村の聖職者を福音派の人物に交代させた。カトリック側の抵抗はあったが、後任院長アーデルハイトが一五四五年に改革を受け入れ、結婚したことにより一連の改革が実施されるにいたった。(15)

ヴァンゲンの事例が示しているのは、シュトラースブルク市参事会が宗教改革実施にあわせて領民の保護や支配統制を確立しようとしたことであり、また、改革の制度化を進めるにあたって、司教やファルツ伯など外部勢力との関係が大きく影響したことである。

（2）ニュルンベルク

ニュルンベルク市は、宗教改革が始まる以前に、市参事会が救貧や学校などの管理を管轄するようになっていた。さらに、バンベルク司教座聖堂参事会に対して市内教区教会の庇護権獲得を狙い、一五一三年、市の二つの教区、聖ゼーバルト教会と聖ローレンツ教会の司祭推薦権を獲得した。また、市民拠出の基金で三つの説教師職を設置した。そして、ニュルンベルクは、当時、約一二〇〇キロ平米、帝国都市で最大の領域を保有していたが、その領村部にある約八〇の教区教会についても、教会庇護権や聖職禄、ミサ基金、礼拝堂の管理権などを獲得することによって、多くの聖職者に影響力を行使するようになっていた。(16) これは、ニュルンベルク市参事会が、シュトラースブルク同様、都市民の身体的な福利のみならず、霊魂の救済にも責務を果たそうとしたことをしめしている。

ニュルンベルクでの宗教改革運動は、市民による改革文書の流布によって始まったとされ、一五一七年以降、説教師シュタウピッツを中心に福音派牧師たちが活動し、さらにルターの友人であったショイルや、ピルクハイマー、フューラーなど、彼を支持する市参事員のグループが運動を主導した。市参事会は、司祭推薦権などを用いて、一五二二年、ルター派のオジアンダー、シュロイプナー、フェナトリウスを採用した。とくにオジアンダーは、ドイツ語によるミサの挙行、二種陪餐など積極的に改革を実施した。これによって、バンベルク司教などから圧力を受けたが、市参事会は改革を行った聖職者を保護した。そのうえで、一五二五年三月、市参事会の同席の下、ルター派のオジアンダーと、カトリックの代表としてフランチェスコ会修道士との間で公開討論会が行われた。これは本来、神学論争であるが、世俗権力の主催のもと、俗人が多数を占め、ドイツ語で討論し、聖書を判断基準として実施された。この条件の下、オジアンダー側が勝利した。これを受けて市参事会は「教皇式のミサ」を禁止し、福音派のモデルに従うことを決定した。(17) いわゆる公開討論会の方式による宗教改革の導入である。(18)

他方で、貧民などの間に急進的な主張も広がり、市参事会に対する批判文書も流布した。これに対して市参事会は、反抗者二名を公開処刑して抑圧するとともに、印刷物の検閲を行い、改革を巡る論争を統制しようとした(19)。

このようなニュルンベルク市の宗教改革導入にもとづいて、市領の農村にも改革が実施されていった。ただし、この都市から農村部へ宗教改革理念が伝播していった過程は、公刊された史料からは詳らかにできない。一五二四年五月三一日に市の北部クノーブロホラント、フォルヒハイム村を中心とする市領農民たちが、教会十分の一税の支払い拒否を中心とする運動をおこし、農民の運動は市の北部からさらに西部へと拡大した。ここから宗教改革理念の影響を推測できるに留まる(20)。

市参事会は、翌二五年にかけて農村領域の教区教会の庇護権と説教師職を新たに獲得し、農村部に宗教改革を導入していった。しかし、改革の浸透は、市の統制力や現地の聖職者の能力に応じて、一様に進行したわけではなかった。農民戦争後、ニュルンベルク市参事会が、市領農村の教会問題に本格的に取り組んだのは、一五二六年、シュパイアー帝国議会でのヴォルムス勅令の事実上の効力停止の後、一五二八年にブランデンブルク゠アンスバハ、ブランデンブルク゠クルムバハとニュルンベルク市が合同で行った教会巡察からである(21)。

ブランデンブルク゠アンスバハ側では、ショッパーやヴァイスらが規定を作成し、ニュルンベルク側ではシュペングラーらが規定を策定した。この両者は、伝統的に緊張関係にあり、一五二〇年代にも帝国最高法院に領地裁判権をめぐって係争を起こしていたが、市側は、信仰問題に関して協力することによる利益を考慮して、協力に至った。このため、教会巡察にあたり、担当の管区はそれぞれが裁判権を保有している地域を原則とし、便宜上、河川を境界として担当が変更された。巡察は、聖職者の説教や司牧者の活動の監督に焦点があてられていたが、教会規定策定の基礎とすることが意図されていた(22)。

その後、前述のシュトラースブルクと同様、「ニュルンベルク平和」の翌年一五三三年、ニュルンベルクも、ブランデンブルク辺境伯と合同で、オジアンダーらに教会規定をつくらせた。この教会規定に基づいて、市の領域を対象として聖職者ならびに領民の信仰活動の把握と改善を目的とする教会巡察の実施が、数度にわたって計画された。だが、内外の情勢などから実施には至らなかった。とくに一五五二年から五五年にかけての戦争による混乱が影響した。(23)

予定された巡察の調査内容は、一五三六年の規定では、教会の状態、聖職妻帯の状況、教理問答や礼拝への参加状況などにわたっている。また、一五五八年に市参事会が巡察を計画した際には「農村での悪弊は、定めに基づいた教区委員の巡察によるほか、とりやめさせ、改善する方法はない」という理由が示されている。そして同年、市参事会の決定により、二名の市参事会員によって準備が進められ、二年後、一五六〇年春に巡察が行われた。(24)

一五六〇年の市参事会の決定によれば、巡察はたんに教会の現況把握にかぎらず、人々に「助言を与え、償いのために警告を与える」とされ、さらに「臣民の下で行われている悪習や弊害」についても市参事会に報告するよう求めており、領民の道徳について監督することを目的としている。(25) そして一五六〇年と六一年、ニュルンベルクはその領域農村に対し巡察を行った。

実際に巡察を担当したのは、説教師二名、市参事会員二名、書記一名、これに従者など十数名で、市参事会側の構成員が多数を占める。巡察に関する史料から、まず読み取れることは、六〇年の巡察は、より以前から市領として確保されていた地域を対象としているのに対し、翌六一年は、バンベルク司教など周辺領主との緊張関係にあった地域について行われたことである。巡察委員は、各教会の実態を報告した。ただし、その内容は、聖職者の司牧活動が中心である。また、教区民の悪弊にも言及している。たとえば、グレーフェンブルクでは、牧師が農民の豚や牛が教会を歩き回るのを防ぐために柵の設置を求めた。アルトドルフでは、礼拝の間は会衆に不届きを止めさせるよう求めている。また興味深い点として、六一年の巡察では、教区での審問の際、報奨金と思われる金銭が信仰に熱心な子どもや領民に供与されている。(26) これは、六〇年の記録には明示されていないことから、たんに教区民の救霊に関する公権としての責務を実践したということにとどまらず、近隣領主との緊張を抱える地域の住民を懐柔し、市の権威・権限を教化する目的があったと考えて良いだろう。

同様の例として、市領の最北東部アムト・ベッツェンシュタインの記録が注目される。バンベルク司教領とも接したこの管区では、司教による介入も起きていた。そのため、フュル村の記録をみると、ニュルンベルク市参事会員の一人ザイツが、ここの牧師や教師は問題なく、「臣民には熱心に教会にいっているものもいるが、農作業のために教会から離れているものもいる」とした上で、「牧師はもはやフュルで歌唱聖餐式を行おうとしない。というのは、司教の人々やその他の人々がそこへ巡礼し、牧師が示しているように、そこで偶像崇拝が行われているからである」と述べている。フュルには聖母マリアや聖マルティンの聖像があり、近隣のバンベルク司教領、ファルツ伯領などから巡礼者たちが訪れていた。当地ベッツェンシュタインの牧師ファルキルヒナーは、巡察に当たって、年に数回秘跡を行っているその子教会フュルにおいて、巡礼や供え物など偶像崇拝が行われていること、フュルの教会堂守の二名がランプなどを偶像崇拝のために保持していることを告発した。彼によれば、一五五八年以来、翌五九年にも六〇年にも同様の偶像崇拝が続けられており、同年も聖霊降臨祭のときに聖母像などを使って祭礼行事を行い、老いも若きも見物したという(27)。

牧師によれば、こうした偶像崇拝の排除を命じたが、その存続を図る教会堂守と口論になった。証言によると、牧師はこうした偶像崇拝のために、フュルにおいて典礼を行っていなかった。告発された堂守の主張は、自らの収入状況を報告した上で、牧師がここで歌唱ミサを行わないのは、多くの人々が聖母や聖マルタに対して従来と同じことを行っているからである、彼はここの者たちがどれくらい教会に行っているかを知らない、ここに住んでいないからだという。また、牧師は年六回聖務をここで行うべきなのに、一度だけで以後行っていない、彼は古くからの慣行のように捧げ物をしない、偶像崇拝は行っていない、というものである(28)。

このような事態に対し、市参事会は、人事問題としていない。すなわち、牧師も、告発された教会堂守も処罰しなかった。牧師は、ベッツェンシュタインでは問題なく職に努めていることが確認され、フュルの教会堂守は市参事会の配下であり、教会財産管理を問題なく行っていることを確認した。そして、偶像崇拝の問題について、決定は、祭壇からマリア像を撤去し、そのかわりにニュルンベルク市内と同様に十字架を立てるよう指示した。しかし、マルティン像は撤去しても良いが、その祭壇にそのまま飾られていてもよい、とする。そして、牧師に対し、教理問答など教化活動や聖晩餐などの祭儀を、フュルの慣習に配慮しつつ、充分に行うようにというものであった[29]。このような決定は、証人の発言の中で、「ファルツや他の領主らは、フュルが正しい教区であるべきことを容認している」とあるように、周辺領主に配慮しつつ、介入の口実となりうる人事や信仰に関わる変更などを避け、管理を行おうとしたものととらえられるのである。

同様に、市の南東、アルトドルフの子教会ラーシュでも、教会の背後に祭壇があってマリア像が祀られており、農村から来た老女たちが蝋燭を捧げているという報告があり、また、ここからオーバーファルツ領の巡礼地トラウテンスホーフェンに赴いている者もいた。市参事会の決定は、聖職者は相互に協力して平民の間の対立を起こさないようにすること、教育や聖務に努めることが中心で、マリア像にベールが巻きつけられていたときは、平民がいないときに像からベールを撤去すべしとしている[30]。ここでも、聖職者たちは問題とせず、信仰の改革よりは治安に関心があったことが判明する。

3　農村の改革に対する都市の教会政策

都市による教会巡察の記録をみると、目的は聖職者の司牧者活動と住民たちの信仰の実態把握と改善が掲げられているにもかかわらず、聖職者はいずれも問題なしとし、住民たちの信仰についても慣習を尊重しつつ、漸進的な改善に留めている。聖職者人事を取り上げなかったのは、当時、各地で改革派聖職者が不足し、確保・養成が課題となっていたことが影響したと考えられる。(31) そして、シュトラースブルクのように対立する司教やカトリックの介入を排除したり、ニュルンベルクのように裁判権の確保と治安を優先するなど、信仰よりも統治を優先する姿勢がみとめられよう。

市領を統治する市参事会のとった姿勢として、当然とも考えられるが、宗教改革の初期から信仰の改善が問題になっていたことからすると、奇異と感じられる事態である。

ニュルンベルクでは、すでに一五二六年、農村だけでなく市部でも聖体拝領の形骸化が問題視されていた。聖ローレンツ教会の牧師は、若者に教理問答の知識が欠けていること、秘跡の際に伝統的な慣習が残っており、教会で民衆が聖体顕示をもとめ、それで満足して去ってしまうこと、これに対して、告解や埋葬拒否といった強制手段がないことを苦情として申し立てた。(32)

同様の事態を、ルター自身が、一五二八年、ザクセン選帝侯領における教会巡察により判明した事態を『小教理問答書』の序文において記している。「私はなんという多くの悲惨な状況を目にしたことか。平民たちは、とくに村落において、キリスト教の教えについてまったく何も知らずにいる。そして不幸なことに、多くの牧師たちは実際のところまったくその任にふさわしくなく、教える能力がない。それにもかかわらず、彼らは皆キリスト教徒と呼ばれ、洗礼を受け、神聖な秘跡に与っている。彼らは、『主の祈り』も『使徒信条』も『十戒』も口にすることができないにもかかわらず、である」(33)。

ニュルンベルクでの巡察結果はみたとおりであるが、シュトラースブルクでも同様であった。すでに一五三一年末、シュトラースブルクの説教師たちは市参事会に対して「いかに多くの者たちが、この町の中で、居酒屋宿の中で、店の中で、街角で、船の中で、キリストの教えを冒瀆し、名誉を穢していることか。すなわち、閣下たちがキリストの御前で告白され、私どもが極めて誠実に教えてきたキリストの教えをである」(34)と苦情を申し立てた。

先に紹介した一五三四年の領域教会会議で規定された巡察は、翌年以降、毎年ではなく一五三五年、四〇～四一年、四五～四六年と五年程度の間隔で実施された。これは経費の問題であったことがすでに指摘されている。(35)そして実施された巡察の報告は、いずれも信仰上の「過誤」を伝えている。たとえば、一五三五年の記録では、若者が説教ではなく狩猟に行く、説教の間に堂内で農民の髭をあたる床屋がいる、日曜に鳥を捕って市場で売っている。四〇～四一年にも、説教に民衆が遅刻し、早退する、聖餐式に来ない、子供が教理問答の間に遊んだり、詩篇を歌うのを拒んだりする、しかも市参事会はわずかな罰金しかかけない、という苦情が出ている。四五年の記録になると、日曜の狩りの苦情は、一三村の内の一一村に増加しており、また聖餐を疑うものがいたり、日曜説教に仕事をして来ない女たちがいる、そもそもアムト管区長が説教に来ないと訴え、また主の祈りを知らずに結婚しようとするといった報告も複数ある。一五四六年の記録でも、親たちが子供を教会学校へやるよりも、私塾へやって読み書き算術を習わせる方を望んでいるという報告があり、それは教区学校が宗教教育に時間をかけすぎるからだとある。(36)

このように、住民の信仰に多くの問題が指摘されているにもかかわらず、当局による改善の努力には熱意がみられない。シュトラースブルク市参事会は、別稿でも指摘した「再洗礼派」問題についても、弾圧には消極的で、むしろ公権としての権限拡張を優先していた。(37)

こうした姿勢には、市参事会員たち自身の信仰心のあり方も影響したと推測できる。たとえば、一五三〇年代のシュトラースブルク市参事会員ツォルンが所有していた聖書は、ルター訳が未完成であったため、ツヴィングリ派と再洗礼派の訳も合冊していた。一五三四年の領域教会会議で策定された教会規定案に対する意見として、市参事会員たちは「市参事会が決定することに反対するつもりはない。だが、信仰し、知らねばならないことがよくわかっていないのは、俗人だからおおめにみてほしい」、あるいは「悪魔が説教するわけはないのだから放っておくのがよい。もちろん市参事会の決定に逆らうつもりはない。市参事会の意向は自分の意向である」とか、「仕事のために、何を信ずべきかわからぬけれども、このことに関して分裂は良くないと思う、また、熱心に説教されるべきであること以外申し上げることはない」といった発言をしている。また、一五六〇年代にも、市参事会員たちは一様に神学に対する不信感を表明したとされる(38)。

これは、宗教改革により、カトリックの教権と教会特権を排除して、市参事会が公権として市内統治の権限貫徹に成功したにもかかわらず、神学者の手で「新たな教皇庁」が作られることを警戒したことの現れであった。これが農村への改革浸透に影響したと推測できるのである。ただし、一五四〇年代、六〇年代の記録には、神が集団責任の掟を定められ、少数者の罪が都市全体の神の罰をまねく、という主張が繰り返されている(39)。都市は、それ自体が小さな「キリストの体」、聖なる共同体であるという中世後期以来の観念が生き続けていることを示しており、こうした都市の共同体理念が宗教改革理念と親和性があり、改革運動の中心となったとするメラーの見解の有効性が認められることも指摘しておきたい。

4　帝国との関係

都市の宗教改革は、メラー以来の共同体理念の親和性によるとする議論が有効である。都市が周辺農村に改革理念を伝えた経過も確認できる。そして、都市が農村に改革教会を組織化する経過からは、宗教改革の確立、信仰統一化という目的とともに、それ以上に領域統治の目的で行われていたことを指摘できる。この点で、当然、都市は周辺領主との関係を考慮せざるを得なかった。

シュトラースブルクの場合、エルザス地方においてプロテスタントの勢力が最も拡大した一五八五年頃でも、プロテスタントの支配下にあったのは、この地方の約三分の一の領域にすぎなかった。南のオーバーエルザス地方、とくにコルマール市より南にはハプスブルク家領が広がり、北のニーダーエルザスでも、最大の領主がシュトラースブルク司教であったため、プロテスタントの勢力拡大は困難であったからである。このため、シュトラースブルク市は、通貨問題や外部からの侵攻、浮浪者問題などで司教が主催するラント集会に参加し、信仰問題を越えて協力を行った(40)。

シュトラースブルク市が配慮せざるを得なかったのは、司教や近隣領主だけではない。帝国統治院や帝国最高法院も同様であった。ハプスブルクのフェルディナント大公への事情説明にも追われている。この都市で宗教改革運動の本格化し始めた一五二四年一月、ニュルンベルクで開催された帝国議会への使節に宛てた市の教書で、シュトラースブルク市参事会は、ゲマインデ（市民）が聖職妻帯の問題などについて改革を求めているとして、市参事会が公開討論会を開くことを認めるよう、議会に働きかけることを命じている。そして「自由な公会議ないしキリスト者の集会によって決定されたことを、シュトラースブルクの市参事会とゲマインデは、神聖ローマ帝国の忠実でキリストにかなう一員として遵守する」としている。この「自由な公会議ないしキリスト者の集会」とは、当時、帝国議会でルター問題を解決する方策として討議されていたものである(41)。

シュトラースブルク市の改革は、帝国での信仰問題に関する論議を念頭に置く必要があったことがわかる。前述のように、この都市が領域教会会議を開催し、巡察に代わる各領村の事情聴取を行い、ヴァンゲン村の問題解決に着手したのは、一五三二年「ニュルンベルク平和」が締結された後、一五三三年一月であった。

帝国議会が開催されたニュルンベルクでは、この事情がより明確になる。一五二四年七月二二日にニュルンベルク市参事会は、バンベルク司教に対して、市内二つの教区の司祭長が、神への務めと儀式について若干の変更を行ったことについて弁明し、聖書と聖なる福音に基づくものであることを述べ、聖書による福音のみを伝えることについて、「キリストにかなう公会議の決定」まで行うことを記している。(42)

一五二四年、帝国統治院がこの都市から去って、市参事会はヴィッテンベルクの例に倣った新たな教会規定を制定した。市は同市開催の帝国議会においてルター問題の協議に参加していたが、シュパイアーでの国民公会議、「自由な公会議ないしキリスト者の集会」による全体的な規定を期待して、市はそれまで新たな改革をしないことを言明した。(43)そして一五二五年三月にニュルンベルク市参事会が送付した書簡でも、教会の改革の導入について、帝国統治院の意向に反するものではなく、神の言葉、聖書に基づくものであることを陳述し、「神の言葉の告知に関することは、それを知ることは人間には不可能で、ただ公会議あるいはそれに代わる正しい決着のみがなしうる」と記している。(44)

これに対し、ニュルンベルクの司祭長がバンベルク司教に宛てた書簡にも、市の改革を不当として「来るべき自由で、キリストの、神にかなう公会議に」上訴するとあり、また、四月にアイヒシュテット司教が、ニュルンベルク市参事会に新たな教義に関わることの無いように通告して圧力をかけたが、ここでも「全体の公会議または我らの最上の方よりの指示があるまで」という条件付きである。(45)

当時、「ルター問題」と呼《よ》ばれた信仰に関する問題は、ニュルンベルク帝国議会において、新旧の双方から公会議による解決を求める声が高まっていた。この公会議までの猶予を利用する形で、ニュルンベルクが改革を進めようとしたことは、先のシュトラースブルクと軌を一にしている。

また、一五二八年のニュルンベルクがブランデンブルク゠アンスバハと共同で行った教会巡察は、ただちにシュヴァーベン同盟から、「公会議まではいかなる変更もしないように」という圧力を受け、バンベルク司教から非難を受けただけでなく、バンベルクとヴュルツブルク司教は一五三〇年のアウクスブルク帝国議会において皇帝に対して苦情を申し立てていた(46)。

シュトラースブルクとニュルンベルクの例は、都市代表格という例外と考えられるかもしれないが、たとえば、アウクスブルク市参事会も一五三〇年「公会議による信仰に関わる論争の和解まで、教会に影響することは何もしないことを約束した(47)」ことが示すように帝国において平和を乱さないこと、皇帝・国王に配慮し、帝国最高法院にかけられないようにすることが、改革を実施し、市領の農村部の信仰統一化を図る前提条件だったのである。今後、こうした外的条件を視野に入れた検討も必要となるであろう。

注

（1）B. Moeller, *Reichsstadt und Reformation*, Gütersloh, 1962、邦訳はB・メラー／森田安一・棟居洋・石引政志訳『帝国都市と宗教改革』教文館、一九九〇年。同書の森田氏による都市宗教改革に関する研究動向の他、中村賢二郎「宗教改革と都市」研究史、中村賢二郎・倉塚平編『宗教改革と都市』刀水書房、一九八三年、および『ドイツ史研究入門』山川出版社、一九八四年の森田氏による研究紹介、踊共二・山本文彦「近世の神聖ローマ帝国・時代の概観」『ドイツ史研究入門』山川出版社、二〇一四年、*Archiv für Reformationsgeschichte*（ARG), Literaturberichte, 1972- を参照。B. Moeller, *Die Reformation und das Mittelalter*, Göttingen, 1991, ders, *Luther-Rezeption*, Göttingen, 2001.

（2）J. Maurer, *Prediger im Bauernkrieg*, Stuttgart, 1979, M.Hannemann, *The Diffusion of the Reformation in South-Western Germany*, Chicago, 1975.

（3）B. Klaus, "Soziale Herkunft lutherischer Pfarrer der reformatorischen Frühzeit", in, *Zeitschrift für Kirchengeschichte*, Bd. 80, 1969, 26-27, R. W. Scribner, "Practice and Principle in the German Town", in, *Reformation Principle & Practice* (RPP), ed. by P. Brooks, London, 1980, 105, Th. A. Brady Jr., *German Histories in the Age of Reformations, 1400-1650*, Cambridge University Press, 2009, 63.

（4）G・フランツ／寺尾誠・中村賢二郎・前間良爾・田中真造訳『ドイツ農民戦争』未来社、一九八九年、P・ブリックレ

／前間良爾・田中真造訳『一五二五年の革命——ドイツ農民戦争の社会構造史的研究』刀水書房、一九八八年、P・ブリックレ／田中真造・増本浩子訳『ドイツの宗教改革』教文館、一九九一年、拙稿「ドイツ農民戦争研究の視点と課題」『京都府立大学学術報告・人文』四七号、一九九五年、九七～一一九頁、前間良爾『ドイツ農民戦争史研究』九州大学出版会、一九九八年、野々瀬浩司『ドイツ農民戦争と宗教改革——近世スイス史の一断面』慶應義塾大学出版会、二〇〇〇年、同『宗教改革と農奴制——スイスと西南ドイツの人格的支配』慶應義塾大学出版会、二〇一三年、ARG, Literatureberichte 参照。

（5）H. Schilling, *Religion, Political Culture and the Emergence of Early Modern Society*, Leiden, 1992, 205-245, S. Dixon, *The Reformation and Rural Society*, Cambridge University Press, 1996, 104. 踊共二「宗派化論——ヨーロッパ近世史のキーコンセプト」『武蔵大学人文学会雑誌』四二巻、二〇一一年、一〇九～一五八頁、森田安一編『ヨーロッパ宗教改革の連携と断絶』教文館、二〇〇九年所収の諸論考参照。

（6）*Annales de Sébastien Brant*（An. Br.）, in, *Bulletin de la société pour la conservation des monuments historiques d'Alsace*, N. S. 15, 19, L. Dacheux（ed.）, 1892, 99, Nr. 4490, 4497, 4515. A. Baum, *Magistrat und Reformation in Straßburg bis 1529*, 1887. A. Adam, *Evangelischen Kirchengeschichte der elsässischen Territorien*, 1928. Hannemann, *op. cit.* 参照。拙稿「シュトラースブルク宗教改革の周辺領域への広がりについて」『西洋史学』一六一号、一九九一年、三五～四八頁。

（7）*Quellen zur Reformation 1517–1555*（QzR）, hrsg. v. R. Kastner, Darmstadt, 1994, Nr. 50, 52, *Quellen zur Geschichte der Täufer*, Bd. VII Elsass（Elsass）Bd. 1, Straßburg 1522–1532, Bd. 1, bearb. v. M. Krebs, H-G. Rott, Gütersloh, 1959, Nr. 1, 6-8, M. Arnold, *Handwerker als theologische Schriftsteller*, 1990, 106 144, An. Br., Nr. 3479, R. Peter, "Le Maraicher Clement Ziegler", in, *Revue d'histoire et de philosophie religieuses*, 34, 1954, 255f.

（8）拙著『宗教改革と社会』京都大学学術出版会、二〇〇〇年、第二章参照。

（9）Adam, *op. cit.*, bes. 91. 前掲注（8）の拙著参照。

（10）L. Knobloch, *Das Territorium der Stadt Straßburg*, 1908, 41f., Adam, *op. cit.*, 35f., An. Br., No. 3482, 3491, 2264, *Politische Correspondenz der Stadt Strassburg*（PCSS）, hrsg.v. H. Virck, Bd. 1, 1517–1530, Strassburg, 1882, Bd. 1, Nr. 106.

（11）Knobloch, *op. cit.*, 41f. Adam, *op. cit.*, 35f., An. Br., No. 4424, 4567, Elsass, Bd. 2, Nr. 680.

(12) An. Br., No. 3479, 3487, 3491, 4584, 4421, 4750, Th. W. Röhrich, *Geschichte der Reformation im Elsaß und besonders in Straßburg*, 1830, Bd. 1, S. 358, G. Franz, *Der deutsche Bauernkrieg, Aktenband*, Darmstadt, 1980, Nr. 60, Adam, *op. cit.*, S. 33f., 63f., 59f., Rott, *op. cit.*, 24, Knobloch, *op. cit.*, 24–25, 70f., Franz, *op. cit.*, Nr. 69, PCSS, Nr. 329, An.Br., No. 4662, 4725.

(13) Adam, *op. cit.*, 78, Röhrich, *op. cit.*, Bd. 1, S. 374. 拙稿「「希望の都市」と領域教会改革――再洗礼派とシュトラースブルク市」前川和也編『空間と移動の社会史』ミネルヴァ書房、二〇〇九年、三三五～三六四頁参照。

(14) Elsass, IV, Beilage, Nr. 352a, b, 353a,c, 354c, 355a.

(15) Elsass, IV, Beilage, Nr. 606a, 612a, An. Br., Nr. 2373, PCSS, Bd. 3, S. 76, Adam, *op. cit.*, 78.

(16) G. Seebas, "Die Reformation in Nürnberg", in : *Reformation in Nürnberg*, Nürnberg 1979, 105, ders., "Stadt und Kirche in Nürnberg im Zeitalter der Reformation", in, *Stadt und Kirche im 16. Jahrhundert*, hrsg. v. B, Moeller, Güteslohег, 1978, 69. G. Hirschmann, *Kirchenvisitation im Landgebiet der Reichsstadt Nürnberg 1560–61, Quellenedition* (KLRNQ), Neustadt a. d. Asch, 1997, 6.

(17) Seebas, "Reformation in Nürnberg", 106–107, 109, Seebas, "Stadt und Kirche", 71f., M. Sonntag, *Die Reformation in Nürnberg und der Einfluss der lutherischen Lehren auf die Nürnberger Kirchenordnung von 1533*, GRIN Verlag, 2006, 71.

(18) B. Moeller, *Zwinglis Disputationen*, 2. Aufl., Göttingen, 2011. 森田安一『スイス中世都市史研究』山川出版社、一九九一年。

(19) *Quellen zur Reformation 1517–1555* (QzR), hrsg. v. R. Kastner, Darmstadt, 1994, Nr. 20, Seebas, "Reformation in Nürnberg", 108f.

(20) *Quellen zur Nürnberer Reformationsgeschcihte* (QNR), hrsg. v. G. Pfeiffer, Nürnberg, 1968, 1–5, Nr. 2–14, 18–21.

(21) G. Vogler, *Nürnberg 1524–25*, Berlin, 1982, 83f., bes., 90, Seebass, Stadt und Kirche, 82, L. Kittelson, "Success and Failure in the German Reformation", in, ARG., 73, 1982, 153–175, C. Dixon, *The Reformation and Rural Society*, Cambridge, 1996, 28–29.

(22) *Die evangelischen Kirchenordnungen des XVI. Jahrhunderts*. Bd. 11 Bayern. 1. Teil. hrsg. v. E. Sehling, 113, Ph. Broad-

head, Politics and Expediency in the Augsburg Reformation, in. *Reformation Principle & Practice*, ed. by P.Brooks, London, 1980, 282; *Stadtlexikon Nürnberg*, 2. Aufl., Nürnberg, 2000, 540.

(23) KLRNQ, 19, Broadhead, *op., cit.*, 283.

(24) KLRNQ, 6-7, Dixon, *The Reformation and Rural Society*, 63.

(25) KLRNQ, 33.

(26) KLRNQ, 107, 117, 189, 317, 339. 一五六一年の巡察について井上智也『都市の教会巡察と流域支配——宗派形成期、都市ニュルンベルクの例』平成二三年度京都府立大学大学院文学研究科修士論文よりご教示を得た。また史料集 KLRNQ の貸借を受けた。記してお礼申し上げます。

(27) KLRNQ, 131-134, 139, 142, Broadhead, *op. cit.*, 293-295.

(28) KLRNQ, 132-135, 138-139.

(29) KLRNQ, 138, 142, 144-146.

(30) KLRNQ, 182-183, 186-187.

(31) Klaus, *op. cit.*, Brady, *op. cit.*, esp. 280f.

(32) Seebass, "Stadt und Kirche", 84.

(33) D. Martin Luthers Werke, WA. Bd. 30, 347.

(34) Elsass, Bd.1, S. 357.

(35) Lorna Abray, "The Laity's Religion", in. *The German People and the Reformation*, ed. by R. Po-chia Hsia, Cornell University Press, 1988, 217.

(36) F. Conrad, *Reformation in der Bäuerlichen Gesellschaft*, Stuttgart, 1984, 168-173.

(37) 前掲拙稿「『希望の都市』と領域教会政策」三三五〜三六四頁参照。

(38) Elsass, Bd. 3, Nr. 523, L. Abray, The Laity's Religion, in. *The German People and the Reformation*, 218, 221.

(39) Abray, *op. cit.*, 221.

(40) *Documents de l'Histoire de l'Alsace*, dir., Ph.Dollinger, Paris, 1972, 222-223, 233-235.

(41) PCSS, Bd. 1, Nr. 162. 前掲拙稿「ドイツ宗教改革における公会議論の展開について」参照。
(42) QNR, Nr. 29, S. 273–274.
(43) Seebass, "Stadt und Kirche", 69.
(44) QNR, Nr. 151, S. 363.
(45) QNR, Nr. 53, S. 291, Nr. 184, S. 393.
(46) Dixon, *op. cit.*, 29–30, Sehling, *op. cit.*, 135–139.
(47) Stadtarchiv Augsburg, Literarian Nachtrag 1, Nr. 15, fol. 47, Broadhead, *op. cit.*, 99.

＊本章は、平成二七年度科学研究費助成事業・基盤研究（C）「皇帝フェルディナント一世の教会政策と帝国国制の研究（課題番号15K02943）」による研究成果の一部である。記して関係各位に御礼申し上げます。

第5章　宗教改革はイタリアに伝わったか
――ルターとアルプス以南の世界――

高津美和

1　イタリアの「改革」と「異端者」

一六世紀にドイツで生じた宗教改革がイタリアに及ぼした影響については、長らく本格的な研究が行われてこなかった。アルプス以北の宗教改革者たちの教義や思想に接し、カトリックの信仰から離れたイタリアの人々は、プロテスタントの歴史において、その歴史的意義について評価のなされないまま、もっぱら亡命や殉教といった悲劇的な運命のみに光をあてられた。他方、古典的な「対抗宗教改革」研究においては、カトリック以外の宗派が公認されることのなかったイタリアで、彼らは少数派に過ぎない存在であったとして、十分に検討されることなく切り捨てられてきた。こうした研究状況には、イタリアの宗教改革は、アルプス以北と比較すると、「失敗に終わった」あるいは「不十分な」現象であったという評価と、当時の宗教状況をプロテスタントかあるいはカトリックかといった二項対立の単純な図式で解釈しようとする傾向が反映されている。(1)

デリオ・カンティモーリが一九三九年に発表した『一六世紀イタリアの異端者たち』は、従来の教会史では無視されてきた、「異端者」の存在に注目した。(2)彼は、イタリアで宗教的逸脱者として抑圧され、亡命の途についた

「異端者」たちを、「人文主義を基礎とした宗教上の個人主義者」、「教会およびあらゆる宗教組織の形態に反逆する者」と定義した。彼らは、カトリックともプロテスタントの諸派とも一線を画す存在であり、彼らの信仰は、イタリアのカトリック世界はもとより、アルプス以北のプロテスタント世界でも受け入れ難く、多くはより寛容な地を求めて、ヨーロッパ各地を放浪した。そしてその過程で、彼らはアルプス以北にイタリア・ルネサンスの文化を伝え、反三位一体論やソッツィーニ主義、宗教的寛容の先駆者となった。このように、カンティモーリの研究は、イタリアのみならずアルプス以北のプロテスタント世界とも関連しながら、イタリアと宗教改革の問題を見直す重要な契機をもたらした。しかし、彼の研究でおもに検討されたのは、プロテスタント世界に亡命したイタリアの「異端者」たちの問題であり、イタリアにおける宗教状況そのものではなかった。「異端者」を生んだ一六世紀イタリア社会と宗教に関する本格的な検討は、彼以降の研究者の課題となった。

教会史の文脈から、近世イタリアの宗教状況に関する新しいアプローチを提起したのは、トレント公会議の研究で知られるフーベルト・イェディンである。彼は、小論「カトリック宗教改革あるいは対抗宗教改革？」（一九四六年）の中で、ルターの宗教改革に先行してカトリック教会内部に存在した一連の改革運動に、「カトリック改革」という呼称を認めた。イェディンは、プロテスタント宗教改革がカトリック教会に与えた影響を否定したわけではなく、むしろそれを認め、宗教改革が生じた後にカトリック教会が展開した対抗的な性質の改革運動に関しては、「対抗宗教改革」の語を使用した。彼は、近世のカトリック教会による改革運動に、質的に重要な変化が生じたことを指摘したのである。(3)

カンティモーリとイェディンの研究によって、イタリアと宗教改革の関係は、過去の研究で認識されていたよりも、多様で複雑な性質をそなえたものであるという展望が開かれた。彼らの後に現れた研究は、「イタリアにおける宗教改革」（Reformation in Italy）ではなく、「イタリアの宗教改革」（Italian Reformation）の視点から諸問題を検討している。[4]すなわち、ドイツやスイスの宗教改革から枝分かれして「失敗に終わった」イタリアの宗教改革を問題にするのではなく、プロテスタントの教義や思想がイタリアでどのように受容されたのかという問題について考察を深めたのである。以下では、宗教改革の思想はどのようにしてイタリアに流入したのか、そしてそれらはイタリア各地で、あるいは個人のレベルでどのように受容されたのか、先行研究を参照しつつ論じたい。

2　イタリアにおけるルターの受容

アルプス以北からイタリアにもたらされた宗教改革者たちの著作は、カトリック教会の禁書目録や検閲の措置により多くが破棄された。また、後述するように、取り締まりを免れるために、それらの書籍には、著者名や出版地が欠落していたり、実際の内容とは異なる題名が記載されたりして偽装が施されている場合もあり、現代の研究者にとっても、本来の著者やテーマを同定し、実態を把握することは困難となっている。[5]しかし、一五二〇年代から一五三〇年代にかけて、イタリア各地で、異端の書籍の所有を禁じたり、それらの摘発や押収に関する条例が次々に発布されていることは、そのイタリアにおける浸透がいかに急速で無視できないものだったかをうかがわせる。[6]

ドイツ、スイス、フランスで印刷された書籍は、一か月足らずでイタリアに到着した。メランヒトンは、サヴォイア、ミラノ、ヴェネツィアを通って書籍がイタリアに送られていることに言及している。[7]流通の手段は様々で、イタリアの大学で学ぶ外国人学生や、ヨーロッパ各地を移動する商人や聖職者が書籍を運搬した。イタリア向けに印刷されたプロテスタントの書籍は、小型で装飾もほとんどなく、一見それと分からないような外見をしていた。書籍を小型化する一般的な理由としては、紙の節約ができること、長い距離を持ち運ぶのに適していたことなどが挙げられる。しかし、問題の書籍が禁じられたものである場合、書籍を小型化することには別の利点があった。それは、隠しやすく、当局の監視を潜り抜けやすいということである。所有者にとっても、小型の書籍は人目につきにくいところに保管しておくのに便利であった。

宗教改革者たちの原著はたいていラテン語で書かれていたが、より多くの人が理解できるように、イタリア語に翻訳されたり編集されたりした。シルヴァーナ・セイデル・メンキとウーゴ・ロッツォがまとめた、一五二五年から一五六六年の宗教改革者たちの著作のイタリア語訳のリストによると、一五二五年から一五四五年にかけて、すなわち、イタリアに宗教改革の思想が入ってきた初期の段階において、ルターの著作が多く翻訳されている（五四作品中、一四作品がルターの著作）[8]。一五四五年以降はカルヴァンの著作の翻訳が増えるが、これは彼の著作の翻訳がジュネーヴで印刷出版され、イタリアだけでなくジュネーヴのイタリア人団体においても需要があったことが関係していると思われる[9]。

イタリアで、マルティン・ルターの名前が著者として書籍の表紙に記載されたのは、一五一八年にヴェネツィアで出版された『議会への嘆願』だけである[10]。一五二〇年六月一五日の教勅『エクススルゲ・ドミネ』、次いで一五二一年一月三日の教勅『デケット』によって教皇レオ一〇世がルターを破門すると、以降、イタリアのどの印刷業者も書籍商もルターの著作を公然と印刷したり販売したりしなくなった。書籍の表紙にルターの名前が記載されることはなくなり、彼の著作や彼に関連する書籍はより慎重に取り扱われるようになった。

一五二五年にヴェネツィアでは、著者名の記載のない『十戒の解釈を含む俗語の小型本』（以後、『十戒の解釈』と略記）が出版された（図5－1）。この書には複数の対話形式の作品が収められていて、その中に二つのルターの作品が含まれていた[11]。そして、翌一五二六年に再版されたが、注目すべきことに、その表紙には著者としてエラスムスの名前が記載されていた（図5－2）。その後も同書はエラスムスの名前で一五三二年、一五四〇年、一五四三年と版を重ねた[12]。

図5－1　著者名不記載のルターの著作

図5－2　表紙にエラスムスの名前が記載されたルターの著作

一五二五年と一五二六年の二つの版からは、取り締まりを免れるために講じた対策に進化が見て取れる。一五二五年の書籍の題名には、「本」(libro)に「小型の」(etto)を意味する縮小字のついた「小型本」(libretto)という語が用いられている。一五二五年の段階では、表紙に著者名や出版地を無記載としたほか、とくに翻訳書の場合には、異端的な内容を想起させないような表現を題名に選ぶことによって、異端と判断される危険のある書籍をそうではないものに見せかけるように偽装した。たとえば、題名の中に「本」や「議論」といった漠然とした印象を与える語が用いられたり、「信心深い」あるいは「敬虔な」という形容詞がつけられたりした(後述するフェデリーコ・フレゴーゾの著作の題名にも「敬虔な」と「議論」の語が確認できる[13])。しかし、当局は次第に、著者名の記載のない書籍に対して疑いの目を向けるようになった。『十戒の解釈』も、これまでの偽装では検閲を通らない可能性が出てきたのではないか。このような経緯で、一五二六年の版では、表紙に著者としてエラスムスの名前が記載されたものと考えられる。著者としてルターの代わりにエラスムスの名前が採用された理由に関連して、人文主義者アオニオ・パレアリオが、一五三

図5－3　表紙にフレゴーゾの名前が記載されたルターの著作

四年一二月五日にエラスムスに宛てた書簡に触れたい。書簡の中でパレアリオは、議論の際に節度を保っているという理由で、ルターよりもエラスムスへの支持を明らかにしており、パレアリオが、彼ら二人に対する判断の基準として、議論の内容よりも議論に臨む態度を問題としていることが分かる。(14)また、ルターとエラスムスに関していえば、一五二四年から一五二五年にかけて、二人は自由意志をめぐって論争したことが知られているが、一五二六年の『十戒の解釈』の表紙にエラスムスの名前が採用されていることには、こうした状況が反映されていないようである。すなわち、ルターの著作がイタリアで提供されるときには、専門的な神学上の議論は重視されない傾向にあり、教義的にはエラスムスのように穏健であることが求められたのではないだろうか。

この後、『義認、信仰、行いについて』と『パウロのローマ人への手紙の序文』というルターの二つの著作が、枢機卿フェデリーコ・フレゴーゾの名前でイタリアに普及した（図5－3）。二つの著作は長らく所在が不明であったが、後者は現在、ウィーンの文書館に収蔵されており、一五四五年にヴェネツィアで出版されたと推測されている。そのテクストを分析したセイデル・メンキは、同書がドイツ語の原著からではなく、ラテン語の版からイタリア語に重訳されたこと、そして、翻訳の際には、「万人祭司主義」に言及した一節など、原著の特定の部分や表現が削除されていることを指摘した。(15)ここから、一五二六年の『十戒の解釈』の場合と同様に、イタリアにおいては専門的な神学上の議論が避けられる傾向にあったと考えられる。一五四二年にローマ異端審問所が整備されて以来、それまで散発的に行われてきた取り締まりは、次第に厳しさを増した。一五四五年の段階で、「義認」の教義は異端の判断基準に据えられていなかったが、[16]『パウロのローマ人への手紙の序文』において、「万人祭司主義」のようなルターの特徴を明示すると思われる箇所が翻訳の際に削除されていることは、検閲にそなえて一種の自己規制がはたらいた結果であると思われる。

フレゴーゾの名前は、エラスムスの場合と同じく、検閲を通過するための手段として利用されたのであろう。彼は、一四八〇年にジェノヴァに生まれ、サレルノ司教などを歴任した後、一五三九年には枢機卿に叙任された人物である。[17]教皇パウルス三世に請われて教会改革を検討する委員会に入り、ガスパロ・コンタリーニやレジナルド・プールとともに『教会改革建議書』（一五三七年）の作成にも加わっている。一五四一年七月に死去したが、死後ヴェネツィアで、『いとも敬虔な祈りについての議論』（一五四三年）という彼の著作が出版された。この作品は、ヴェネツィアやモデナにおいてプロテスタントの思想に関心をもつ人々の集会で読まれたことが知られており、同書を、後述する『キリストの恵み』と同様、イタリアにおける宗教改革の影響を示す主要な作品とする評価もある。[18]このように、フレゴーゾに関しては、単にカトリックの聖職者であっただけでなく、教会改革に関心をもち、後述する「福音主義」の思想を支持する「スピリトゥアーリ」の一員であったことも指摘しておきたい。

また、当時のイタリアの人々がルターやその他の宗教改革者たちをどのように理解していたのか、そして彼らがどのような信仰をもっていたのかを知る上で、一五二五年頃からイタリアで使用され始めた「ルター派」の語も、こうした問題を考察するヒントとなる。[19]イタリアでももちろん、ルター以外の宗教改革者たちの著作や思想が紹介され、やがて彼らも一枚岩ではなく、相違や対立があることも認識され始めた。たとえば、ベルガモ司教ヴィットーレ・ソランツォは、ルターを「海」にたとえて、「ツヴィングリ派、カルヴァン派、再洗礼派など」の「川はその水を海から受ける」と記している。[20]しかし、ローマ異端審問所による取り締まりにおいても見られるように、「ルター派」の語は、その後も変わらず、プロテスタント全般や彼らの思想に影響を受けたイタリア人に対しても使用され続けた。このように、「ルター派」の語は、イタリアにおける宗教改革思想の不明瞭で混沌とした受容の仕方を表している。

イタリアに伝えられた宗教改革の思想は、以下の「福音主義」と相まって、イタリアの宗教思想を独特のシンクレティズムの状態に導くことになる。

3　イタリアの「福音主義」と「バルデス主義」

宗教改革の思想がイタリアに流入した際、それを受容するいわば「素地」として機能したのが、イタリアにおける「福音主義」である。一般に「福音主義」とは、ルターによって始まり、プロテスタント諸派を指す語として広く理解されている。しかし、イェディンが「カトリック改革」の議論において、カトリック教会内部で生じた一連の改革を特徴づける上で「福音主義」の語を使用したように、多くの研究者によって、一六世紀イタリアの宗教思想の傾向を示すものとしても論じられてきた。その議論によれば、イタリアの「福音主義」とは、とりわけ「パウロ書簡」を着想源として、カトリック教会の中で改革を志向し、プロテスタントにも宥和的な一連の思想をゆるやかに定義したものと理解される(21)。

このイタリアの「福音主義」を代表する一人として知られるのが、コンタリーニである。ヴェネツィア共和国大使であった彼は、一五三五年に教皇パウルス三世によって枢機卿に叙任された。パウルス三世は、教会改革のために枢機卿会議を改組し、そこにコンタリーニをはじめ、プール、ジャンピエトロ・カラファなど有能な人材を登用した。一五三七年にはコンタリーニを主席として九名の委員が、マントヴァで開催される予定の公会議に向けて改革の問題を整理するため、『教会改革建議書』を作成した(22)。結局、その公会議自体は実現しなかったが、建議書は後のトレント公会議の改革プログラムの下地となる役割を果たした。プロテスタントの主張にも一定の理解を示していたコンタリーニは、一五四一年にレーゲンスブルクで行われた宗教討論に参加し、ルター派との合意形成を模索したが、義認論に関してコンタリーニが提案した妥協は受け入れられなかった[23]。

続く一五四二年には、コンタリーニの死、カプチン会総長ベルナルディーノ・オキーノやアウグスティヌス会士ピエトロ・マルティレ・ヴェルミーリのアルプス以北への亡命といった事件が生じ、同じ頃、ローマ異端審問所の整備が行われたことが象徴的に示すように、カトリック教会による改革運動は方針を転換した。「福音主義」の支持者は「スピリトゥアーリ」とも呼ばれたが、彼らとは対照的に異端の抑圧を推進する「イントランシジェンティ」あるいは「ゼランティ」と呼ばれた強硬派の手に、改革の主導権が移行したのである。

こうして、古典的な定説では「福音主義」は一五四二年で終焉を迎えたと結論づけられてきたが、その後の研究の進展により、少なくともトレント公会議の初期段階まで「福音主義」は影響力を持続したと考えられている[24]。このことを示しているのが、長らく「福音主義」を象徴すると見なされてきた、『キリストの恵み』という作者不詳の作品に関する研究である。『キリストの恵み』は、一五四三年にヴェネツィアで出版され、一五四九年までに四万部販売されたという一六世紀のベストセラーである。しかし、一五四九年にはヴェネツィアの、一五五九年にはローマの禁書目録に掲載された作品でもあった。その内容に関する研究は、アルプス以北のプロテスタントの思想、とりわけ、カルヴァンの『キリスト教綱要』の一五三九年版から多く引用されていることを指摘している[25]。シエナのドミニコ会士アンブロージョ・カタリーノ・ポリーティは一五四四年の著作の中で、宗教改革思想の普及に関して、イタリアで作成された『キリストの恵み』を「ルターやメランヒトンそのほか一連の人々」の教えと同列において非難している[26]。また、『キリストの恵み』が作成された背景に関する研究によって、後述するように、ファン・デ・バルデスや彼の支持者たちの関与が明らかとなった。

ファン・デ・バルデスは、スペインのクエンカ出身の思想家である[27]。彼は、一五三一年にスペインの異端審問所の追及を逃れてイタリアへ亡命した。当時のイタリアは、異端の取り締まりがスペインと比較するとゆるやかだったのである。神聖ローマ皇帝カール五世の秘書官をしていた、兄弟のアルフォンソの尽力によりローマに滞在した後、一五三四年以降はナポリに定住した。そしてそこで、宗教問題を議論する人文主義サークルを主宰した。サークルには、上述のオキーノやヴェルミーリのほか、教皇秘書官ピエトロ・カルネセッキ、人文主義者マルカントニオ・フラミニオ、ペスカーラ侯爵夫人にして女流詩人のヴィットリア・コロンナなど聖俗の知識人たちがイタリア各地から参加した。

彼らを引きつけたバルデスの宗教思想には、プロテスタントの影響が見られる。彼が一五二九年に発表した著作、『キリスト教理論』は、大部分がルターの著作の翻訳や改作であると解釈する研究者もいる[28]。しかし、バルデスを、宗教改革思想のイタリアへの単なる紹介者とする評価には異論もある。バルデスの宗教思想は、個人の内面的な刷新を重視するもので、ルターなどの宗教改革者の思想と共通する要素もあるが、エラスムスの影響を受けて、カトリック教会を全面的に否定することはない。また、「聖書のみ」を標榜していたルターに対し、バルデスは聖書を絶対の権威としないが、ここには彼の出身地であるスペインの「アルンブラドス」と呼ばれる、祈りと瞑想によって神との完全な合一を目指す神秘主義的な思想傾向（このためにバルデスはスペインで異端の追及を受けた）も認められる。

こうしたバルデスの思想は、彼の手稿の回覧や、彼のサークルに参加していた説教師の存在により、ナポリを超えて、シエナ、フィレンツェ、ルッカなどイタリア各地へと広がりを見せた。当時、人気説教師であったオキーノは、説教の依頼を受けて各地に赴いたが、彼の説教にバルデスの影響が見られるようになったことは、彼と同じくバルデスのサークルに参加していたカルネセッキが証言している[29]。

一五四一年にバルデスが死去した後も、彼の支持者たちは「バルデス主義」の普及に努めた。一五四六年には、バルデスの著作、『キリスト教の初歩』が出版されている。また、バルデスのサークルの参加者たちの中には、プールがヴィテルボで主宰する人文主義サークルに移動した者もいた。[30] ナポリに代わりヴィテルボが、バルデス主義の新たな発信基地となったのである。プールは、コンタリーニの影響を受けて、「福音主義」も支持していた。彼は、ヴィテルボのサークルにおける「福音主義」と「バルデス主義」の交流を象徴する存在である。一五四二年、フラミニオはヴィテルボで、『キリストの恵み』の編集を行った。「作者不詳」として出版された『キリストの恵み』であるが、研究により、一五四〇年頃、ベネディクト会士ベネデット・フォンタニーニ・ダ・マントヴァがシチリアで作成したこと、そしてその後、ベネデットは友人のフラミニオに草稿を送り、フラミニオが編集の過程で加筆したことが明らかにされている。[31] フラミニオによってバルデスの教えが盛り込まれた『キリストの恵み』は、近年では「バルデス主義のマニフェスト」としても評価されている。[32] エラスムス、ルターに代表される宗教改革者の思想と、アルンブラドスの思想の影響を受け、カトリックにもプロテスタントにも完全には帰属しないバルデス主義は、イタリアにおける宗教改革思想の受容を考える上で、非常に重要であるといえよう。

一五七五年、トスカーナにある都市、ルッカの学校局が、授業でバルデスの著作を使用していた教師を問題視するという事件が生じた。ここには、「福音主義」と関係の深い「バルデス主義」の影響が一六世紀後半においても持続していたこと、また、都市当局の対応から、そうした宗教思想のとらえ方に変化が起きていたことが示唆されている。[33]

4　宗教改革思想とイタリア都市

イタリアに流入した宗教改革思想の影響は、ナポリ以外の都市にも及んだ。

ヴェネツィアは、アルプス以北からイタリアへ宗教改革思想を伝える窓口として重要な役割を担った。アルプス以北の各都市との間を行き交う商人や商品とともに、容易に隠すことのできる小型の書籍も移動した。そして、ヴェネツィアはヨーロッパ有数の印刷出版業の中心地であり、イタリアにおける大多数の書籍は同地で印刷出版された[34]。上述のように、ルターの著作や翻訳は、著者の名前の欠落した状態で、あるいは別人の名前を冠してヴェネツィアで出版された。また、宗教改革者だけでなく、彼らの影響を受けたイタリア人の著作もヴェネツィアで出版された。上述の『キリストの恵み』の他、一五三〇年に出版されたアントニオ・ブルチョリによる『新約聖書』のイタリア語訳、一五四〇年から一五四四年に出版されたやはりブルチョリによる『旧約聖書と新約聖書の注釈』も重要な作品である。ローマ教皇庁が、ヴェネツィアにおける異端的な書籍の流通を問題視していたことは、当時の教皇使節の報告などから明らかである[35]。ヴェネツィアは、中近世を通じて、自らの主権を脅かすどんな試みに対しても、たとえローマ教皇庁が相手であろうと抵抗し、独立を維持してきた。しかし、一五四二年のローマ異端審問所の整備を皮切りに、教皇庁がイタリア半島全域を対象とする一元的な異端対策を主導的に推進し始めると、ヴェネツィアは宗教問題に関するローマからの介入を避け、主権を守るため慎重に対処することを求められた。ヴェネツィアでは、ローマからの要請に応じて異端的な書籍の出版と販売を禁じる条例が発布され、異端に対応する役職が新設された。そして、一五四九年にはヴェネツィアで最初の禁書目録が制定された[36]。ヴェネツィアの宗教的自由が消滅していくようにも見えるが、都市が積極的に異端対策に関わることによって、ローマの全面介入を防ぐことを目指していたとも解釈できる。

ヴェネツィアに流入した宗教改革思想の影響は、その本土領にも及んだ。たとえば、ヴィチェンツァでは、都市の指導層を中心にカルヴァン派の傾向が見られた。彼らの中からは、教会の取り締まりを逃れて、スイスのジュネーヴやキアヴェンナに亡命する人々も現れた(37)。同じくスイスへの亡命者を輩出したベルガモでは、バルデス主義者のヴィットーレ・ソランツォが司教として赴任し、管区の聖職者および信徒の霊的刷新を試みた。彼は、カトリック教会からの離反を望んでいたわけではなかったが、信仰義認に関する説教を行った説教師を擁護するなどしてローマから異端の嫌疑を受け、司教の地位を失うことになる(38)。

また、北イタリアではヴェネト一帯で、「ティツィアーノ」と呼ばれた人物を中心に、再洗礼派運動が展開された(39)。ティツィアーノはかつてスイスのグラウビュンデンでも活動していたが、再洗礼主義や反三位一体論などの急進的な思想が問題視されて追放されると、ヴェネトに移動して熱心な説教活動を行い、人々の支持を集めた。一五五〇年九月にヴェネツィアで秘密会議が開催され、ヴィチェンツァやパドヴァなどの近隣都市から約六〇名が集まり、四〇日にわたって、イエスの人性や天使、悪魔、地獄の存在などの神学上の問題について討論が行われた。ひそかに行われていた彼らの活動は、一五五一年一〇月に、ピエトロ・マネルフィという人物がカトリック教会に戻ることを決意して、ボローニャの異端審問所に出頭したことから発覚した。マネルフィの証言から、彼らのネットワークやコミュニケーションのシステムなど活動の詳細が明らかにされると、ローマ異端審問所は取り締まりに乗り出し、北イタリアの再洗礼派運動はやがて消滅へと向かった(40)。

ローマ教皇庁が、ヴェネツィアに劣らず危険視していたのが、一六世紀当時、イタリアで「最も堕落した都市」として知られたルッカである(41)。中世より絹織物業や銀行業で繁栄したルッカは全ヨーロッパ的な商業ネットワークを有しており、アルプス以北からの宗教改革者たちの書籍は、通常の交易ルートを介して入手され、市内で流通した。一五二〇年代から一五三〇年代にかけて、ルターやヨハネス・エコランパディウスの著作の所有を禁じる都市条例が発布されたが目立った効果はなく、市内ではその後も異端的な書籍が流通し続けた。[42] ルッカでは、本章でもすでに言及した二人の人物による教育活動を通じて、宗教改革思想が、より多くの市民に伝えられた。アウグスティヌス会士のヴェルミーリは、ルッカに宗教改革の思想が普及する上で先導的な役割を果たした。彼は、一五四一年に院長として赴任したサン・フレディアーノ修道院で、古典語の学習やパウロ書簡をはじめとする聖書解釈など、人文主義ばかりでなく宗教改革者たちの影響も認められる講義を行ったが、この教育に参加する機会は、修道士だけでなく世俗の市民にも開かれていた。また、一五四六年から都市の上級学校で第一教師を務めた人文主義者のパレアリオは、学生に人文学を教授するかたわら、宗教改革の思想も伝えたと推測されている。彼は家庭教師の仕事や人文主義サークルを通じても、ルッカの有力市民と広く知的交流があった。[43] このようにルッカで宗教改革思想が普及した背景には、都市の指導層の中に、宗教改革思想に影響を受けた多数の人々が存在したことがある。彼らは、市内における異端的な書籍の流通を黙認し、当時、異端との噂もある教師を都市に招聘することを実現させ、その活動を後援した。近世のルッカについて研究するシモネッタ・アドルニ・ブラッチェージは、ルッカの事例と、ドイツやスイスの宗教改革を導入した諸都市の事例との類似性を指摘している。ローマ教皇庁は、このようなルッカの状況を看過できないものとして、二度にわたり都市に異端審問の法廷を導入しようとしたが、いずれも失敗に終わった。ルッカは、異端を取り締まるための都市独自の機関を設置して、ローマ教皇庁からの介入を回避することに成功するが、一六世紀後半に入りローマからの圧力が強まると、異端対策を本格化し、禁書や検閲に関する制度を設けた。次第にルッカに留まることを危険と考え、ジュネーヴをおもな目的地として亡命する市民も現れた。[44]

トスカーナでは、フィレンツェでもプロテスタントの著作や『キリストの恵み』の普及が見られた。とりわけ、フィレンツェ公コジモの周囲の高官や「アカデミア・フィオレンティーナ」と呼ばれるアカデミーに参加した知識人に、バルデス主義の支持者が存在した[45]。たとえば、人文主義者のベネデット・ヴァルキはバルデス主義の影響がうかがわれる内容の講演を行い、コジモの側近として知られるピエルフランチェスコ・リッチョは、ヴェネツィアからルターの著作を取り寄せている。また、ロレンツォ・トレンティーノの公国印刷所は、フラミニオのようなバルデス主義者の著作を出版した。マッシモ・フィルポによると、当時のフィレンツェの宮廷とアカデミーの宗教的雰囲気は、サン・ロレンツォ教会の聖歌隊席に、ヤーコポ・ポントルモによって一五四六年に制作が開始され、彼の死後ブロンズィーノによって完成された一連のフレスコ画（現存しない）に劇的に表現されていたという。フィルポは、当時ヴェネツィアで出版されたバルデスの教理問答書の内容を、ポントルモが視覚化したと推測している[46]。一六世紀半ば頃から、フィレンツェではコジモが異端に対する取り締まりを強化する方針を打ち出し、このことはフィレンツェ出身の人文主義者、カルネセッキに対するコジモの処遇によく表れている。バルデス主義者のカルネセッキは、メディチ家出身の教皇クレメンス七世の秘書官を務めた人物でもあるが、一五四六年にローマ異端審問所から異端の嫌疑をかけられた。最初コジモはカルネセッキをフィレンツェに保護したが、その後彼に不利な証拠が見つかると身柄をローマに引き渡し、結局一五六七年にカルネセッキは処刑されたのである[47]。

シエナは、すでに紹介したオキーノに加えて、ソッツィーニ主義の源流となった、ファウスト・ソッツィーニを輩出した都市である。ファウストの叔父レリオは、バーゼル、ジュネーヴ、チューリヒなど各地に滞在し、宗教改革者たちと交流した。彼は、カルヴァンと対立したミカエル・セルヴェトゥスの反三位一体論に関心をもったが、その関心は彼の死後、甥のファウストに受け継がれた。ファウストは叔父と同様にバーゼルに滞在した後、一五七九年以降はポーランドで活動した。彼の主張した反三位一体論、そして自らと異なる信仰を排斥することのない寛容思想は、プロテスタントの神学者たちに大きな刺激を与えた[48]。

フェッラーラでは、エステ家のエルコレ二世に嫁いだ公妃ルネ・ド・フランスが、ひそかにカルヴァン派に帰依しており、彼女の宮廷はイタリア各地からの異端者の避難所として機能していた[49]。一五三六年には、カルヴァン自身が短期間そこに滞在した。ピエモンテ出身の人文主義者、チェリオ・セコンド・クリオーネはルネの庇護を受けた一人である。彼は一五三六年以降、パヴィア大学で文法と修辞学を教授していたが、異端の容疑によりその職を追われ、ヴェネツィアに逃れた後、フェッラーラにたどり着いた。ルネは彼を、ルッカの指導層に属するアルノフィーニ家に家庭教師として推挙した。彼は一五四二年九月にアルプス以北へ亡命するまで、ルッカでヴェルミーリら知識人と交流し、同地で宗教改革の思想を広めた。

エステ家の領内にあるモデナは、当時、「ルター派の温床」と呼ばれた[50]。同地出身の人文主義者、ルドヴィーコ・カステルヴェトロは、メランヒトンの『神学要覧』をイタリア語に翻訳し、ルターの教義を体系的な神学としてイタリアに紹介する上で貢献した。モデナには、医師のジョヴァンニ・グリッレンツォーニが中心となって組織したアカデミーがあり、そこにはカステルヴェトロやフィリッポ・ヴァレンティーニら知識人が参加して、ギリシャ・ローマの古典文学のほか、エラスムス、ルター、メランヒトン、ブツァーなどの著作を研究していた。一五四二年にローマ異端審問所が整備されると、モデナもその標的となる危険に晒されるが、司教のジョヴァンニ・モローネは、アカデミーのメンバーを中心とする都市の指導層に、異端的な思想から離れ、ごく基本的な信条に同意するように説得した。こうしてモデナはローマへの忠誠を示し、異端抑圧の介入を避けることに成功した。しかし、モローネ自身は「スピリトゥアーリ」の一員であったため、カラファら「イントランシジェンティ」が改革の主導権を掌握するとその影響を受け、一五五七年五月には異端として逮捕され、投獄されるという憂き目にあう（一五五九年八月にカラーファの死により解放された）。

ピエモンテでは、ヴァルド派の集団が、一二一五年の第四ラテラノ公会議で異端として断罪されて以来、潜伏して活動していた。彼らは一五三二年九月に開催されたシャンフォランの教会会議において、スイスの宗教改革運動に参加することを決定し、その後、カルヴァン主義の信仰を受け入れていった。ヴァルド派の中には、一三世紀末にカラブリアに移住した集団もいたが、彼らは対抗宗教改革期に迫害を受け、一五六一年に大量虐殺された。[51]

このように、イタリア各地にルター主義やカルヴァン主義が伝わり、それが福音主義やバルデス主義とも混ざり合い、また、カトリック教会の異端対策の推移や都市当局の対応にも影響を受けながら、様々な事象が生じていたのであった。

5 亡命とニコデミズム

ヨーロッパにおいて異端審問は中世以来存在したが、一六世紀前半にアルプス以北で生じた宗教改革の影響がイタリアに及ぶことを恐れた教皇パウルス三世は、一五四二年にローマ異端審問所を整備した。これ以降、イタリアでは、中世とは異なる新たな異端審問システムが形成され、ローマ教皇庁の主導で、一元的な異端対策が展開された。一五五五年、「異端は異端として扱われねばならない」(一五三二年)とのモットーで知られる枢機卿ジャンピエトロ・カラファが、パウルス四世として教皇に就任すると、異端の取り締まりはさらに厳格化した。[52]

こうした状況で、イタリアでの異端取り締まりを逃れて、アルプス以北へ亡命する人々も現れた。一五四二年にローマ異端審問所が整備され、異端への迫害が開始された時期には、オキーノやヴェルミーリなどの聖職者や知識人が亡命を始めた。彼らの中には、ヴェルミーリのように亡命先に完全に受け入れられる者もいれば、オキーノのようにどこに行ってもなじめず、各地を転々とする者もいた。そして、教皇パウルス四世による厳格な異端抑圧が開始された一六世紀後半には、オキーノやヴェルミーリの教えを受けた世俗の人々の亡命も増加した。このことをよく示しているのがルッカの事例で、一六世紀中に約七〇の家族がジュネーヴへ亡命したと見積もられている。[53]

ルッカからの亡命者は、ジュネーヴの銀行業や絹織物業の発展に貢献したほか、カルヴァンの『教理問答書』をはじめとする書籍をイタリア語に翻訳し、イタリアに向けてカルヴァン主義のプロパガンダを行う者もいた。バーゼルもイタリアからの主な亡命先の一つであり、また、印刷出版業が盛んである点で、重要な意味をもつ地だった。ルッカ出身の書籍商ピエトロ・ペルナは、宗教上の理由でバーゼルに移住した後、当地の出版業者ヨハネス・オポリヌスの代理人を務め、アルプス以北で印刷された書籍を、ヴェネツィアやルッカなどイタリア各地に届けた。[54]亡命したヴェルミーリやオキーノは、ペルナのような存在を通じて、イタリアに残る人々に著作を送り、引き続き彼らを教化することができたのである。

宗教改革思想の影響を受けながら、亡命の選択肢を取らず、イタリアに留まった人々は、「ニコデミズム」と呼ばれる態度を取った。「ニコデミズム」の語は、新約聖書に登場する「ニコデモ」という人物に由来する。パリサイ人のニコデモは、人目を避けて夜ひそかにイエスのもとを訪ねた。カルヴァンは、このニコデモのエピソードに因んで、内面の信仰を偽り、表面的にはカトリックの信仰に従い続ける人々を問題視して、「ニコデモの徒」と呼んだ。内面の思想や信条を偽装する「ニコデミズム」の態度を取ることによって、イタリアの人々は現実の厳しい異端取り締まりに対応した。[55]上述のように、イタリアの人々は、特定の厳格な教義に従ったり宗派に帰属したりすることにはこだわらず、バルデス主義に見られるように内面の信仰を重視したが、こうした傾向には、ニコデミズムと共通する要素があるように思われる。

一六世紀のイタリア人の宗教に対する態度を表す例としてよく知られているのは、フィレンツェの政治家にして歴史家のフランチェスコ・グィッチャルディーニが覚書に記した次の一節だろう。

　私くらい、坊主の野心、貪欲、堕落をにがにがしく思っている者はあるまい。〔中略〕にもかかわらず、私はいくたりかの教皇につかえてきたという境遇にあったために、自分自身の利益につられて、奴らの力を伸ばしていくことに心ならずも同意しなければならなかったのである。このことさえなかったら、私は自分自身よりもマルチン・ルターを愛していたことであろう。(56)

教皇レオ一〇世、教皇クレメンス七世の下で地方総督や教皇顧問官などの要職を歴任したグィッチャルディーニであったが、この一節からは、彼が教会や聖職者の堕落、腐敗に反感をもっていた様子が伝わってくる。彼がルターの教義について詳細を把握していたかどうかは不明だが、ローマへの反感を表すのにルターの名前を挙げることを適切と考えた事実は、当時のイタリアの人々のルターに対する理解の一端を示しているといえるだろう。

一五四〇年、対抗宗教改革が開始される前に亡くなったグィッチャルディーニよりも、自らの信仰に慎重さを求められたことを示すのは、ヴェネツィアの画家ロレンツォ・ロットの事例である。ルター夫妻の肖像画を所有していたともいわれるロットについては、「カトリックの信仰を固く守っていた」と見なす研究者もいれば、「異端的な教義に通じていた」と論じる研究者もおり、彼の信仰に関する評価は定まっていない。フィルポは、この問題を検討するにあたり、ロットの置かれた社会的文脈に注目した。(57) 一五四〇年代、ロットはヴェネツィアの宝石商と密接な関係にあったが、彼らの多くは異端者であった。これに加えてフィルポは、一五二〇年代から一五五〇年代にかけてのイタリアの宗教状況の変化も重視する。そして、ロットは、彼の同時代人の多くがそうであったように、彼を取り巻く個人的な環境や、教会や政治の状況が変化するにつれて、ある信条を受け入れたり拒否したりしたであろうと推測する。このフィルポの解釈は、一六世紀イタリアの複雑な宗教状況における当時の人々の信仰のあり方を考える上で、示唆に富んでいる。

一九九八年、ヴァチカンにあるかつてのローマ異端審問所関連の文書館が、一部の研究者に公開されて以来、イタリアでは異端審問研究が活況を呈している。[58] 過去にはアクセスの困難だった異端審問史料の活用によって、今後は、イタリアにおいて宗教改革が、一部の知識人だけでなく、広く社会や個人に及ぼした影響をより具体的に解明することが期待される。

注

（1）イタリアと宗教改革の問題に関する研究文献目録として、*The Italian Reformation of the sixteenth century and the diffusion of Renaissance culture : a bibliography of the secondary literature ca. 1750–1997*, edited by John A Tedeschi, Modena, 2000 を参照。

（2）Delio Cantimori, *Eretici italiani del Cinquecento e Prospettive di storia ereticale italiana del Cinquecento*, a cura di Adriano Prosperi, Torino, 2002（初版 Firenze, 1939）.

（3）Hubert Jedin, "Katholische Reformation oder Gegenreformation?", Hubert Jedin, *Ein Versuch zur Klärung der Begriffe nebst einer Jubilaümsbetrachtung über das Trienter Konzil*, Luzern, 1946, 7–38.

（4）近年の研究動向に関して、*Cinquant'anni di storiografia italiana sulla riforma e i movimenti ereticali in Italia 1950–2000*, a cura di Susanna Peyronel Rambaldi, Torino, 2002 ; *Heresy, culture, and religion in early modern Italy : contexts and contestations*, edited by Ronald K. Delph, Michelle M. Fontaine, John Jeffries Martin, Kirksville, 2006 ; *La réforme en France et en Italie : contacts, comparaisons et contrastes*, études réunies par Philip Benedict, Silvana Seidel Menchi, Alain Tallon, Rome, 2007 ; Silvana Seidel Menchi, "The Age of Reformation and Counter-Reformation in Italian Historiography 1939–2009", *Archiv für Reformationsgeschichte*, 100, 2009, 193–217 を参照。

（5）宗教改革者の著作のイタリア流入について、Silvana Seidel Menchi, "Le traduzioni italiane di Lutero nella prima metà del Cinquecento", *Rinascimento*, 17, 1977, 31–108 ; Ugo Rozzo and Silvana Seidel Menchi, "The book and the reformation in Italy", edited by Jean François Gilmont, *The Reformation and the book*, Ashgate, 1998, 319–367 を参照。

（6）一五二〇年代から一五三〇年代にかけて、ルター、メランヒトン、ツヴィングリなどの著作が、ヴェネツィア、ナポリ、トリノ、ミラノなどで摘発されている。Rozzo and Seidel Menchi, op., cit., 334–335.

（7）Rozzo and Seidel Menchi, op. cit., 334.

（8）Rozzo and Seidel Menchi, op. cit., 343–356.

（9）一六世紀半ば以降、ジャン・ジラールなどジュネーヴに移住したイタリア人業者によってカルヴァンの『教理問答書』をはじめ、彼の著作のイタリア語訳が精力的に出版された。Enea Balmas, "Sulla fortuna editoriale di Lutero in Francia e in Italia nel XVI secolo", *Martin Luther e il protestantesimo in Italia : bilancio storiografico : Atti del Convegno Internazionale in occasione del quinto centenario della nascita di Lutero, 1483–1983, Milano, marzo 1983*, a cura di Attilio Agnoletto, Milano, 1984, 39–76.

（10）Seidel Menchi, op. cit., 32–33.

（11）Seidel Menchi, op. cit., 41–42.

（12）Seidel Menchi, op. cit., 61–64.

（13）Rozzo and Seidel Menchi, "The book and the reformation", 332–334.

（14）この書簡が実際にエラスムスのもとに届けられたのかどうかは不明である。書簡の内容は、Salvatore Caponetto, *Aonio Paleario*（*1503–1570*）*e la riforma protestante in Toscana*, Torino, 1979, 211–214において確認できる。

（15）Seidel Menchi, op. cit., 83–86.

（16）Seidel Menchi, op. cit., 85–86.

（17）フレゴーゾに関して、*Dizionario storico dell'Inquisizione*, diretto da Adriano Prosperi, Pisa, 2010, vol.2, pp. 628–629 を参照。

（18）Seidel Menchi, op. cit., 88–89.

（19）「ルター派」の用語について、Ottavia Niccoli, "Il mostro di Sassonia. Conoscenza e non conoscenza di Lutero in Italia nel Cinguecento", *Lutero in Italia : studi storici nel V centenario della nascita*, a cura di Lorenzo Perrone, Casale Monferrato, 1983, 3–25 を参照。

（20）Massimo Firpo, *Juan de Valdés and the Italian Reformation*, Ashgate, 2015, 135.

(21) イタリアの「福音主義」に関する代表的な研究として、Paolo Simoncelli, *Evangelismo italiano del Cinquecento : questione religiosa e nicodemismo politico*, Roma, 1979 を参照。また、研究史に関して、Elisabeth G. Gleason, "On the nature of sixteenth-century Italian evangelism : scholarship, 1953–1978", *The sixteenth century journal*, 9–3, 1978, 3–25 を参照。

(22) 『教会改革建議書』に関して、『宗教改革著作集一三　カトリック改革』教文館、一九九四年、三〇七～三二六頁を参照。

(23) コンタリーニおよびレーゲンスブルクの宗教討論に関して、Elisabeth Gleason, *Gasparo Contarini : Venice, Rome and reform*, Berkeley, 1993 を参照。

(24) Anne Jacobson Schutte, "Periodization of Sixteenth-Century Italian Religious History : The Post-Cantimori Paradigm Shift", *The Journal of Modern History*, 61–2, 1989, 269–284.

(25) Tommaso Bozza, *Nuovi studi sulla Riforma in Italia*, Roma, 1976.

(26) Firpo, op. cit. 1–5.

(27) バルデスに関する研究は多数存在するが、代表的なものとして、Massimo Firpo, *Tra alumbrados e "spirituali" : studi su Juan de Valdés e il valdesianesimo nella crisi religiosa del' 500 italiano*, Firenz, 1990 ; id., *Juan de Valdés and the Italian Reformation*, Ashgate, 2015.

(28) Carlos Gilly, "Juan de Valdés : Übersetzer und Bearbeiter von Luthers Schriften in seinem Diálogo de Doctrina", *Archiv für Reformationsgeschichte*, 74, 1983, 257–305.

(29) Firpo, *Juan de Valdés*, 138.

(30) ヴィテルボのサークルについて、Salvatore Caponetto, *La riforma protestante nell'Italia del cinquecento*, Torino, 1992, 118–122 を参照。

(31) Marco Antonio Flaminio, *Apologia del Beneficio di Christo e altri scritti inediti*, a cura di Dario Marcatto, Firenze, 1996.

(32) Caponetto, op. cit., 102–103.

(33) Firpo, *Juan de Valdés*, 139.

(34) ヴェネツィアの印刷出版業に関して、Paul F. Grendler, *The Roman Inquisition and the Venetian press 1540–1605*,

Princeton, 1977 を参照。

（35）Ruth Martin, *Witchcraft and the Inquisition in Venice 1550–1650*, Blackwell, 1989, 13–14.

（36）Martin, op. cit., 15–18.

（37）Firpo, op. cit., 72–73.

（38）ソランツォに関して、Massimo Firpo, *Vittore Soranzo vescovo ed eretico : riforma della Chiesa e inquisizione nell'Italia del Cinquecento*, Roma, 2006 を参照。

（39）Caponetto, op. cit., 248–253.

（40）Pietro Manelfi, *I costituti di don Pietro Manelfi*, a cura di Carlo Ginzburg, Firenze, 1970.

（41）一六世紀のルッカの宗教状況に関して、Simonetta Adorni-Braccesi, *"Una città infetta": la repubblica di Lucca nella crisi religiosa del Cinquecento*, Firenze, 1994 を参照。

（42）*Sommario della storia di Lucca : dal anno 1004 all'anno 1700 compilato su documenti contemporanei da Girolamo Tommasi e Carlo Minutoli*, Lucca, 1969（初版 Firenze, 1847）, 162–163 ; Marino Berengo, *Nobili e mercanti nella Lucca del Cinquecento*, Torino, 1974（1965）, 401.

（43）ヴェルミーリとパレアリオについて、拙稿「一六世紀ルッカの「異端者」と政治エリート――イタリアと宗教改革・人文主義」森田安一編『ヨーロッパ宗教改革の連携と断絶』教文館、二〇〇九年、二一七～二三二頁、同「一六世紀ルッカにおけるアオニオ・パレアリオの教育活動――近世イタリアの宗教的「共生」をめぐる一考察」森原隆編『ヨーロッパ・「共生」の政治文化史』成文堂、二〇一三年、三五六～三七三頁を参照。

（44）Augusto Mancini, *Storia di Lucca*, Firenze, 1950, 227–248.

（45）フィレンツェの宮廷や「アカデミア・フィオレンティーナ」について、北田葉子『近世フィレンツェの政治と文化――コジモ一世の文化政策（一五三七～六〇）』刀水書房、二〇〇三年を参照。

（46）Massimo Firpo, *Gli affreschi di Pontormo a San Lorenzo : eresia, politica e cultura nella Firenze di Cosimo I*, Torino, 1997.

（47）カルネセッキに関して、*Dizionario storico dell'Inquisizione*, diretto da Adriano Prosperi, Pisa, 2010, vol.1, 282–284 を

参照。

(48) Firpo, *Juan de Valdés*, 87–88.

(49) Caponetto, op. cit., 279–300.

(50) Massimo Firpo, *Riforma protestante ed eresie nell'Italia del Cinquecento : un profilo storico*, Roma, 1993, 53–70.

(51) ヴァルド派の宗教改革運動への参加について、有田豊「独自の起源伝承にみる宗教改革期のヴァルド派の集団意識について」『関西フランス語フランス文学』一八、二〇一二年、三～一二頁を参照。カラブリアのヴァルド派について、Pierroberto Scaramella, *L'inquisizione romana e i valdesi di Calabria 1554–1703*, Napoli, 1999 を参照。

(52) 教皇パウルス四世（ジャンピエトロ・カラーファ）について、*Dizionario storico dell'Inquisizione*, diretto da Adriano Prosperi, Pisa, 2010, vol. 3, 1164–1166 を参照。

(53) ルッカ市民のジュネーヴ亡命について、Arturo Pascal, "Da Lucca a Ginevra : Studi sulla emigrazione religiosa lucchese a Ginevra nel secolo XVI", *Rivista storica italiana*, 49, 1932, pp. 149–168, pp. 281–303, pp. 451–479, 50, 1933, pp. 30–63, pp. 211–261, pp. 422–453, 51, 1934, pp. 469–503, 52, 1935, pp. 253–315 を参照。

(54) ペルナについて、Leandro Perini, *La vita e i tempi di Pietro Perna*, Roma, 2002 を参照。

(55) ニコデミズムに関して、Carlo Ginzburg, *Il nicodemismo. Simulazione e dissimulazione religiosa nell'Europa del'500*, Torino, 1970 を参照。

(56) フランチェスコ・グィッチャルディーニ／永井三明訳『フィレンツェ名門貴族の処世術――リコルディ』講談社、一九九八年、六四、六五頁。

(57) Massimo Firpo, *Artisti, gioiellieri, eretici : il mondo di Lorenzo Lotto tra Riforma e Controriforma*, Roma, 2001.

(58) *L'Apertura degli archivi del Sant'Uffizio romano : giornata di studio : Roma, 22 gennaio 1998*, Roma, 1998.

第6章　カルヴァン以前のフランス宗教改革

深沢克己

1　ドイツとフランスの宗教改革

（1）周年記念事業と歴史研究者の関心

ドイツ宗教改革五〇〇周年は、フランス近世史研究にとって、どのような意味をもつだろうか。日本でも欧米諸国でも、歴史学界における周年記念事業は近年ますます盛んになっており、宗教問題に関連するものだけでも、フランスでは一九八五年にナント王令廃止三〇〇周年、一九八七年に（プロテスタントの戸籍回復を認めた）「寛容王令」二〇〇周年、一九九八年にナント王令四〇〇周年、さらに二〇〇五年には政教分離法制定一〇〇周年を記念する事業がそれぞれ組織され、数々の研究集会やシンポジウム、博物館や図書館の特別展示が開催され、多くの研究書や論文集が刊行された。それらはフランス国民史の全体的文脈のなかで多少とも重要な意味をもつとみなされる諸事件にかかわり、とりわけナント王令と政教分離法の周年事業は、現代フランス共和国の政治理念に直結する歴史的事件として、政府と言論界とをまきこんだ国民的記念行事の様相を呈した(1)。

これに対して、プロテスタントにのみかかわる特殊な主題、たとえばフランス宗教改革の創始は、その宗派に属する人々にとり記憶すべき過去、またその分野の歴史研究者にとり想起すべき論題になるとしても、国民的記念行事の対象にはならないだろう。その理由はいうまでもなく、ドイツやオランダやイギリスの場合と異なり、フランスでは宗教改革が勝利をおさめることはなく、その発生期から現在にいたるまで、プロテスタントは国内の宗教的少数派にとどまったからである。それゆえフランス史の記述法において、宗教改革を中世から近代への移行の画期、思想信条の自由と諸個人の平等とに基礎をおく近代市民社会への出発点として描くことはできない。伝統的な歴史記述のなかで、この画期の役割をあたえられたのは啓蒙主義とフランス革命であり、宗教的次元では、憲法制定国民議会による教会・修道院財産の没収から、聖職者俗事基本法のさだめる聖職者制度の変革、さらに恐怖政治下の一連の「非キリスト教化」政策にいたる過程が、その絶頂期とみなされる。

わが国の西洋史学界において、宗教改革史研究のほとんどがドイツとスイスに集中し、フランス宗教改革への関心が一般に稀薄だったのは、以上の理由によると考えていいだろう。たとえば二〇〇九年のカルヴァン生誕五〇〇周年を記念して刊行された論文集『ヨーロッパ宗教改革の連携と断絶』も、収録された論文の大多数はドイツとスイスを研究対象とし、ジュネーヴ・スイスとの関連でカルヴァンを論じた論文が一点あるものの、フランスを直接の論述対象とするものは皆無である(2)。総じて研究者の関心は、宗教改革それ自体よりも、その結果として勃発した宗教戦争、および戦争終結後のナント王令体制下で、やがてプロテスタントへの迫害が強化される過程のほうにむけられる傾向にある(3)。わが国のフランス近世史研究が、伝統的な国制史の視点から、「絶対王政」の形成・確立にその関心を集中してきた経緯を考慮すれば、「ひとりの王、ひとつの法、ひとつの信仰」の原理にもとづく国家形成の裏面として、宗教的少数派が排除される過程に関心がむいたのは、自然のなりゆきだったと考えてよい。

(2) フランス宗教改革の不明瞭な開始期

しかしフランス宗教改革への関心が高まらないもうひとつの理由は、それがドイツ宗教改革のような明瞭な事件史的輪郭をもたない点にある。ドイツ宗教改革が一五一七年に開始し、マルティン・ルター個人の軌跡と重複して展開した事実については、反論の余地がなさそうに思われるだろう。すべての歴史教科書や概説書がくりかえし記述するように、ヴィッテンベルク大学教授になったアウグスティヌス会士が、ローマ教皇の認可した贖宥状販売を公然と批判する『九五箇条の論題』を発表したのち、一五二一年には教皇の破門教勅にも屈せず、ヴォルムス帝国議会に召喚されても自説を撤回せずに、法的保護の剝奪を甘受したという英雄的な物語は、その後の諸侯勢力との結びつきや農民戦争への反応も含めて、ルターを主語とする文章で語ることができる。

ところがフランスでは、いつ宗教改革がはじまり、だれが創始者だったかを特定するのはむずかしい。それはジャン・カルヴァンとともにはじまったわけではなく、しかも一五三五年以降は亡命してバーゼル、ストラスブール（シュトラースブルク）、ジュネーヴに滞在したカルヴァンが、フランス国内におよぼした影響はむしろ間接的なものである。それゆえ主著『キリスト教綱要』初版が刊行された一五三六年も、また最終的にジュネーヴに定住して改革派教会の骨格をつくり、フランスへの宣教を本格化させる一五四一年も、決定的な画期をなすとはいいがたい。そもそも国外亡命の原因になったのは、一五三四年一〇月と翌年一月との二度にわたる「檄文事件」、すなわちカトリック教会のミサを批判攻撃する文書が頒布された事件であり、すでにこの時点でフランス国内に過激な宗教改革の支持者が存在したことを暗示している。さらにこの事件より以前、はやくも一五二〇年代前半には、パリ東方のモー司教区でジャック・ルフェーヴル・デタプルを中心とする「福音主義」の改革運動が組織され、それはカトリック教会内部の刷新でありながら、思想的にも実践的にも宗教改革と多くの点を共有していた。それゆえ一九世紀のプロテスタント史家の一部は、ルフェーヴル・デタプルをフランス宗教改革の創始者として認めようとし

たのである。(4)

しかしルターとドイツ宗教改革の影響を除外して、フランス宗教改革の「国民的」起源を求める解釈は、第三共和政前半期の反ドイツ感情には適合したとしても、歴史解釈としてはやや無理がある。それゆえ二〇世紀前半からは、ルフェーヴルと「モーの説教師団」に「前駆的宗教改革」Préréforme の概念が適用され、(5)固有の意味の宗教改革とは区別されるようになった。今日では一般にルフェーヴルの神学思想はエラスムスのそれと同質の「キリスト教人文主義」の範疇に含められ、教会分裂をともなわずに、カトリック教会の内部的刷新と再生とをめざす運動に「福音主義」の名称が適用される。(6)

ところでこの場合に重要なのは、フランス宗教改革の起源をどこまでさかのぼれるか、「前駆的宗教改革」はどの程度まで革新的で、どの程度まで妥協的または不徹底だったかを問うことではない。このような設問は宗教改革を歴史的必然とみなし、それがいつどのように準備され実現されたかを探究する目的論的歴史観のために意味をもつ。しかしルター自身にとっても予想外の事件に発展した論題公表から五〇〇年を経過した現在、この歴史記述法をそのまま保持することが適切かどうか、自問することが必要かもしれない。当時のフランスとヨーロッパの宗教的環境を考慮するならば、ルフェーヴル・デタプルがプロテスタントだったか、それともカトリックだったかを問うことが時代錯誤的な愚問であるのと同様に、福音主義運動を「前駆的宗教改革」と「初期カトリック改革」とのどちらに分類すべきかを問うのは、後世の宗派的区分を、それがまだ存在しなかった時代に適用する誤りをおかすことになる。(7)それゆえ最初に必要なことは、宗派的視点を暗黙の前提とする宗教改革史記述のなかでは忘却されがちな、教会改革と信仰刷新を求める多様な願望の星雲状態を再認識することである。

2　福音主義と「モーの説教師団」

(1) 宗教書出版とルター改革思想の浸透

活版印刷術の発明による書籍出版と宗教改革運動との密接な関係を強調する歴史記述のなかで、ときに忘却されたり、過小評価されたりしがちなことは、すでに一五世紀後半から、俗語訳聖書を含む多数の宗教書が印刷公刊され、多少とも広い範囲の読者の手に普及していた事実である。その代表例のひとつは、「聖書についでもっともよく読まれた書物」といわれた『キリストにならいて』*Imitatio Christi* であり、これは一四七〇年頃にアウクスブルクで初版が刊行されてから、一五〇〇年末までに七四版を重ね、合計して約一万四八〇〇部が流布されていた(8)。それゆえ「新しき信心」Devotio moderna 運動の霊性に結びつき、のちの多様な宗教改革思想の源流に位置するといわれる書物は、中世末期の無数の写本に加えて、印刷物としてヨーロッパに流通したのである。

俗語訳聖書についても、一五二〇年以前に刊行されたドイツ語訳は合計二二版、フランス語訳二三版、イタリア語訳一二版など、すでに各国語版が印刷されており、総計するとドイツ語訳聖書は約六六〇〇部、その他の諸俗語訳は一万三五〇〇部が刊行され、これに福音書のみの翻訳およそ一〇万部、詩編集の翻訳一二万部を加えれば、多くの人々にとり、すでに俗語訳聖書は身近な存在になっていたと考えてよい。それゆえザクセン選帝侯の保護下に、ルターがドイツ語訳聖書を完成し出版したとき、それはローマ・カトリック教会が拒絶した俗語訳をはじめて信徒に提供したわけではなく、むしろ過去の出版物により刺激されて急速に増大しつつある需要にこたえる意義をおびていた(9)。

しかしドイツの宗教的異変が、印刷物をつうじてすみやかにフランスに浸透したことは確実である。バーゼルの出版業者ヨハン・フローベン（フロベニウス）は、すでに一五一九年二月に、ルターの著書六〇〇部をフランスとスペインにむけて発送したとルター自身に報告している。翌年一一月には、パリ滞在中のスイス人の人文主義者ハインリヒ・ロリティが、ツヴィングリにあてた書簡で「これ以上に熱心に買い求められる書物はなく〔中略〕ある書籍商は一四〇〇部を売りさばき、どこでもルターが称讃されています」と述べている。パリの人文主義者サークルでは、ルターの文書は教会改革への有益な提言として受容され、この時点では危険な徴候を含むとはみなされていなかった。ローマ教皇領のアヴィニョンでも、留学中のバーゼル人ボニファツィウス・アーメルバハが、一五二〇年から熱心にルターの著書をとりよせ、その思想の伝播に貢献している。この動向に転機をもたらしたのは、ローマ教皇がルターを破門した直後の一五二一年四月、パリ大学神学部（ソルボンヌ学寮）がルターを異端とする判定を公表し、翌年六月のパリ高等法院裁決が、ソルボンヌにより是認されない宗教書の印刷・販売を禁止したときである。[10]これによりただちにルターの著書が流通しなくなったわけではないが、破門されたドイツ人神学者に異端の烙印がおされ、やがて「ルター派」の呼称が、教会分裂をたくらむ危険思想の代名詞として用いられるようになる。

（2）モー司教ギヨーム・ブリソネ

モー司教区での福音主義的改革の開始が、パリ大学神学部によるルター断罪と時期的に重なったのは、この運動にとり不幸な偶然だった。たしかにそれは、聖書を真理の唯一の源泉とみなし、その文献学的研究に着手すると同時に、俗語訳聖書を作成して信徒に広めようとしたように、ルターの主張と多くの共通点をもっていたが、それを主導した二人の人物、すなわちモー司教ギヨーム・ブリソネとその協力者ルフェーヴル・デタプルは、それぞれ独自の文化的背景のなかで思想形成をなしとげ、ルターの影響とはさしあたり無関係だからである。そしてこの場合に注目されるのは、彼らの改革思想が、フランス王国の枠組みを超える国際的または広域的な交流と影響のもとに形成されたことである。

ロデーヴ司教、その司教区内のサン゠ギエーム゠ル゠デゼール大修道院長、ランス大司教座聖堂参事会主事、パリ大司教座聖堂参事会員に加えて、一五〇七年からパリのサン゠ジェルマン゠デ゠プレ大修道院長、さらに一五一五年にモー司教に叙任されたギヨーム・ブリソネは、中世末期カトリック教会の「腐敗・堕落」の一因とされた聖職禄兼任と任地不在制とを体現する人物とみなすこともできるが、それは彼が教会改革と信仰刷新の熱心な推進者だった事実と矛盾しない。フランス史上最初の「枢機卿宰相」となった同名の父をもち、地位と財産に恵まれたこの高位聖職者は、フランドル伯領出身のソルボンヌ神学教授ジョス・クリストヴの個人指導を受け、おそらく彼をつうじてルフェーヴルと交友関係を結び、教会改革をめざすパリの宗教者サークルに参加して、その非公然の活動を支援した。そしてブリソネの思想的成熟は、リュシアン・フェーヴルの先駆的な論文にしたがえば[11]、フランス国王とローマ教皇との外交折衝を任務とする数度のイタリア滞在、とりわけ一五一六年、ボローニャ政教協約の運用規準を定めるためにローマに派遣され、教皇レオ一〇世の主宰する第五回ラテラノ公会議閉会の時期に居合わせたとき、当時のイタリアに芽生えた多彩な改革思想に接したことにより促進されたのである。

メディチ家出身の教皇の統治下にある当時のローマが、世俗的で優美で軽薄な雰囲気により支配されたという偏見は、今日でも流布されているが、サヴォナローラのフィレンツェ宗教改革の余燼くすぶるこの時代に、改革を求める切迫した危機意識が高まったことを忘れてはならない。たしかに公会議では採択されなかったが、ヴェネツィア貴族出身のカマルドリ会修道士ヴィンチェンツォ・クイリーニとトマゾ・ジュスティニアーニの提出した改革案は、教皇庁から修道院制にいたる全面的な教会改革を要求し、聖職者の神学教育の改善と同時に、一般信徒の教化のために聖書の俗語訳作成をも提唱していた[12]。また当時のローマ市内では、「神愛礼拝堂」の友愛会に創立者のガエタノ・ティエーネ、キエーティ司教ジョヴァンニ・ピエトロ・カラファ、その他の聖職者と信徒が集まり、宗教的自己変革を中核とする教会改革の構想を論じていた。そしてその一部の人々、たとえばナポリ貴族家系に生まれたキエーティ司教カラファは、教皇庁の任務から解放されるとただちに任地の司教区におもむき、俗権からの独立、教会組織の改革、信徒の司牧深化をめざす活動に専念した。同じく友愛会の会員であるヴェローナ司教ジャン・マッテオ・ジベルティも、一五二七年のローマ劫掠を機会に教皇庁の職務を辞退し、任地の司教区内に定住して不品行な聖職者を排除し、修道院の免属特権を廃止して教会秩序再建と道徳的向上をはかり、キリストの福音を純心と愛徳とをもって教えるように司祭たちを指導すると同時に、孤児や貧民の救済事業を組織して司教区内の福祉向上に努力をそそいだ(13)。

　ギヨーム・ブリソネが一五一七年初秋にフランスに帰還したとき、モー司教区で着手したのはほぼ同じ内容の改革だった。彼もまた任地に居住して宮廷生活から遠ざかり、農民や商人や職人たちの生活する現地社会のただなかで、托鉢修道会の活動を排除しつつ、福音宣教のために説教師団を組織し、みずからも説教壇に立つと同時に、司教区内の救貧事業と風紀粛清に尽力したからである(14)。たしかにドニ・クルゼの近著が述べるように、青年期からパリ人文主義サークルの影響下に神秘主義と禁欲主義の思想に傾斜し、サン゠ジェルマン゠デ゠プレ大修道院長に就任してからはシュザル゠ブノワ修族の改革運動を受容したブリソネが、モー司教区における司牧改革の中心においたのは、死と煉獄の恐怖を強調するフランチェスコ会士の悲観的で脅迫的な説教を排除して、神の無償の愛と恩寵を信じ、キリストへの自己消滅により贖罪と救済への確信にいたる神秘的霊性、ルフェーヴルや王姉マルグリット・ダングレームらと共有する霊性だったとすれば、イタリアに参照系を求める必要はない、という議論も成り立つだろう(15)。しかし神学思想や霊性から直接に改革の実践形態を説明することはできないので、おそらくフェーヴルの見解とクルゼの議論とは両立可能であり、一方が他方を排除する関係にはない。

(3) ルフェーヴル・デタプルの思想と実践

フランス北部ピカルディ地方の小都市エタプル出身のジャック・ルフェーヴルは、今日では専門家のあいだでのみ知られるが、生前は多数の註釈書や校訂書の出版で知られる高名な学者だった。そして彼の思想形成は、ブリソネのそれ以上に、広域的で多様な影響関係のもとになされた点を特徴とする。[16]

一四六〇年頃生まれたと推定されるルフェーヴルは、エラスムスやブリソネより一〇歳ほど年長であり、一四九〇年代から著述活動を開始するが、その思索の源泉になったのは、第一に数度のイタリア滞在をつうじて学んだ古代哲学とルネサンス哲学であり、とくに一四九二年の最初の滞在中に、マルシリオ・フィチーノおよびピーコ・デッラ・ミランドラと交流をもち、(新)プラトン主義的なキリスト教解釈とヘルメス主義の秘教哲学とを学んだことが、エラスムスの知性的な「キリスト哲学」とは異なる神秘的霊性に向かわせる一因になった。[17] ルフェーヴルはこの潮流のなかで、アリストテレス哲学の論理体系をキリスト教の啓示に一致させる解釈をみちびき、キリスト教カバラーとヘルメス文書の研究をつうじて神への秘教的接近の方法を模索した。また一四九九年には擬ディオニュシオス・アレオパギテースの主要著作を刊行し、聖パウロと(その同時代人と信じられていた)ディオニュシオスとの著作が、それぞれキリスト教の公教的・秘教的な啓示を伝えるという解釈をあたえ、さらに神学的・哲学的真理を単純な図式に還元することにより、キリスト教とユダヤ教とイスラーム教との融合をめざしたライムンドゥス・ルルスの主著のラテン語訳を一五〇五年に刊行した。

第二の思想的源泉は、「新しき信心」運動の指導者との交流だったといわれる。最初のイタリア旅行前後から、ルフェーヴルはパリのルモワンヌ枢機卿学院で教鞭をとり、そこでヴィンデスハイム修道参事会員ジャン・モンバールや、共同生活兄弟団出身でパリのモンテギュ学院長に就任したジャン・スタンドンクと接触することにより、「新しき信心」の霊性に共感をいだいた。[18] その意味では、ロッテルダム生まれの孤児として共同生活兄弟団で養育され、内面的信仰を探求する「新しき信心」の影響を受けたエラスムスと、精神的風土を共有していたと考えてよい。ルフェーヴルはその後一五一〇年にラインラント地方に旅行し、ケルンで共同生活兄弟団の施設に宿泊したので、「新しき信心」運動との交流はつづいていたと推測される。なおこの旅行中に、彼はヘブライ学者の人文主義者ロイヒリンと面識をえると同時に、ビンゲンのヒルデガルトやマクデブルクのメヒトヒルトなど、中世盛期の女性神秘思想家の著作を収集してフランスに持ち帰った。

第三の源泉である神秘主義神学者、とりわけニコラウス・クザーヌスへの共感は、以上二つの影響から派生し、それらと不可分の関係にあると考えられる。モーゼル河畔の村クースで一四〇一年に生まれたクザーヌスは、「新しき信心」運動の発祥地デーフェンターの共同生活兄弟団で基礎教育を受けたのち、ハイデルベルク、パドヴァ、ケルン各地の大学で学び、人文主義哲学・神秘主義神学・教会法学の専門家、また教皇の外交使節として活躍し、一四四八年に枢機卿に就任、のち北イタリアのブレッサノーネ（ドイツ語名ブリクセン）司教に叙任された。東西両教会の再統一のために尽力したクザーヌスには、「対立物の一致」と「知性ある無知」の教説で知られる多くの著作があり、ルフェーヴルは一五一四年にその全集を刊行している(19)。彼はクザーヌスの影響下に、アリストテレスの合理哲学を超えて、不可視または不可知の光明の直観を探究し、人間と神との神秘的合一を可能にする人間内部の神性を認めると同時に、キリスト信仰により神と人間との出会いを実現する唯一の媒体として、聖書の救済的役割を重視するのである。それゆえ同じく聖書を重視しながら、神秘的聖性を求めるルフェーヴルは、知性主義的なエラスムスとは異なる道を歩み、より実践的な司牧活動に従事するようになる。

（4）聖書フランス語訳とモーの説教師団

一五〇七年にブリソネがサン＝ジェルマン＝デ＝プレ大修道院長に就任してまもなく、ルフェーヴルは招聘されて院内に居住するようになり、修道院改革に協力しながら、とりわけ聖書研究に没頭し、人文主義的な「原典への回帰」をつうじて、聖書の字義的解釈よりもその霊的意味を探究し、「キリストの形姿」を復元する作業をすすめた。さらにその一〇年後に、モー司教に叙任されたブリソネが、司教区内の司祭や托鉢修道会の反対を押し切って外部から説教師団の導入を決意したとき、それに呼応したルフェーヴルは、一五二一年から彼の門弟とともにモーに居住して司牧を実践する。すでに六〇歳を超えた碩学の周囲には、同郷ピカルディの出身者、ルモワンヌ枢機卿学院の卒業生、サン＝ジェルマン＝デ＝プレ修道士など、多くの門弟が聖職者として育っていたのである。

はやくも一五一二年に『パウロ書簡註解』を出版していたルフェーヴルは、司教区住民の司牧を向上させる目的から、一五二三年に新約聖書のフランス語訳を刊行し、とくに四福音書は小型の八折版で出版して、信徒の個人的読書に適合するよう配慮したので、わずか二年間にパリで四版を重ね、その後はリヨンとアランソンでも刊行された。ルフェーヴルは旧約聖書のフランス語訳も一五三〇年にアントウェルペンで出版したので、ルターとほぼ同時期に聖書俗語訳を達成したことになる。これと並行して、モー説教師団の聖職者たちは、聖書俗語訳の成果を日常の司牧と典礼に活用し、パウロ書簡をフランス語で読みあげて解説しただけでなく、主日ミサをもフランス語で挙行した。さらに一五二五年には一般の司祭むけに説教手引書を出版し、福音書と使徒書簡を信徒に読み聞かせ、解説する指針をあたえることにより、死と煉獄の恐怖の説教から、恩寵への信頼の説教へと、救済観を転換させようと試みたのである。

3　改革運動の挫折と説教師団の離散

（1）モー説教師団の弾圧

要するに司教ブリソネの推進したモー説教師団の運動は、既存の聖職者制度を基盤としながら自律的な司牧改革を組織し、聖人崇敬より聖書読解を、劫罰より恩寵を、功徳より信仰を強調した点で革新的性格をもち、カトリック教会の内部改革をめざした。それはイタリアからラインラントをへてネーデルラントにいたる広域的な文化空間の内部で、中世以来の長い時間的連続のうえに成立したキリスト教人文主義と神秘的霊性との結合形態であり、そこに国民的分離や歴史的断絶の発想はみられない。これに関連して留意すべき点は、フランス福音主義のなかに反ローマ感情、または反教皇主義的イデオロギーが認められないことであり、ローマ教皇による贖宥状販売の公認は神学上の争点にはならず、そこに同時代ドイツの宗教事情との相違点がある。総じてフランスでは、やがてヌシャテルの急進改革派により「教皇ミサ」批判が導入され、ついでカルヴァンの教説が浸透する時代にも、イングランド王国の場合とは異なり、ローマ教皇権との直接対決というよりは、むしろ王国内の公権力との摩擦のほうが前面にあらわれる。他方でフランスにはガリカニスム、すなわち国民教会の自律性を主張するカトリック宗教の立場から、イエズス会の体現する教皇至上主義に対して反感を強める傾向がある。その意味では、ルター宗教改革のはじまる前年にボローニャ政教協約が締結され、高位聖職者の選任権を国王に帰属させたことが、その後の運命を決定したと考えるのは正鵠を射ている。

モー説教師団に代表される改革運動の星雲状態に動揺をもたらしたのは、このガリカニスムの一翼をになうパリ高等法院、およびそれと連携するパリ大学神学部であり、とりわけ神学部理事ノエル・ベダ[20]はその急先鋒に立った。

モー司教区の改革が開始された直後から、説教師たちにはルター派讃や聖人崇敬否定の嫌疑がかけられたが、それにもかかわらず運動が継続されたのは、国王フランソワ一世と王姉マルグリット・ダングレームによる保護のおかげである。国王より二歳年長のマルグリットは、ルフェーヴルの神秘的霊性に共感して救済の無償性を信じ、一五二一年以降は司教ブリソネと継続的に文通し、母ルイーズ・ド・サヴォワとともにモーに一時滞在するほど熱心な福音主義の庇護者になり、弟フランソワ一世もその影響下に説教師団の活動を支持した。

しかしソルボンヌ神学者たちによる批判の声が高まるにつれ、ブリソネは一五二三年に組織改編を余儀なくされ、ルフェーヴルを司教総代理に任命すると同時に、一部の過激な説教師を排除する。このとき説教師団を離脱した人物の一人が、のちジュネーヴでカルヴァンと合流するギヨーム・ファレルである。さらに翌年、ブリソネはルターを公然と批判し、煉獄と聖人崇敬とミサ聖祭をカトリック教会の正統教理とする姿勢を鮮明にして、外部からの攻撃をかわそうと努めた。

この事態を急変させたのは、一五二五年二月のパヴィア会戦でフランス軍が敗北し、フランソワ一世が神聖ローマ帝国軍の捕虜になった事件である。国王の不在を好機とみたパリ高等法院は、ソルボンヌ神学者と結託してブリソネとルフェーヴルを召喚し、説教師団の指導的人物の身柄拘束を宣告する。マルグリット・ダングレームは、弟の解放のために外交折衝に追われて介入できず、ブリソネはやむなく出廷したが、ルフェーヴルは数名の門弟とともにストラスブールに亡命し、他の説教師は国内に潜伏したり、逮捕されて投獄されたりした。翌年一月のマドリッド条約でフランソワ一世が解放されると、国王はただちに高等法院の裁決を破棄したので、ルフェーヴルらは国内に帰還したが、この事件により説教師団は事実上解散し、モー司教区の改革運動は終焉をむかえた。

（2）モー説教師団の人物誌

モー説教師団の場合にかぎらず、歴史記述のなかで忘れられがちな現象は、ある運動が挫折し組織が解体したのち、個々の成員がたどった個人的軌跡と、その周囲に描かれる波紋とである。モー説教師の多くはフランス国内にとどまったが、その分岐する個人的軌跡のなかに、その後の宗教問題の推移が暗示されている。そこで以下に、離散した説教師たちの人物誌を一瞥することにしよう。(21)

まずルフェーヴル自身は、ストラスブールから帰国したのち、フランソワ一世のもとで王立図書館司書および王子たちの家庭教師を務めたが、やがて一五二九年には高齢のために引退し、マルグリット・ダングレームの住むフランス南西部ネラクに移り住み、そこで一五三六年に生涯を終えている。

ルフェーヴルより二〇歳ほど年少の門弟で、師と同じくピカルディ地方出身のジェラール・ルセルは、思想的にも師と親密な関係にあり、その片腕として協力した。一五二五年にはルフェーヴルとともにストラスブールに亡命し、帰国後はマルグリット・ダングレームの聴罪司祭に任じられてブロワの宮廷に仕え、のち一五三六年にはナヴァル王国領内のオロロン司教に叙任される。マルグリットは一五二七年にアンリ・ダルブレと再婚し、ナヴァル王妃になっていたからである。

ルセルよりさらに一〇歳ほど年少のフランソワ・ヴァタブルも、ピカルディ地方出身の司祭であり、ルモワンヌ枢機卿学院で勉学したのち同学院教授になり、一五一三〜一六年にはアヴィニョンのユダヤ教徒と交流してヘブライ語を習得した。彼は一五二五年の弾圧の対象にはならず、その五年後にフランソワ一世創立の王立学院（のちのコレージュ・ド・フランス）のヘブライ語教授に就任する。

フランドル地方トゥルネ出身の隠修士ミシェル・ダランドは、神学を学ぶためパリに留学し、そこでルフェーヴルの薫陶を受けて改革思想をいだき、モー説教師団に加わるが、むしろ宮廷内におけるマルグリット・ダングレームの霊的補助が、おもな任務だったといわれる。弾圧に際しては師とともにストラスブールに亡命し、帰国後はローヌ下流域のサン゠ポール゠トロワ゠シャトー司教に叙任された。

またフランス中部リムザン出身のマルシアル・マジュリエは、一五一〇年にソルボンヌで神学博士号を取得したのち、パリのサン゠ミシェル学院長に就任したが、やはりルフェーヴルの門弟になり、モーの説教師として活躍した。彼は一五二五年の弾圧によりコンシェルジュリ監獄に投獄されたが、マルグリット・ダングレームの介入のおかげで火刑をまぬがれた。釈放されたのちは、やがてイエズス会創立者イグナティウス・デ・ロヨラの友人になり、ノートル゠ダム大聖堂参事会員および特別聴罪司祭に叙任されている。

要するにこれらの説教師たちは、いずれも高位聖職者その他の安定した地位につき、少なくとも表面的にはカトリック教会の内部にとどまった。これに対して、モー司教区出身のピエール・カロリは、ソルボンヌで神学博士号を取得したのち、一五二三年に説教師団に加わるが、異端的説教の嫌疑により、はやくも翌年にパリ大学神学部から除名される。一五二五年の弾圧後、マルグリット・ダングレームの推挙によりアランソンの司祭に叙任されたが、「檄文事件」後の迫害をのがれて、一五三五年ジュネーヴに亡命して改宗し、ロザンヌで筆頭牧師に就任するが、カトリック信仰とプロテスタント信仰とのあいだを揺れ動き、ファレルやカルヴァンとの論争をへて、一五三七年に牧師職解任と追放を宣告される。帰国したカロリはリヨンでカトリックに再改宗し、教皇による赦免を受けるが、聖職はえられず、アヴィニョン経由でスイスにもどり宗教改革派に再改宗するが、やはり牧師職にはつけず、バーゼル、ストラスブールをへてメスに滞在したとき、もう一度カトリックに改宗した。その後も放浪の人生をつづけたカロリは、一五五〇年頃にローマの救貧院で客死したと伝えられる。

（3） 信仰の中間地帯

カロリのような人物は、対立するどちらの宗派からも軽蔑的にあつかわれるのが常であるが、彼の数回にわたる往復改宗は、安定した司祭職または牧師職につけなかったことが直接の原因であり、かならずしも思想内容の点で他の説教師たちと異なったわけではない。ティエリ・ヴァネグフランは、学位論文『ローマにもジュネーヴにもあらず――一六世紀フランスの中間的信徒たち』のなかで、モー説教師たちの神学思想、あるいはむしろ宗教的感性のなかに、信仰上の中間領域の生成を読みとろうとしている。[22] この著者にしたがえば、ルセルもマジュリエも、パリ大学神学部からくりかえし「ルター派異端」の嫌疑をかけられ、ルセルは一五三三年に告発され逮捕されたこともあるが、彼らは生涯にわたりカトリック教会への帰属意識を保持したので、カルヴァンの批判する「ニコデモ主義者」、すなわち信仰秘匿により保身をはかるプロテスタントとみなされるべきではない。彼らにとり救済の無償性と信仰義認とは、ミサ聖祭による神と信徒との交わりと矛盾せず、むしろそこでのキリストの血と肉の現存こそは、無償の恩寵と贖罪との証しなのである。それゆえ教会の一体性は、聖餐の秘跡を共有する司祭と信徒との集まりのなかに具現される。

同じことは、モー説教師の庇護者マルグリット・ダングレームについても妥当する。彼女はアンリ・ダルブレとの結婚により王妃マルグリット・ド・ナヴァルとなったのち、一五三一年に長編詩『罪深き魂の告白』を匿名出版してパリ大学神学部から異端の嫌疑で検閲され、やがてナヴァル王国内に生活拠点を移してからは、首都ポーとネラクとのあいだを往復しながらルフェーヴルやルセルと交流し、カルヴァンとも文通した。それゆえ彼女の死後、一五五五年にナヴァル王妃となった一人娘のジャンヌ・ダルブレが、筋金入りのカルヴァン派信徒になることも考慮すれば、彼女のうちに「隠れルター派」、または福音主義から「真正の」宗教改革への移行過程を読みとることは可能であり、実際に多くのプロテスタント史家がこの解釈を踏襲してきた。[23] しかしヴァネグフランにしたがえば、彼女は教会の一体性の信念を保持しただけでなく、『罪深き魂の告白』や『霊的歌謡』の詩作に表現されるように、神との真の出会いは、聖体の秘跡、すなわち信仰により感受されるキリストの血肉の現存をつうじて実現されると確信していた。要するに彼女はカトリック信仰の本質的感性を保持しながら、教会分裂ではなく霊的深化を求めた改革者のひとりなのである(24)。

それゆえ恩寵の無償性を確信し、善行による救済を否定しながら、聖人崇敬や煉獄の教説を保持したピエール・カロリの場合も、相容れない両宗派をへだてる厳格な境界線をまたいで、無節操に往復運動をくりかえしたというよりは、むしろ多様な教理的主張を調和させうる宗教意識の中間地帯、または星雲状態の内部で、混迷と不確実性にみちた彷徨をつづけたと考えたほうがよい。しかしそれは同時に、モー説教師団の弾圧から檄文事件をへて、この星雲状態に深い亀裂が生じ、そこにただよう無数の人々を、対立する両極に引きよせて分断する力が徐々に強まったことをも証言する。つまり教会分裂と宗派形成とがすでに開始していたのである。

4　急進派の台頭から改革派教会の創立へ

(1)「檄文事件」の衝撃とその射程

宗教改革史の記述でかならず言及される檄文事件は、平和的な宗教改革の歩みを遮断し、フランス国内の宗教対立を尖鋭化させた事件として有名であるが、伝統的な「事件史的」歴史記述のなかで、その重要性がやや過大視された面があり、今日の歴史家の多くは、その直接的影響をむしろ限定的なものと考えている(25)。

事件の概要はよく知られており、まず一五三四年一〇月一七〜一八日の夜間に、パリ、トゥール、アンボワーズ、ブロワなどの諸都市で「教皇ミサ」を激越な言葉で批判する匿名文書が掲示され、ブロワでは国王の寝室の扉にまで貼り出されたといわれる。この文書を起草したのはアントワーヌ・マルクールと推定され、おそらくピカルディ地方出身のこの人物は、リヨンに滞在後ファレルに招かれてヌシャテルに移住し、そこで牧師に就任して聖像破壊にも参加した。それゆえ檄文事件が、ファレル、マルクール、ピエール・ヴィレらを中心にヌシャテルで形成された宗教改革急進派、ツヴィングリやカールシュタットの流れをくむ過激派の挑発行動だったことは確実である。しかし彼らと連携して、フランス国内で組織的な地下活動を実行したのがどんな集団だったのかは、いまだによくわからない。福音主義運動を保護したフランソワ一世は、この事件により態度を硬化させ、「ルター派」異端に対する迫害を強化したといわれるが、迫害の推進主体はむしろパリ高等法院とソルボンヌ神学教授団だった。事件の直後から二〇〇人をこえる容疑者が逮捕され、そのうち数名が火刑に処せられたが、弾圧はそれ以上におよばず、同年末にパリのノートル゠ダム大聖堂で頌歌「テ・デウム」が歌われたときには、すでに異端の害悪は修復されたと信じられた。

しかし事件の鎮静化を許容しないヌシャテルの急進派は、翌年一月一三日にふたたび行動をおこす。今回は同一内容の檄文にくわえて、マルクールの小著『われらの主イエス・キリストの聖餐に関する有用で有益な小論』がパリ市内とルーヴル宮で秘密裏に頒布されたという。ドニ・クルゼの解釈によれば、フランソワ一世を激怒させたこの第二の事件は、聖餐におけるキリストの現存を否定する「聖体象徴論者」の主張を明示することにより、国王の聖性を侵害する性質をおびていた。たしかに国王は即座に反応し、事件当日に発布した王令によりすべての書物刊行を禁止し、一月二一日には大規模な聖体崇敬行列を組織して、国王みずから蠟燭を手に行進した。同時に異端者の逮捕と処刑も開始され、同月二四日には（カロリを含む）七三人の「ルター派」異端者の逮捕状名簿が作成された。パリ市内の牢獄は異端容疑者で満杯になり、五月五日までに二〇人以上が火刑に処せられた。この一連の弾圧強化は、クルゼも指摘するように、檄文事件をめぐるフランス国内事情だけでなく、ドイツにおける再洗礼派の勃興と関連づけて説明すべきだろう。とりわけ一五三四年初頭に勃発したミュンスターの反乱が、司教軍の包囲に抵抗して「シオンの王」ヨハン・フォン・レイデンのもとに神権政治と共産主義を樹立し、その狂信的な千年王国思想によりヴェストファーレン、ネーデルラント、リューベック方面にまで影響を拡大した事実は、急進改革派に対する国王の警戒心を高めたにちがいない。

しかしフランソワ一世は、この瞬間から保守的カトリックの立場に回帰したわけではなく、すべての改革思想に対する無慈悲な迫害者になったわけでもない。その証拠に、一五三五年二月（または三月）には、ソルボンヌ理事ノエル・ベダに公然謝罪刑のうえ永久追放を命じた。マルグリット・ダングレーム周辺の福音主義者に対する容赦ない告発をつづけたベダは、それまでにも国王から譴責・追放・投獄の処分を受けていたが、それでも強硬な姿勢を変えなかったので、国王は彼を永久追放することにより、急進改革派を排除する政策とのあいだで均衡を保持したのである。そしてミュンスター反乱が鎮圧された同年六月には、パリ高等法院に対して弾圧政策を緩和するように要請し、七月一六日のクシ王令により「ルター派」異端に対する告訴を中止させ、棄教を条件に国外逃亡者の帰国を認め、さらに翌年五月三一日のリヨン王令により恩赦の対象を聖体象徴論者にも拡張した。

（2）神学上の争点移動——信心形態と宗教的感性の変革へ

それゆえ王権と宗教改革との関係という政治史的観点からみれば、檄文事件は決定的な転換点というよりも、段階的変化の一階梯と考えるのが適切だろう。しかし神学論争の観点からみれば、この事件はドイツとスイスを震源とする国際的動向の影響下に、ひとつの重要な画期をなすと考えられる。なぜならばそれ以前のフランスでは、福音主義を基調とする宗教改革者の主要な関心は救済論にあり、恩寵の無償性、または恩寵と自由意志、信仰と功徳（善行）との関係をめぐる議論にあったが、檄文事件をさかいに、論争の焦点がキリストの現存と実体変化をめぐる聖餐論へと移行したからである。[26]救済論にかかわる恩寵と自由意志の関係については、一七世紀オランダのカルヴァン派教会内部におけるホマルス派とアルミニウス派の論争や、同世紀フランスのカトリック教会内部におけるジャンセニストとモリニストの論争にみられるように、同一教会の内部でも見解の不一致が生じうる永遠の難問であるから、異なる見解のあいだで妥協したり調停したりする余地は残されていた。しかしこれに対して、聖餐論をめぐる対立は、いかなる妥協や調停をも不可能にし、教会分裂を必然化する方向に進展したのである。

われわれ現代人には、聖餐のパンとぶどう酒をめぐる論争が、一六世紀の宗派分裂の原動力になり、暴力的な衝突の最大の原因にもなった理由を理解するのはむずかしい。[27]カトリック教理の実体変化説または化体説、ルターの共在説、ツヴィングリの象徴説、カルヴァンの霊的現存説について教科書的な説明を読んでも、外見上は抽象的で観念的なそれらの議論が、なぜ流血をまねく深刻な敵対感情を生み出したのか、すぐには納得できないからである。それを理解するには、伝統的なカトリック信仰のなかで、ミサ典礼こそが公的礼拝の最高の瞬間であり、司祭による奉献が十字架の犠牲を再現し、聖別されたパンとぶどう酒がキリストの血肉に変化し、祭壇に向けて奉挙される聖体の背後に救世主が現存するのを、信徒たちが凝視するこの神秘的瞬間に、神の恩寵と信徒たちの共同性とが実感されたことを想像する必要がある。それゆえ新教会の樹立をめざす宗教改革者たちの課題は、この神秘的共同性を司祭の権能から離脱させて解体しながらも、いかにしてその秘跡または聖礼典としての特殊な性格を保持するかという点にあった。ルターは受肉の表徴としてキリストの血肉の現存を確信しながら、その現存を聖餐式の時空に限定することにより、聖別されたパンを「聖体」として保存し、顕示台におさめて崇敬し、聖体祝日の行列に掲げるカトリック教会の信心形態を排除した。カルヴァンはこれに対して、血肉の現存を否定し、キリストの霊的現存のみを認めることにより、聖餐の神秘性をたもとうとしたが、それは結果的に、一切の現存を否定して、聖餐をたんにキリストの受難の記念とみなすツヴィングリ派の見解に接近することになる。そしていずれの場合にも、聖餐式の再定義は司祭の超自然的な権能を否定すると同時に、聖餐よりも聖書を、聖体よりも神の言葉を、信徒の心の糧とする新しい宗教的感性に道をひらいたのである。

マルクールの起草した檄文は、このツヴィングリ派または聖体象徴論者の立場から、ミサ典礼に対して徹底的な攻撃をくわだてた[28]。それは第一に、十字架の犠牲を反復する行為は無効であると宣言し、第二にキリストの血肉の現存を信じるのは、パンとぶどう酒の偶像崇拝であると批判し、第三に実体変化説は聖書に根拠をおかない謬説であると断罪し、そして第四に聖餐はキリストの受難の記念であり、その効果は救済を確信し、教会の一体性を表示することにあると主張する。しかし教理上の批判それ自体よりも、「冒瀆」、「偶像崇拝」、「悪魔の教説」など激越な罵倒をあびせる論調のなかに、また一度ならず二度までも組織的に頒布された経緯のうちに、この文書の挑発的意図、フランス国内に対立の構図をもちこもうとする目的意識が表現されている。

（3）フランソワ一世による教会再統一の計画

それでは何のために、ヌシャテルの宗教改革派は、この挑発行為を実行したのか。しかも宮廷と国王自身を、ことさらに挑発の標的としたのはなぜだろうか。おそらく唯一可能な説明は、その前年からフランソワ一世の主導下に進行していた教会再統一の交渉を破壊する目的である[29]。たしかに国王は、一方で「ルター派」の浸透を警戒し、教皇クレメンス七世から異端抑圧の合意をとりつけ、教皇の姪カトリーヌ・ド・メディシスと王子アンリ（二世）との婚約を結んだ。しかし他方では、同じ一五三三年に側近のギヨーム・デュ・ベレをドイツに派遣し、シュマルカルデン同盟のルター派諸侯と同盟する交渉にあたらせただけでなく、宗教改革のおもな指導者、ストラスブールのマルティン・ブツァー、ツヴィングリの後継者ハインリヒ・ブリンガー、とりわけルターの協力者フィリップ・メランヒトンと接触させ、信仰義認を共通基盤とする教理上の和解を模索したのである。

この計画を進言したのは、ギヨーム・デュ・ベレ自身と弟のパリ司教ジャン・デュ・ベレだったといわれるが[30]、フランソワ一世がそれを採用した理由は、ルター派諸侯を懐柔して味方につけ、カール五世に対抗する軍事外交戦略を補強するためだったと説明するのが、通説的な政治史的解釈である。しかしこの純粋な「マキャベリスト」的解釈に加えて、姉マルグリットとともに福音主義改革を支援し、ルフェーヴル・デタプルに王子の家庭教師をまかせ、一五二八年六月にパリ市内で聖母マリア像が無残に破壊されたときには、贖罪行列に徒歩で参列し、涙ながらに自分の手で新しい聖像を安置したフランス国王が、その和協的なカトリック信仰を基礎に、みずから教理上の和解を推進し、神聖ローマ皇帝が失敗した教会再統一を実現したいと熱望した、という解釈もひとしく可能である。ブリンガーはこの提案に不信感をいだいたが、ブツァーは共感を示し、とくにメランヒトンは『フランス人への意見書』を執筆して積極的な協力の姿勢をとり、二種陪餐と聖職者妻帯とが受容されれば、司教の権威とローマ教皇の優位性を承認する趣旨の提案をおこなった。

ヌシャテルの急進改革派は、死を目前にひかえた教皇クレメンス七世も期待したこの和解が成立し、カトリック教会とルター派教会、フランス王国とシュマルカルデン同盟とが大同団結することにより、自分たちが国際的に孤立するのを恐れたにちがいない。檄文の秘密配布という過激行動は、この恐怖の表現だったと考えていいだろう。そしてこの挑発行為は、たしかにフランス国内の宗派分裂を進行させる一定の役割をはたした。事件後にも和解交渉は再開され、一五三五年六月には枢機卿に就任したジャン・デュ・ベレの手紙をそえて、フランソワ一世による公式招待状がメランヒトンに送られるが、ルターとザクセン選帝侯の反対により、メランヒトンは招待に応じることができなかった。やがてルター派諸侯とフランソワ一世との交渉は挫折し、国際情勢の変化とともに、宗教問題への対応の主導権は、皇帝カール五世と新教皇パウルス三世の側に移行する[31]。

（4）ギヨーム・ファレル、改革派教会の助産師

カルヴァンが歴史の表舞台に登場するのは、まさしくこの転換期においてである。一五三三年一一月、パリ大学で新任の学事長ニコラ・コップが、学期はじめの演説のなかで、エラスムス的「キリスト哲学」と福音信仰による救済の思想を表明したために異端の告発を受け、バーゼルに亡命したとき、カルヴァンも演説原稿執筆への関与をうたがわれてアングレームの友人宅に潜伏し、第二の檄文事件につづく弾圧をのがれてバーゼルに亡命したのが、宗教改革者の経歴の出発点になることは、よく知られている(32)。

しかし『キリスト教綱要』の著者のかげで忘却されがちな人物は、この転換期そのものを牽引し、カルヴァンの登場を準備した行動派の改革者ギヨーム・ファレルである。フランス南東部ドフィネ地方、アルプス山中の都市ガップ出身のファレルは、フランスおよびフランス語圏のスイス周辺地域における宗教改革の草創期に、かならずその痩身で小柄な姿をあらわし、その熱情的な性格により、事態の劇的転換に貢献した(33)。すでに言及したように、彼はルフェーヴルの門弟としてモー説教師団の創立に加わったが、司教ブリソネの方針転換に反発して、はやくも一五二三年に出国し、バーゼルで神学者たちと論争したのちチューリヒに移動してツヴィングリと面談した。その後モンベリアールでは聖像破壊をともなう過激な説教により追放され、一時はストラスブールでブツァーらに支援されつつフランス人亡命者の説教師になり、一五二五年にベルン、翌年にはヴォー地方エーグルで説教活動をおこない、一五三〇年にはヌシャテルで宗教改革派の優位を確立する。このヌシャテルが檄文事件の発信拠点になったことは前述のとおりであり、そこにファレル自身が関与したことはほとんど確実である。

さらに注目される点は、中世異端のヴァルド派を宗教改革派に合流させるのに、ファレルが決定的な役割を演じたことである。一一八四年に異端宣告を受けた「リヨンの貧者」たちは、イタリアのピエモンテ、カラブリア、プーリア、さらにボヘミアとオーストリア方面にまで離散したが、一五世紀中葉にはプロヴァンス伯領リュブロン

山麓にその一部が移住していた。表面上はカトリック典礼を遵守しながら、巡回説教師の秘密活動により独自の信仰を保持したヴァルド派の人々は、一五三〇年以降バーゼルやストラスブールの宗教改革者と接触し、一五三二年九月にピエモンテ地方の都市シャンフォランで開催した司牧者会議にファレルを招待した。ファレルはそこで熱弁をふるい、イタリアとプロヴァンスのヴァルド派指導者に、改革派の諸原則を承認させることに成功したのである。(34)

そして最後に、ファレルはジュネーヴでも激しい説教と聖像破壊により宗教改革の中心人物となり、一五三六年初頭にベルン邦の軍事力を背景にロザンヌとジュネーヴの両都市で改革派の優位が確立したとき、同年七月に偶然ジュネーヴに滞在したカルヴァンと面談し、二〇歳も年少の学者肌で内気なこの青年を説得して、「神への奉仕」すなわちジュネーヴに新教会を樹立する事業に参加させた。こうして「ジュネーヴ教会の聖書講師」に任命されたカルヴァンは、まもなくファレルの親密な協働者になり、執筆したばかりの『キリスト教綱要』を下敷きにして、ジュネーヴ市民に向けた信仰告白書を起草することになる。(35)カルヴァンとジュネーヴ宗教改革との結びつきはこの時点にはじまり、もしもファレルの強引で威嚇的な説得がなければ、ジュネーヴ教会も、それを範型として成立したフランス改革派教会も、およそ異なる方向に歩んだ可能性がある。その意味でファレルは、改革派教会の誕生を促進した強力な助産師だったのである。

5　歴史記述法の再考

「カルヴァン以前」のフランス宗教改革をめぐる以上の考察から、どんな結論をみちびくべきだろうか。「記憶と忘却」を主題とする本書の構想にしたがい、本章では「前駆的」改革として否定的に評価されがちな福音主義運動を起点に、通常の宗教改革史のなかでは論述対象から除外されたり、または周縁部に押しやられたりする諸人物とその活動・思想・感性を中心にすえて研究した。しかしその目的は、たんに忘却または軽視された事実を列挙し、それらを既存の歴史記述につけ加えて補完することではない。むしろ重要なことは、それらを想起する作業をつうじて、宗教改革をめぐる歴史記述法そのものを再検討の俎上にのせることである。それゆえ最後に、本章の考察から浮かびあがる基本的論点を要約することにより、この再検討の方向を展望することにしよう。

第一に、福音主義の思想史的系譜は、短期的時間の枠組みによる宗教改革の事件史的記述を超えて、長期にわたる持続的な信仰刷新運動に関連づけることを可能にする。ルフェーヴルの神秘神学は、擬ディオニュシオスからクザーヌスにいたる中世神学の長い伝統から霊感をえており、また一四世紀後半に成立した「新しき信心」運動は、一六世紀のエラスムスとキリスト教人文主義、さらにカルヴァンやイグナティウス・デ・ロヨラによる改革組織化の時代まで、長期にわたり広汎な影響をおよぼした。それゆえ一五一七年に開幕する宗教改革をヨーロッパ史の分水嶺として、中世から近世へ、または前近代から近代への転換を論じる因習的な時代区分法にとらわれず、そのあいだを自由に往復しながら、長期と短期の時間の錯綜する弁証法のなかで、この時代に生じた宗教的変動の意味を考察する必要がある。

第二に、この宗教的変動は、いかなる意味でも「国民的」枠組みを超える広域空間のなかで展開する。ブリソネによる司牧改革は、おそらくローマ滞在中の知的交流をひとつの源泉として構想され、ルフェーヴルの霊的探究は、イタリア滞在の成果とともに、ネーデルラント、ラインラントとパリを結ぶ共同生活兄弟団のネットワークを生かして継続された。そしてこの福音主義に最後の打撃を加えた檄文事件は、ヌシャテルを拠点とする急進改革派により実行されるが、その背景には、一方でフランス国王がルター派ドイツ諸侯に提示した宗派間和解と教会再統一の構想があり、他方で深刻化するミュンスター再洗礼派の反乱があった。

亡命後のファレルとカルヴァンの移動経路も含めて、本章の論述全体から浮かびあがるのは、宗教的変革の坩堝として、ネーデルラントからラインラントとスイスをへて中部イタリアに達する帯状地域、デーフェンターとロッテルダムから、ストラスブール、バーゼル、ヌシャテル、ジュネーヴをへてパドヴァとフィレンツェにいたる宗教的・文化的「ロタリンギア」の演じる中心的役割である[36]。それゆえこの広域的な歴史理解の視点から心配されることは、近年の歴史学界に流行する周年記念事業が、国民的行事の形態をとることにより、「一国史観」の枠組みに閉じこもる傾向を生むのではないか、という点にある。

第三に、福音主義とモー説教師団の人物誌研究は、ルター、カルヴァン、ツヴィングリのような宗派形成の中核となる指導的改革者から距離をおき、彼らの周囲で、彼らと協力したり対立したりしながら活動した一群の人々、その後の歴史のなかで忘却され抹消されやすいが、当時の流動的で多様な思想空間の内部にそれぞれの位置をしめた人々について考察する機会をあたえる。一方の極にルセルやダランドやマジュリエがとどまり、他方の極でファレルが離脱し、中間の深淵にカロリが沈み、全体の頂点にマルグリット・ダングレームとフランソワ一世が坐する福音主義の宇宙は、その縁辺でメランヒトンやブツァーとも接点をもちつつ、宗教的中間領域の不安定な均衡をたもっていた。この中間領域がその後も形を変えながら存続することは、ヴァネグフランの学位論文が示すとおりであり、宗教改革のもたらした宗派形成を、神学体系と制度教会による固定的で排他的な共同体建設としてのみ解釈する記述法を、少なくとも相対化する素材を提供する。歴史の日常的現実を生きた人々の多くは、黒か白かの対立史観よりも、エラスムス的な灰色の領域[37]のほうが、その宗教的感性の深部にふれると感じたかもしれないのである。

注

（1）これらの記念事業とその成果については、以下の文献を参照。深沢克己「近世フランス史における宗教的寛容と不寛容――ナント王令四〇〇周年をめぐる研究動向から」深沢克己・高山博編『信仰と他者――寛容と不寛容のヨーロッパ宗教社会史』東京大学出版会、二〇〇六年、一〜三二頁。ルネ・レモン／工藤庸子・伊達聖伸訳・解説『政教分離を問いなおす——EUとムスリムのはざまで』青土社、二〇一〇年。

（2）森田安一編『ヨーロッパ宗教改革の連携と断絶』教文館、二〇〇九年。ただしこの論集は、イングランド・スコットランドに関するいくつかの論文に加えて、イタリアの事例を研究した論文を収録している点で注目される。

（3）木崎喜代治『信仰の運命——フランス・プロテスタントの歴史』岩波書店、一九九七年。この傾向は翻訳書にも反映される。ジョルジュ・リヴェ／二宮宏之・関根素子訳『宗教戦争』白水社、一九六八年。S・ムール／佐野泰雄訳『危機のユグノー——一七世紀フランスのプロテスタント』教文館、一九九〇年。後者の訳書の原著者サミュエル・ムールには、一六世紀のフランス・プロテスタンティズムを論じた著書もあるが、邦訳されたのはその続編にあたる一七世紀史の書物のみである。Cf. Samuel Mours, *Le protestantisme en France au XVIe siècle*, Paris : Librairie Protestante, 1959.

（4）Lucien Febvre, « Une question mal posée : les origines de la Réforme française et le problème des causes de la Réforme », in *id.*, *Au coeur religieux du XVIe siècle*, Paris : EHESS, 1957 ; 2e éd. 1983, 9–12, 23–27. André Encrevé, « Image de la Réforme chez les protestants français de 1830 à 1870 », in Philippe Joutard (ed.), *Historiographie de la Réforme*, Paris-Neuchâtel-Montréal : Delachaux et Niestlé S. A., 1977, 192–195. Daniel Robert, « Patriotisme et image de la Réforme chez les historiens protestants français après 1870 », in *ibid.*, 211–215.

（5）Marc Venard, « Réforme, Réformation, Préréforme, Contre-Réforme... Étude de vocabulaire chez les historiens récents de la langue française », in *ibid.*, 353–354. Mours, *op. cit.*, 19–28.

（6）Isabelle Brian/Jean-Marie Le Gall, *La vie religieuse en France XVIe–XVIIIe siècle*, Paris : SEDES, 1999, 32–33. Didier Boisson/Hugues Daussy, *Les protestants dans la France moderne*, Paris : Belin, 2006, 15–29. なお「キリスト教人文主義」は近年の造語であるが、「福音主義」の概念は、すでに二〇世紀前半から使用されている。

（7）つとにリュシアン・フェーヴルは、この問題を的確に指摘していた。Febvre, « Une question mal posée » (art. cit.), 93–95. *Id.*, « L'Erasme de Marcel Bataillon », in *ibid.*, 130–131.

（8）*Un succès de librairie européen : l'Imitatio Christi*, Paris : Bibliothèque Mazarine-Éditions des Cendres, 2012, 20–21.

（9）Jean Delumeau/Thierry Wanegffelen/Bernard Cottret, *Naissance et affirmation de la Réforme*, nouvelle édition, Paris :

Presses universitaires de France, 1997, 21–23. Febvre, « Une question mal posée »（art. cit.）, 46–52.

（10） Boisson/Daussy, *op. cit.*, 22–24. Francis Higman, *La diffusion de la Réforme en France 1520–1565*, Genève : Labor et Fides, 1992, 17–19.

（11） Febvre, « Le cas Briçonnet », in *id.*, *Au coeur religieux du XVIe siècle*（*op. cit.*）, 193–215.

（12） Jean-Marie Mayeur et al.（eds.）, *Histoire du christianisme des origines à nos jours*, tome VII : *De la Réforme à la Réformation (1450–1530)*, Paris : Desclée, 1994, 333–337. 第五回ラテラノ公会議の議論全体については、Guy Bedouelle, *La Réforme du catholicisme (1480–1620)*, Paris : Éditions du Cerf, 2002, 27–34.

（13） Febvre, « Le cas Briçonnet »（art. cit.）, 204–209. なおジョヴァンニ・ピエトロ・カラファは、のちローマ教皇パウルス四世（在位一五五五～五九年）になる。

（14） *Ibid.*, 209–211.

（15） Denis Crouzet, *La Genèse de la Réforme française, 1520–1562*, Paris : SEDES, 1996, 105–110.

（16） ルフェーヴルに関する以下の記述は、おもにつぎの諸文献に依拠する。Denis Crouzet, *op. cit.*, 87–103. Delumeau/Wanegffelen/Cottret, *op. cit.*, 24–26, 150–152. Boisson/Daussy, *op. cit.*, 17–20. Brian/Le Gall, *op. cit.*, 39–40. Wouter J. Hanegraaff（ed.）, *Dictionary of Gnosis and Western Esotericism*, 2 vols., Leiden-Boston : Brill, 2005, Vol. 2, 687–689.

（17） フィチーノとピーコの哲学・神学・秘教思想については、P・O・クリステラー／佐藤三夫訳『イタリア・ルネサンスの哲学者』みすず書房、一九九三年、五七～一〇七頁。Mayeur et al.（eds.）, *Histoire du christianisme des origines à nos jours*, tome VII（*op. cit.*）, 335, 508–509, 623–624. Francoise Bonardel, *La Voie hermétique. Introduction à la philosophie d'Hermès*, Paris : Éditions Dervy, 2002, 86–91. Chaim Wirszubski, *Pic de la Mirandole et la cabale, suivi de « Considérations sur l'histoire des débuts de la cabale chrétienne » par Gershom Scholem*, trans. Jean-Marc Mandosio, Paris-Tel Aviv : Éditions de l'éclat, 2007.

（18） 「新しき信心」Devotio moderna 運動の組織と霊性については、*Un succès de librairie européen : l'Imitatio Christi*（*op. cit.*）, 18–20. この運動は一三八〇年頃に北ネーデルラントの都市デーフェンターで創始され、個人的瞑想と聖書読解を重視し、財産共有にもとづく「共同生活兄弟団」Fratres Vitae communi を基盤に発展するが、それは在俗信徒を多く含み、修道誓願をしない信徒共同体だった。一三八六～八七年には同じ理念によりヴィンデスハイム修道院が創立され、アウグスティヌス会則を採用した同名修族の中心機関となり、ネーデルラントからラインラント方面に組織を拡大した。『キリストにならいて』は、このヴィンデスハイム修道参事会員だったトマス・ア・ケンピスの作品であると推定されている。

(19) ニコラウス・クザーヌスの生涯と思想の概要は、André Vauchez (ed.), *Dictionnaire encyclopédique du Moyen Âge*, 2 vols., Cambridge-Paris-Rome : James Clark & Co./Éditions du Cerf/Città Nuova, 1997, Vol. 2, 1074–1075. Hanegraaff (ed.), *Dictionary of Gnosis and Western Esotericism* (*op. cit.*), Vol. 1, 293–296. クザーヌス神秘思想の概念構造については、佐藤直子「クザーヌスにおける信仰と知――神秘体験における「私」の成立」上智大学中世思想研究所編『中世における信仰と知』知泉書館、二〇一三年、四一七～四三六頁を参照。

(20) ノエル・ベダについては、Higman, *op. cit.*, 42, 47–48. Boisson/Daussy, *op. cit.*, 36–37.

(21) 以下の簡潔な記述は、おもにつぎの文献に依拠する。Boisson/Daussy, *op. cit.*, 20–21, 26–27.

(22) Thierry Wanegffelen, *Ni Rome ni Genève. Des fidèles entre deux chaires en France au XVIe siècle*, Paris : Honoré Champion, 1997, 37–97.

(23) Lucien Febvre, *Amour sacré, amour profane. Autour de l'Heptaméron*, Paris : Gallimard, 1944, 132–153. たとえばムールも、彼女を「神秘主義の色彩をおびた」ルター派宗教改革者とみなした。Mours, *op. cit.*, 27. ただしプロテスタント史の泰斗エミル・G・レオナールは、「ルターの魂、人文主義の精神、カトリックの感性」の混在という、もう少し陰影のある表現で彼女の信仰を解釈している。Émile G. Léonard, *Histoire générale du protestantisme*, 3 vols., Paris : P. U. F., 1961–1964, Vol. 1, 202.

(24) Wanegffelen, *op. cit.*, 80–85. なお彼女の思想の多面的相貌については、Febvre, *Amour sacré, amour profane* (*op. cit.*), 172–196, 326–370.

(25) 以下の記述はおもにつぎの諸文献に依拠する。Boisson/Daussy, *op. cit.*, 37–41. Crouzet, *op. cit.*, 224–237. Higman, *op. cit.*, 69–70. Léonard, *op. cit.*, 207–208. Febvre, « Une date : 1534. La Messe et les Placards », in *id.*, *Au coeur religieux du XVIe siècle*, 217–230.

(26) Crouzet, *op. cit.*, 237–239. Febvre, art. cit., 224–225.

（27）以下の論述はつぎの諸文献に依拠する。Pierre Chaunu, *Église, culture et société. Essais sur Réforme et Contre-Réforme (1517–1620)*, Paris : SEDES, 1981, 183–187, 367–370. Crouzet, *op. cit.*, 286–291. Wanegffelen, *op. cit.*, 17–31. 古代から現代にいたるカトリック教会の聖体秘跡とミサ聖祭については、André Vauchez（ed.）, *Christianisme. Dictionnaire des temps, des lieux et des figures*, Paris : Éditions du Seuil, 2010, 211–213, 374–377.

（28）檄文の全文は、Higman, *op. cit.*, 72–76 に収録されている。

（29）以下の記述については、Arlette Jouanna, *La France du XVI*[e] *siècle, 1483–1598*, Paris : Presses universitaires de France, 1996, 315–316. Jean Jacquart, *Francois I*[er], Paris : Fayard, 1981, 269. Léonard, *op. cit.*, 206–207.

（30）のち枢機卿になるジャン・デュ・ベレの多面的人物像については、Cédric Michon/Loris Petris（eds.）, *Le cardinal Jean Du Bellay. Diplomatie et culture dans l'Europe de la Renaissance*, Tours-Rennes : P. U. de Tours/P. U. de Rennes, 2013.

（31）Léonard, *op. cit.*, 209–210.

（32）Boisson/Daussy, *op. cit.*, 46–47. Higman, *op. cit.*, 102. カルヴァンが演説原稿の真の著者だったという説は、テオドル・ド・ベーズにより広められたが、今日の研究者の多くはこれに懐疑的である。当時のコップは、マルグリット・ダングレームの知的サークルに属していた。なおここで「学事長」と訳した原語は « recteur » であるが、イグマンによれば、これは任期半年で任命され、大学内の若干の集会を主宰する若手教員をさす。

（33）ファレルに関する以下の記述は、おもにつぎの諸文献に依拠する。Boisson/Daussy, *op. cit.*, 30–31. Higman, *op. cit.*, 63–70. Léonard, *op. cit.*, 278–292. Mours, *op. cit.*, 36–38. Georges-Frédéric Goguel, *La vie de Guillaume Farel, Réformateur*, Paris-Valence : Marc Aurel Frères, 1841. 最後のゴゲルによる聖者伝的な記述は、批判的距離をおいて利用するならば、若干の貴重な情報をあたえる。

（34）なお同じ会議で決議された聖書の翻訳・出版計画にもとづき、カルヴァンの甥オリヴェタンが七十人訳ギリシア語原典からフランス語訳を作成し、ヴァルド派の基金により一五三五年にヌシャテルで刊行された。Gabriel Audisio, « La fin d'une secte : les vaudois deviennent protestants », in *id.*（ed.）, *Religion et exclusion XII*[e]*–XVIII*[e] *siècle*, Aix-en-Provence : Publications de l'Université de Provence, 2001, 71–80. Léonard, *op. cit.*, 240–243.

（35）この有名な両者の出会いについては、Denis Crouzet, *Jean Calvin, vies parallèles*, Paris : Fayard, 2000, 138–143. Léonard, *op. cit.*, 280-288. Febvre, « Crayon de Jean Calvin », in *id.*, *op. cit.*, 346-348.

(36) 構造的概念としての「ロタリンギア」については、深沢克己「近世ヨーロッパと地中海――南フランスの作業場から」佐藤彰一・深沢克己『ヨーロッパ、海域、そしてユーラシア――近代以前の世界』立教大学アジア地域研究所、二〇一五年、六四～六八頁を参照。

(37) Febvre, « L'Erasme d'Huizinga », in *id.*, *op. cit.*, 115.

第Ⅱ部　変化するキリスト教世界

第7章　一六一七年のドイツ

——宗教改革から一〇〇年——

高津秀之

1 「マルティン・ルターの物語」としての宗教改革史

フランスを代表する歴史家の一人であるリュシアン・フェーブルは、名著『フランス・ルネサンスの文明』の中で次のように述べている。

かつて人々は、いつまでも忘れ難い美しい物語の数々を、子供たちに語り聞かせたものだった。《歴史》といえば興味津々たる逸話の連続で、それは若々しいわれわれの脳中に棲みついてしまい、今なおわれわれの古い記憶の点呼に応じて「はい！」と答える。このようにしてわれわれは、《宗教改革》といえばたちまち素直な修道士だったマルティン・ルターの物語が息を吹き返し、眼前にまざまざと出現する思いがする。所属の修道院から派遣されてローマに旅し、そこで身の毛もよだつ悖徳や不信仰を目撃したがために傷心のうちに帰国し、この時を境に教会との訣別を決意した、そういう修道士の物語である。(1)

「マルティン・ルターの物語」としての宗教改革史。宗教改革の歴史におけるルターの存在の巨大さは否定すべくもない。しかし、宗教改革史は、マルティン・ルターの物語としてのそれの中で排除され、周縁的な位置に置かれた人物や出来事を視野に入れながら、複雑で広がりのある歴史的過程として把握されねばならない(2)。こうした近年の宗教改革史研究の動向にもかかわらず、伝統的な歴史観は、依然として学術的な定説、日常的な常識の地位を占めている。これを最も顕著に示すものが、ドイツの祝日「宗教改革記念日」であろう。すなわち、現在のドイツのプロテスタントが多数派を占める州であるブランデンブルク州、メクレンブルク゠フォアポンメルン州、ザクセン州、ザクセン・アンハルト州、チューリンゲン州では、「ルターがヴィッテンベルクの城教会の扉に『九五箇条の論題』を掲示し、贖宥状を批判した日」である一〇月三一日を祝日と定めている。これは、この一五一七年一〇月三一日に起こったとされる出来事を、宗教改革史の出発点と見なす歴史観に由来している。

しかし、この歴史観は決して自明のものではない(3)。ルター自身によれば、彼とローマ教皇の論争の開始点を、一五一七年の諸聖人祝日、すなわち一一月一日と見なしている。また彼は、『九五箇条の論題』を教会の壁に掲示したというエピソードについては何も語っていない。これが最初に言及されるのは、フィリップ・メランヒトンが記した一五四六年出版のルター著作集の序文においてである。彼の証言の信憑性をめぐる議論は継続中であるが、決して決着することはないであろう。しかしながら、一五一七年一〇月三一日の事件を宗教改革の出発点とするわれわれの歴史観は、宗教改革五〇〇周年を間近に控えた今日に至っても、揺らぎそうもない。この歴史観は、一体いつから確立されたのであろうか。この問題を考えるうえで重要な出来事が、一六一七年にドイツ各地で開催された宗教改革一〇〇周年記念祭である。

2　宗教改革一〇〇周年記念祭と記念ビラの出版

宗教改革一〇〇周年記念祭は、ファルツ選帝侯フリードリヒ五世とザクセン選帝侯ヨハン・ゲオルクの二人によって主導された(4)。このうちフリードリヒ五世は、後にボヘミアの「冬王」と呼ばれる人物である。彼は宗教改革一〇〇年祭の構想を、一六一七年四月一一日にハイルブロンで開催された「同盟」の会合で提案した。「同盟」は、神聖ローマ帝国のプロテスタント諸侯・帝国都市が、皇帝を頂点とする帝国のカトリック勢力に対抗するために、一六〇八年に結成した軍事同盟であり、フリードリヒはこの「同盟」の頭目である。ルター派が排除されたわけではなかったが、彼をはじめとする構成員の多数派はカルヴァン派であった。祝祭を提案した彼の目的は、ルター主義とカルヴァン主義の同質性を強調することで、当時顕在化しつつあったプロテスタント勢力の内部対立を抑え、彼らの結束を内外に知らしめるとともに、一五五五年のアウクスブルクの宗教和議の対象から除外されたカルヴァン派の公認を実現させることにあった。四月二三日、「同盟」は、一一月二日の日曜日に祝祭を開催することを、「追加事項」として決定した(5)。

他方、ザクセン選帝侯ヨハン・ゲオルクは、後述する一五八〇年の「和協信条」によって正統とされたルター主義を信奉するとともに、一五五五年のアウクスブルク宗教和議以降に神聖ローマ帝国に確立されたカトリックとルター派の二宗派共存体制の維持を政治的基本方針としていた。彼はフリードリヒと「同盟」の動向には批判的であり、ザクセン選帝侯領の宗教改革一〇〇年祭は「同盟」の決定とは関係ない。一六一七年四月二二日にヴィッテンベルク大学神学部が彼に祝祭の開催を提案し(6)、ルターが『九五箇条の論題』をヴィッテンベルクの城教会の扉に掲示した日とされる一〇月三一日から一一月二日までの三日間を、宗教改革一〇〇周年を記念する祝祭日とすること

図7－1　『神的な文書に関する，考察に値する夢』挿絵

図7－2　『神的な文書に関する，考察に値する夢』木版画版

が決定された。選帝侯はこの決定を領内の諸身分に命じるとともに、彼の味方、すなわち当時「和協信条」を受け入れていた諸侯と帝国都市に通達した。この祝祭を通じて、ザクセン選帝侯はルター派陣営における自らの指導的立場を強めようとしていたのである。(7)

　こうして一〇月三一日が初めて宗教改革の記念日とされたこの年、宗教改革を記念する挿絵入りのビラやパンフレットが出版され、記念メダルが鋳造された。これらの媒体によって伝えられた図像は、人々の脳裏に鮮明に記憶され、彼らの歴史観に影響を与えた。中でも、ザクセン選帝侯領の領邦都市ライプツィヒで出版されたビラ、『神的な文書に関する、考察に値する夢』（以下『夢』と略す）の挿絵（図7－1）は大きな反響を呼んだ。(8) すぐにドイツ語テクストを付した木版画版（図7－2）が制作されたばかりか、一七一七年の宗教改革二〇〇周年、一八一七年の宗教改革三〇〇周年などの様々な機会に、一部変更を伴いながら繰り返し登場することになる。(9) 表題にある「神的な文書」とは『九五箇条の論題』であり、このビラには、ヴィッテンベルクの城教会の扉に文章を書き付けるルターの姿が描かれている。われわれにはすっかりお馴染みの姿であるが、出版当時の人々にとってはまったく新鮮なルター像であったはずである。

絵の内容は、『ザクセン選帝侯フリードリヒ賢公の夢』と題する物語に由来している。[10]原作の物語は、現在フライベルクの上級学校の図書館に保管されている一五四五年出版のルター著作集のラテン語編の第一巻の見返しと内表紙に書き込まれている。この書物はケムベルクの監督教区長バルトロメウス・ベルナルディが、義理の息子であるハルの牧師マティアス・ヴァンケルに送った後、一六六〇年にフライベルクのギムナジウムに寄贈されるまでヴァンケル家が所蔵していた。[11]書き込みが行われた時期は一七世紀初頭であり、その冒頭には、以下のように記されている。

名誉あるゲオルギウス・シュパラティウス殿が、私アントニウス・ムーザに、ザクセン選帝侯フリードリヒ大公がシュヴァイニッツにおいて、M・ルター博士が彼のローマ教皇とヨハン・テッツェル修道士が行ったローマの恩寵と贖宥に関する説教に対して公に反論するためにヴィッテンベルクに最初の意見表明を掲示する前夜に見たという夢について、まことしやかに語った。（シュパラティウスによれば）選帝侯閣下は翌朝早く彼にその物語を書き留めさせるために、選帝侯の弟であるザクセン大公ハンセン（＝ヨハン）殿、尚書局長の立会いのもとで、夢について語ったという。[12]

ここに記されているのは、一五一七年一〇月三〇日、すなわちルターが『九五箇条の論題』をヴィッテンベルクの城教会に掲示したとされる日の前日の夜に、ザクセン選帝侯フリードリヒ三世がシュヴァイニッツ城で見たという不思議な夢、ビラの表題の表現を借りれば「考察に値する夢」の物語である。物語を記したアントニウス・ムーザは、一五二七年からイェーナ、一五三七年からロッホリッツ、一五四四年からはメルセブルクで教区監督官をつとめた人物であるが[13]、彼はこの物語を、ザクセン選帝侯から夢の話を直接聞いた人物、すなわちゲオルク・シュパラティーンから聞き取ったという。しかしながら実際には、この物語が一五四六年以前に語られたはずはない。すでに述べたように一〇月三一日の出来事について初めてメランヒトンが語ったのは、一五四六年のことだからである。しかし、この夢の物語がフィクションであるにせよ、この物語に基づいて作成された画像が「ルターの物語」としての宗教改革史観を定着させるのに多大な寄与を果たした事実に変わりはない。以下、このムーザの記述も参照しながら、『夢』に描かれた絵のメッセージを読み解いてみたい。

3　フリードリヒ賢公の夢

（1）ザクセン選帝侯とルター

『夢』の画面の右奥にはシュヴァイニッツ城の寝室で眠る選帝侯が描かれている。原作の物語では、ザクセン選帝侯は弟のヨハン大公に「夢を続けて三回見た」と述べている。その最初の夢は、原作の物語によれば、以下のようにはじまった。

　私は、全能なる神が、立派で高貴な顔立ちをした修道士を私に遣わしたのを夢に見た。彼は親愛なる使徒ペテロの実の息子であり、神の命令によって親愛なる聖人たち全員を周囲に従えていた。聖人たちは彼が偽りなく、本当に神の御使いであることを私に請け合ってくれた[14]。

『夢』の画面の右奥では、シュヴァイニッツ城の寝室で選帝侯が眠っている。そして城の左には聖書を広げた修道士ルターに向かって聖霊の光が降り注いでいる場面、そしてザクセン選帝侯とシュパラティーンとルターと聖人たちが対峙する場面が描かれている。ルターを聖人とともに描くのは、彼らと同等の存在だからである。こうした預言者や聖人としてのルターの姿は、一六世紀以来繰り返し描かれてきた。

そして神が私に、これによって私が悲しむことはないだろうと、私のヴィッテンベルクの城教会に何かを書き付けるのを許可するように命じた。私は尚書局長を通じて彼に伝えさせた。神が私にそのように述べ、彼が（聖人たちの証言という）かくも強力な証を示すのであれば、彼に書くべきことを書かせてやるように、と。[15]

こうしてルターに対して、ザクセン選帝侯と顧問官シュパラティーンは、城教会の扉に『九五箇条の論題』を掲示する許可を与える。『夢』に描かれているのは、この場面である。また、原作の物語において、フリードリヒ三世は、「私は夢の中で、できるだけ早い時期に、かの修道士と、個人的に語りあってみようと固く決心した。そしてついに私は三度目を覚まし、朝を迎えたのであった」と語って物語を締め括る。[16]

『夢』は、ザクセン選帝侯フリードリヒ三世に「ルターの宗教改革の最初の目撃者にして庇護者」という役割を、「ルターの物語」としての宗教改革史の中で与えた。周知のように、史実においてもフリードリヒ三世はルターの主君であり庇護者であったが、こうしたザクセン選帝侯とルターの歴史的な絆を顕示することは、宗教改革一〇〇周年を機会に、ルター派における指導的立場を強めたい現役のザクセン選帝侯ヨハン・ゲオルクの意図にも合致する。

一六一七年にニュールンベルクで出版されたハンス・トロッシェルの銅版画（図7-3）は、『夢』に表現されて

図7－3　ハンス・トロッシェルによる銅版画

いるような興味深い物語には欠けるものの、同様の意図をよりあからさまな形で示している。[17] この絵も『夢』と同様に大きな反響を呼び、すぐにもとのラテン語版に続いてドイツ語版が制作された後、一八世紀に至るまで繰り返し登場することになる。[18] ここでは、宗教改革者ルターとメランヒトン、そしてフリードリヒ三世とヨハン・ゲオルクという新旧選帝侯を並べて描くことで、一五一七年から一六一七年まで続く宗教改革の歴史におけるザクセン選帝侯とルターとの特別な絆が強調されている。

このことは、ザクセン選帝侯位をめぐるヴィッテン家の歴史を踏まえるならば、一層興味深く思えてくる。すなわち、一四八五年に、ザクセン選帝侯領はエルネスト系ヴィッテン家とアルベルト系ヴィッテン家に分割された。[19] そのさい選帝侯位はエルネスト系に帰属したが、一五四六年に勃発したシュマルカルデン戦争で、ときのザクセン選帝侯ヨハン・フリードリヒが神聖ローマ皇帝カール五世を中心とするカトリック勢力に敗北すると、以後、アルベルト系に移行した。[20] この家系の分裂と選帝侯位をめぐる不和にもかかわらず、いやそれゆえにこそ、このビラは新旧ザクセン選帝侯の二つの世代を通じて継承されるルターとの絆を強調したのであろう。

ザクセン選帝侯と結びついたルターの像は、領邦を単位として主権国家形成が進展した、一六世紀後半から一八世紀にかけての神聖ローマ帝国の時代状況を反映している。一六一七年以前にも、ザクセン選帝侯とルターの特別な関係を示す絵は度々描かれてきた。たとえば、一六世紀後半にヴィッテンベルクで出版されたビラ『私たちの聖なるイエス・キリストの洗礼の図』の挿絵（図7－4）では、ヴィッテンベルクを背景に、ザクセン選帝侯ヨハ

図7－5　宗教改革400周年記念メダル

図7－4　『私たちの聖なるイエス・キリストの洗礼の図』挿絵

ン・フリードリヒとその家族が、洗礼者ヨハネから洗礼を授かるキリストの姿を見守っている[21]。そしてルターは、『夢』とは保護者と庇護者の関係が逆であるが、彼らの守護聖人として描かれている。しかしこれは、世代を超えて継承される歴代ザクセン選帝侯とルターとの絆というよりも、ルターとヨハン・フリードリヒ個人、そしてその家族との絆を示すものである。また、ハンス・ホルバインは彼の木版画の中に、獅子の毛皮を身に付け、棍棒をもった「ゲルマニアのヘラクレス」としてのルターを描いているが[22]、これはルターを「ゲルマニア」という、一領邦国家を越えた領域と結び付けている。

一方、一九世紀以降には、ルターはおもに国民国家ドイツと結び付けられた。たとえば、一九一四年に宗教改革四〇〇周年を記念して発行されたメダルには、ルターの横顔が、一八七二年のドイツ統一の立役者ビスマルク、そして第一次世界大戦の英雄ヒンデンブルクの横顔とともに刻印されている（図7－5）[23]。

（2）ザクセン選帝侯とローマ教皇

『夢』の画面の中央奥から左奥にかけての場面では、修道士ヨハン・テッツェルが群衆に贖宥状の購入を呼び掛けている。これに対して画面左では、小さく描かれた人物像がひしめくこの画面の中でも一際目立つルターが、教会の扉に巨大なペンで「贖宥について」と記している。すでに述べたように、このルター像は、これ以後現在に至るまで繰り返し描かれることになる同様のイメージの最初期の事例である。

『九五箇条の論題』を書き付けるルターのペンは長く、画面中央に描かれた都市ローマに鎮座する獅子の頭を貫通し、隣にいる人物の頭から三重冠を叩き落としている。教皇レオ一〇世の名前に由来するこの獅子の像は、ルターにギリシア神話の英雄ヘラクレスの役割を与えることになる。ヘラクレスは、ミュケーナイ王エウリュステウスに課せられた一二の仕事の一つとして、ネメアの獅子を退治した。先に述べたホルバインの作品に見られるように、ヘラクレスという役回りは、聖人や預言者という役回りと同様に、ルターにお馴染みのものであった。そしてこのルター＝ヘラクレスとローマ教皇＝獅子の対決の場面は、原作の物語では以下のように語られている。

こうして修道士は書きはじめたが、とても大きな字を書いたため、私はここシュヴァイニッツからでもその字を読むことができた。彼はまたとても長い鵞ペンを使っていて、その尻の部分はローマにまで届いた。そしてローマには一頭の獅子が横になっていたが、ペンはその一方の耳に突き刺さり、もう一方の耳まで貫通した。さらにこの鵞ペンは教皇猊下の三重冠にまで伸びていき、それを激しく突いたので、冠はぐらつき始め、猊下の頭から落ちそうになった。(24)

宗教改革のプロパガンダ合戦の歴史の中で、ルターとローマ教皇の対決の場面は、何度となく描かれてきた。初期の例としては、一六世紀前半に出版された『ルターの首引き猫』を挙げることができる。(25) ここではルターと教皇の対決は、民衆的な娯楽である首引き猫遊びに擬えられている。(26) さらに一五六八年の『勝利者ルター』では、聖書をかかげるルターとローマ教皇が対峙している。そして一六一七年の『マルティン・ルター博士の奇跡、教皇の玉座』では、ルターは「ヨハネの黙示録」に登場する天使として、ローマ教皇は反キリストとして、死闘を繰り広げた。[27]『夢』に描かれるヘラクレス＝ルターと獅子＝ローマ教皇の対決も、これらの戦いの同類として扱うことができそうに思われる。

しかし、『夢』とその他の絵の対決場面には大きな相違点がある。それは、ここに挙げた四枚のビラのすべてに登場する、ローマ教皇を助ける取り巻きたちについての相違点である。いずれの絵においても、彼らは敗色濃厚なローマ教皇を助けるために、教皇の冠や玉座に手やつっかえ棒を伸ばしている。しかし、他の三枚のビラとは異なり、『夢』では、教皇を助けるのはルターの敵、すなわちカトリックの聖職者や諸侯ではなく、彼の庇護者であるはずのザクセン選帝侯その人である。彼の姿は、三重冠を頭から落としそうな教皇の隣に、選帝侯の服装である貂の毛皮の付いたマントを着た姿で描かれている。これについて、原作の物語には以下のように記されている。

> そしてそれ（＝三重冠）が正に落ちるかと見えたとき、私とお主（＝ヨハン大公）は近くにいたので、私は手を伸ばしてそれを支えてやろうとした。そして正に急いで手を伸ばそうとしたその瞬間、私は目醒め、手を高くあげていた。とても動転して、あの修道士に腹を立てていた、彼があの鵞ペンを慎重に扱わなかったからである。[28]

この衝撃的な場面で目が覚めた選帝侯は、再び眠りに落ちる。この二つ目の夢について、原作の物語には以下のように記されている。

> 私は再びかの修道士とともにおり、彼がまだ字を書き続けているのを眺めた。彼はまだ鵞ペンの尻でローマ

にいる獅子を突き刺し、さらに獅子を突き抜けて教皇を突くのをやめなかった。これに対し獅子は恐ろしい吠え声をあげ、ローマ市中の人々が、そして神聖〔ローマ〕帝国の諸身分の全員が殺到し、何が起こっているのか知ろうとした。教皇猊下は諸身分に対し、あの修道士を妨げるように、そしてとくに、この修道士は私の領国にいるのだから、この冒瀆行為について私に伝えるようにと求めた。そこで私は再び目を覚まし、再び同じ夢を見たことに驚いたが、あまりこれについて詮索することはしなかった。もっとも、教皇猊下を災難から守って下さるように神に祈った。(29)

ルターの主君にして庇護者のフリードリヒ三世がローマ教皇を助ける――、一五一七年一〇月三〇日の時点ではあり得ない話ではない。当時フリードリヒ三世はローマ教皇に忠実なカトリック教徒であったからである。しかしこの場面を描くことは、ルター派陣営の中で権威を高めることを目論むヨハン・ゲオルクの意図に反するのではないか。しかし、この点について考察する前に、もう一つ別の場面を紹介したい。

（3）メランヒトンとヴィッテンベルクの神学者たち

フリードリヒ三世が見た三つ目の夢は、修道士が手にしている巨大な鵞ペンの夢であった。原作の物語では、フリードリヒ三世はこの鵞ペンについて以下のように語る。

私とお主（＝ヨハン大公）を含む、帝国の最も高貴な身分の者たちがローマにやって来て、必死で修道士の鵞ペンをバラバラにしようとし、教皇を避難させようとしていた。しかし、われわれが鵞ペンを破壊しようとしても、鵞ペンはまるで鉄でできているかのように硬くなったかと思えば、われわれの耳に突き刺さり、心臓にまで達するような軋み声をあげるので、とうとうわれわれはすっかり消耗し、疲れ切ってしまった。そしてわれわれは匙を投げ、一人また一人と去って行った。そして、あの修道士はただ者ではない、彼はきっとわれわれに害をなすに違いないと心配するのであった。(30)

さらにこの後、鵞ペンは驚くべき能力を発揮する。

修道士の長い鵞ペンから数えきれないほど多くの鵞ペンが誕生したぞという叫び声が、すぐに新たにあがった。そしてどれほど多くのヴィッテンベルク大学の学識者たちがそれを求めて殺到したか、そしてその一部の人々が、この新しい子供の鵞ペンはいつの間にか修道士の鵞ペンと同じくらいの大きさに大きく、長くなっているぞと言っているのを見るのは楽しかった。何か特別なことが、この修道士と彼の長い鵞ペンには起こるのであった。(31)

この場面は、ヴィッテンベルク大学の神学教授であったルターが、この大学で多数の宗教改革の協力者を見出したことを意味している。かつてドイツ有数の人気を誇ったヴィッテンベルク大学は、一六世紀後半以降になると、イェーナ、ライプツィヒ、フランクフルト・アン・デア・オーデル、ケーニヒスベルク、ダンツィヒ、さらには後に述べるファルツ選帝侯の宮廷都市ハイデルベルクなどの大学の人気に押され、停滞気味であった。(32)すでに述べたように、ザクセン選帝侯に宗教改革一〇〇周年記念祭を提案したのは、ヴィッテンベルク大学の神学部の教授たちである。そして一六一七年一一月二日から七日にかけて、この大学とライプツィヒ大学の神学部において、宗教改革の現状と課題をめぐる討論会が開催された。(33)ヨハン・ゲオルクと同様に、彼らも宗教改革一〇〇周年祭を契機として、ルターと特別なつながりのあるヴィッテンベルク大学の再興を果たそうとしたのであろう。『夢』にヴィッテンベルク大学の教授たちを描くことは、こうした一六一七年当時の教授たちの思いとも一致する。

『夢』には、『九五箇条の論題』を書くルターの側に三人のヴィッテンベルク大学の教授たちが描かれている。その一人はメランヒトンである。確かに、彼はヴィッテンベルク大学の教授であったし、ルターの協力者として宗教改革史に重要な位置を占める人物である。しかし、一六世紀後半、一五四七年の仮信条協定の受け入れをめぐる対立がきっかけとなり、ルター派の内部では、あくまでもルターの教えに忠実であろうとする「純正ルター派」と、宗派間の協調や平和のためには妥協もやむなしとする穏健的な「フィリップ派」が対立していた。やがて一五八〇年六月二五日にドレスデンで発行された「和協信条」によって、フィリップ派の見解を排除する形でルター主義の一定の統一が成し遂げられたが、ニュールンベルク、フランクフルト・アム・マイン、シュパイヤー、ヴォルムス、シュトラースブルクといった帝国都市や諸侯の一部が和協信条の受け入れを拒否していた(34)。

メランヒトンは彼の名前を冠したフィリップ派を象徴する人物であるが、ヴィッテンベルク大学は純正ルター派の牙城であった。また『夢』の出版地であるライプツィヒは、ヴィッテンベルクと同様に、純正ルター派の都市であった。したがって、ここでメランヒトンの歴史的意義を想起させるかのような図像が作成されるのには違和感がある(35)。ちなみに、先に見たトロッシェルの銅版画が出版されたニュールンベルクは、「和協信条」成立後もフィリップ派に留まったから、彼の作品の中にルターと新旧選帝侯と並んでメランヒトンが登場したとしても不思議ではない。

（4）ヤン・フスと三十年戦争

以上の検討から分かるように、『夢』は、宗教改革のプロパガンダ合戦のビラとして、特異な性格を備えている。

画面中央にローマ教皇を象徴する獅子、画面左にそれと戦うルターの姿を示したこの絵の反カトリック的性格は、ローマ教皇を助けるザクセン選帝侯の姿によって著しく弱められてしまう。また、純正ルター派の都市ライプツィヒで出版され、同じく純正ルター派の拠点であるヴィッテンベルク大学を称揚するかのように教授たちを登場させながら、宗教改革史におけるルターの協力者としてのメランヒトンの意義を強調しているようにも見える。彼は自らの鵞ペンで、純正ルター派の同僚二人――その一人は地面にかがみこみ、もう一人はそっぽを向いている――よりもしっかりと、ルターの巨大な鵞ペンを支えているように見える。

要するに後世の宗教改革史観に大きな影響を及ぼした『夢』は、宗教改革のプロパガンダ合戦のビラとして評価した場合、宗派間の争いにおいてルター派の立場からカトリックを攻撃するビラとしても、宗派内部の争いにおいて純正ルター派の立場からフィリップ派を攻撃するビラとしても、パンチ力に欠けるものと言わざるを得ない。一体なぜこのようなビラが作成されることになったのであろうか。

この問題を考える手がかりを探るため、いよいよ夢の最後の場面に移る。原作の物語では、それは以下のように記されている。

私は修道士に、どうやってその鵞ペンを手に入れたのか、またそれがかくも硬くて頑丈なのはどういう訳なのかとたずねると、彼は、この鵞ペンはボヘミアの一〇〇歳の年とった鵞鳥から作られたのだと答えた。(36)

『夢』の画面右手前で焼き殺されようとしている鵞鳥（チェコ語の Hus）は、ボヘミアの宗教改革者ヤン・フスを表している。ルターは、一五一九年のライプツィヒにおけるヨハン・エックとの公開討論以降――したがってフリードリヒ三世が一五一七年一〇月三〇日の夜にこのイメージを見ることは決してない――フスを鵞鳥に、自らを白鳥に擬え、両者の関係について度々言及していた。たとえば、一五三一年の論争文書の中で、ルターは以下のように述べている。

聖ヨハンネス・フスは、私について予言をした。彼は牢獄からボヘミア地方に向けて書き送ったのである。「彼らは今鵞鳥を一羽焼くであろう。しかし一〇〇年後、彼らは一羽の白鳥が歌うのを聞くだろう。彼らはそれに悩まされるだろう」と。すべては神の御心のままにするがよい。(37)

以後の宗教改革のプロパガンダ合戦の歴史において、ルターとフスを並べて描く図像は度々登場する。したがって、『夢』へのフスの登場は自然のことかもしれない。しかし、このビラが制作された一六一七年前後のボヘミアの情勢を考えると、ここに登場する鵞鳥としてのフスが、ルターの先駆者としてのフスという歴史的役割を確認するためだけに描かれたとも思えない。『夢』の画面の最も手前の位置に、ルターとともに一際目立つように描かれたフスの鵞鳥は、この絵を見る者の注意をボヘミアの情勢に向けさせたであろう。

宗教改革一〇〇周年の一六一七年にボヘミア王位に就いたハプスブルク家のフェルディナント――後の神聖ローマ帝国フェルディナント二世――は、国内で急進的なカトリック政策を推し進め、ボヘミア国内で多数派を占めるプロテスタント勢力と対立した。彼らは一六一九年八月二六日に、フェルディナントの対立国王として、ファルツ選帝侯フリードリヒ五世をボヘミア国王に選出した。九月二八日、フリードリヒ五世はボヘミア王位を受け入れる。これはハプスブルク家を中心とする神聖ローマ帝国のカトリック勢力にとって、決して容認することにできない事態であった。

一三五六年の「金印勅書」によって神聖ローマ皇帝の選挙権を独占的に与えられた七人の選帝侯は、宗教改革をきっかけとして、カトリックとプロテスタントに分裂した[38]。すなわち、ケルン、マインツ、トリーアの三人の大司教がカトリックを維持していたのに対し、ザクセン、ブランデンブルク、そしてファルツの選帝侯はプロテスタントに改宗した。そして残りの一票が与えられていたボヘミア王の座は、代々カトリックを信奉するハプスブルク家の人物によって占められていた。このように、わずか一名の差でカトリックが多数派を占めていた状況において、ボヘミア王位をプロテスタントの人物が獲得するならば、従来のカトリックとプロテスタントの勢力関係は逆転し、プロテスタント皇帝の誕生が実現することになる。

この事態を避けるために、フェルディナントとバイエルン大公マクシミリアン一世を中心とするカトリック勢力は軍隊を集結させ、プラハに向けて進軍する。これを迎え撃つフリードリヒの軍隊は、一六二〇年一一月八日、プラハ郊外の白山の戦いで致命的な敗北を喫した。この後フリードリヒは、ボヘミアの王冠もファルツ選帝侯の領地も奪われた「冬王」として、亡命生活の中で生涯を終える[39]。

後に一六一八年から一六四八年まで神聖ローマ帝国のみならずヨーロッパ全体を巻き込んだ三十年戦争の歴史の一部に組み込まれることになるこの一連の経緯は全て、一六一七年の『夢』の出版の後の出来事である。しかしながら、フリードリヒのボヘミア王位獲得とプロテスタント皇帝の選出を目指す計画は、すでに一六一三年にファルツ選帝侯がイギリス国王ジェームズ一世の娘エリーザベトと結婚した時点には、ファルツ選帝侯と彼の同盟者たちに間で共有されていたという[40]。そして、フリードリヒと並ぶもう一人のボヘミア王候補としてプロテスタント勢力の期待を背負いながら、ボヘミア王冠を拒否した人物であるヨハン・ゲオルクが、こうした可能性に無自覚であったとは思えないのである[41]。

4　ザクセン選帝侯とファルツ選帝侯

以上の検討から、一六一七年の宗教改革一〇〇周年を記念するビラ『夢』は、二つの主要な政治的目的をもって印刷・出版されたと推定できる。すなわちその一つは、ルターとの歴史的絆を強調することで、ザクセン選帝侯ヨハン・ゲオルクのルター派における指導的地位を強化すること、もう一つは、ルターの先駆者であるヤン・フスの火刑の場面を提示することを通じて、ボヘミアと帝国が置かれている危機について警告することである。したがってこのビラは、当時のプロテスタント勢力においてザクセン選帝侯に匹敵する指導的立場にあり、ボヘミアの危機と深く関わる人物とその支持者たちを仮想敵としていると見なくてはならない。すなわち、ファルツ選帝侯フリードリヒ五世とカルヴァン派である。

すでに述べたように、カルヴァン派として、アウクスブルク宗教和議以降の二宗派共存体制の打破を目論み、ボヘミア王位、そしてあわよくば神聖ローマ皇帝位をも狙う革新派のファルツ選帝侯と、ルター派であり、二宗派共存体制の維持を主張し、ボヘミア王位を拒絶した保守派のザクセン選帝侯は、互いに相容れない存在であった。そしてハプスブルクのフェルディナントがボヘミア王となった一六一七年は、フリードリヒの計画が実現に向かって動き出した年でもあった。ヨハン・ゲオルクは、フリードリヒ五世に何らかの対抗手段を講ずる必要を感じていたであろう。『夢』のビラは、その一つであったと考えられる。

したがってこれを宗派的に見るならば、このビラは、その他の一六一七年の宗教改革一〇〇周年記念ビラと異なり、プロテスタントがカトリックを攻撃するものではなく、間接的にではあれ、ルター派の立場からファルツ選帝侯を一員とするカルヴァン派を攻撃するものである。これは、当時のザクセン選帝侯領の宗派政策とも矛盾しない。

当時ザクセン選帝侯の宗派政策を左右していたドレスデンの宮廷説教師マティアス・ヘーエ・フォン・ホーエンエッグは、カトリックよりもカルヴァン派に対して激しい弾圧を加えていた(42)。ウィーン出身の彼は真摯なルター派であったが、神聖ローマ皇帝ルドルフ二世の枢密顧問官を父にもち、ウィーンでカトリック教徒の間で教育を受けた経験をもつ。また彼は、ヨハン・ゲオルクがボヘミア王冠を拒否するさいに、重要な役割を演じた人物でもある。

また、このように考えるならば、このビラにカトリック、そしてフィリップ派に対する穏健的・融和的なメッセージが含まれている理由も理解できる。彼らはこの時期のザクセン選帝侯とその政治的・宗派的同調者たちの主要な敵ではなかった。とくにカトリックとの関係について言えば、この後ヨハン・ゲオルクは、先に述べた「白山の戦い」で、カトリックの皇帝の側に立ち、ファルツ選帝侯と戦うことになる。後に同じカトリックに属するスペインに宣戦布告するフランス国王の決断を先取りするかのような彼の政治的決定は、すでにこのフリードリヒ賢公の夢の物語の中で予言されていたことなのである。

一六一七年には、宗教改革一〇〇周年を記念する多数のビラが出版された。これらの多くは、ルターの生涯の偉業を称え、ローマ教皇とカトリックを批判することを主たる目的として制作された。プロテスタントを象徴するルターとカトリックを象徴するローマ教皇の対決シーンばかりが目につく宗教改革一〇〇周年ビラの中にあって、『夢』は、一見似たような場面を示しながらも、専らザクセン選帝侯の政治的意図を反映している点、そしてカルヴァン派を主たる標的にしている点において、特異な位置を占めている。こうしたビラのイメージが、ルターによる『九五箇条の論題』の城教会への掲示という出来事を歴史的事件として強く印象づけ、「ルターの物語」としての宗教改革史観の確立に寄与した。このことは、「マルティン・ルターの物語」としての宗教改革史を語りなおすうえでも、あらためて記憶に留めておくべきであろう。

注

（1）リュシアン・フェーブル／二宮敬訳『フランス・ルネサンスの文明――人間と社会の四つのイメージ』筑摩書房、一九九六年、一八五頁。

（2）R・W・スクリブナー、C・スコット・ディクソン／森田安一訳『ドイツ宗教改革』岩波書店、二〇〇九年、一～八頁。

（3）永田諒一『宗教改革の真実――カトリックとプロテスタントの社会史』講談社、二〇〇四年、一六～二四頁。

（4）宗教改革一〇〇年祭の開催に至る経緯については、以下の文献を参照。高津秀之「宗教改革百周年記念ビラにおけるルターの復活――宗教改革の図像学的トポスの継承と変容」甚野尚志・益田朋幸編『ヨーロッパ文化の再生と革新』知泉書館、二〇一六年、二一三～二二六頁、Charles Zika, "The Reformation *Jubilee* of 1617: Appropriating the Past through Centenary Celebration", in: Zika, Exorcising our Demons Magic, Witchcraft and Visual Culture in Early Modern Europe, London/Boston, 2003, 200–211; Jürgen Schönstädt: Antichrist, Weltheilsgeschehen und Gottes Werkzeug: Römische Kirche, Reformation und Luther im Spiegel des *Reformationsjubiläums* 1617, Wiesbaden, 1978, 10–85; Ruth Kastner, Geistlicher *Rauffhandel*: Illustrierte Flugblätter zum Reformationsjübiläum 1617, Frankfurt a. M./Bern, 1982, 23–29.

（5）Schönstädt, *a.a.O.*, 13–15.

（6）Schönstädt, *a.a.O.*, 15–19.

（7）Zika, *op. cit.*, p. 205.

（8）『神的な文書に関する、考察に値する夢』は、以下の文献に収められている。Hans Volz, Der *Traum* Kurfurst Friedrichs des Weisen vom 30./31. Oktober 1517, in: Gutenberg Jahrbuch 45（1970）, 174–211, hier 179.

（9）木版画版は、以下の資料集に解説とともに収められている。Wolfgang Harms/Cornelia Kemp（Hg.）, Deutsche illustrierte *Flugblätter* des 16. und 17. Jahrhunderts, Bd. 2, Tübingen 1980, 222–223.

（10）この物語は、以下の文献に全文が掲載されている。Volz, *a.a.O.*, 177–180; Ernst Benz, Der *Traum* Kurfürst Friedrichs des Weisen, in: Beyschlag, Karlmann/Maron, Gottfried/Wölfel, Eberhard（Hg.）, Humanitas-Christianitas: Walter v. Loewenich zum 65. Geburstag, Witten 1968, 134–139, hier 136–138.

（11）Volz, *a.a.O.*, 186.

（12）Volz, *a.a.O.*, 177; Benz, *a.a.O.*, 136.（　）内著者。

（13）Volz, *a.a.O.*, 198.

（14）Volz, *a.a.O.*, 178; Benz, *a.a.O.*, 136.

（15）Volz, *a.a.O.*, 178; Benz, *a.a.O.*, 136.（　）内著者。

（16）Volz, *a.a.O.*, 179–180; Benz, *a.a.O.*, 138.

（17）トロッシェルの銅版画は、以下の資料集に解説とともに収められている：Harms/Kemp: *Flugblätter*, Bd. 2, S. 218–219.

（18）Kastner, *a.a.O.*, 261.

（19）マルティン・H・ユング／菱刈晃夫訳『メランヒトンとその時代——ドイツの教師の生涯』知泉書館、二〇一二年、一七七頁。

（20）森田安一『図説　宗教改革』河出書房新社、二〇一〇年、三二頁などの文献を参照。

（21）『私たちの聖なるイエス・キリストの洗礼の図』は、解説とともに以下の文献に収められている。Wolfgang Harms, Illustrierte Flugblätter aus den Jahrhunderten der Reformation und der Glaubenkämpfe, Coburg 1983, 18–19.

（22）ホルバインの作品は以下の文献に収められている。マルティン・ヴァルンケ／岡部由紀子訳『クラーナハ《ルター》イメージの模索』三元社、一九九三年、七一頁。

（23）このメダルの写真は、以下の文献に収められている。Hugo Schnell, Martin Luther und die Reformation auf Münzen und Medaillen, München 1983, 270.

（24）Volz, *a.a.O.*, 178; Benz, *a.a.O.*, 137.

（25）『ルターの首引き猫』は、以下の文献に収められている。森田安一『ルターの首引き猫——木版画で読む宗教改革』山川出版社、一九九三年、一五〇頁。

（26）『勝利者ルター』は、以下の文献に収められている。高津秀之「ヨハンネス・ナースと『戦う教会』——一六世紀後半におけるカトリックとプロテスタントのプロパガンダ合戦」『多元文化』第二号、二〇一三年、四八頁。

（27）『マルティン・ルター博士の奇跡、教皇の玉座』は、以下の文献に収められている。高津「ルターの復活」、一九八頁。

（28）Volz, *a.a.O.*, 178; Benz, *a.a.O.*, 137.〔　〕内著者。

(29) Volz, *a.a.O.*, 178–179 ; Benz, *a.a.O.*, 137.〔　〕内著者。

(30) Volz, *a.a.O.*, 179 ; Benz, *a.a.O.*, 137.

(31) Volz, *a.a.O.*, 179 ; Benz, *a.a.O.*, 138.

(32) R・J・W・エヴァンズ／新井皓士訳『バロックの王国――ハプスブルグ朝の文化社会史　一五五〇～一七〇〇年』慶應義塾大学出版会、二〇一三年、二五頁。

(33) Schönstadt, *a.a.O.*, 13.

(34) ロベルト・シュトゥッペリヒ／森田安一訳『ドイツ宗教改革史研究』ヨルダン社、一九八四年、二〇三～二〇八頁。

(35) カストナーは『夢』にメランヒトンが描かれた理由について、『夢』の木版画版の出版地との関連から説明している。すなわち、彼は、この木版画版がフィリップ派の拠点ニュルンベルクから出版されていることから、木版画をフィリップ派にも受け入れやすいように、メランヒトンの像を加えたのだという。Kastner, *a.a.O.*, 281.

(36) Volz, *a.a.O.*, 179 ; Benz, *a.a.O.*, 137.

(37) Volz, *a.a.O.*, 174.

(38) Eva-Maria Schnurr, Religionskonflikt und Öffentlichkeit : Eine Mediengeschichte des Kölner Kriegs (1582 bis 1590), Köln/Weimar/Wien : Böhlau, 2009, 53 ; Irmgard Wolf, *Feldherrnruhm* und Bauernschicksal, Godesberger Heimatblätter H. 21, 1983, 23-34, hier 23.

(39) C・ヴェロニカ・ウェッジウッド／瀬原義生訳『ドイツ三十年戦争』刀水書房、二〇〇三年、七一～一四七頁、フランセス・イエイツ／山下知夫訳『薔薇十字の覚醒』工作舎、一九八六年、四一、四二頁。

(40) ウェッジウッド『ドイツ三十年戦争』五五頁、イエイツ『薔薇十字の覚醒』三七～五三頁。

(41) エヴァンズ『バロックの王国』二七四頁。

(42) ヘーエについては、以下の文献を参照。ウェッジウッド『ドイツ三十年戦争』六五、六六頁、エヴァンズ『バロックの王国』二七四頁。

第8章　対抗宗教改革
――イエズス会劇が映すもの――

大場はるか

1　近世ヨーロッパの演劇――研究動向

近世ドイツ語圏の宗教改革および対抗宗教改革の歴史は、今日まで国内外の多くの研究者によって記されてきた。これらの先行研究の方向性や専門用語の選択は、序章でも述べられているように研究者の特定の価値観――時には研究者が属する宗派――にも左右されてきた。Gegenreformation（対抗宗教改革）という用語も例外ではない。この用語は一八世紀にゲッティンゲンの法学者ヨハン・シュテファン・ピュッターによって使われ始め、プロイセンの歴史家レオポルト・フォン・ランケに受けつがれ、一般にカトリック教会に端を発する軍事的・政治的な対抗措置と理解されてきた。対象となる時期はおおよそ一五五五年のアウクスブルクの宗教和議から一六四八年のヴェストファーレン講和条約までである。[1] しかし、この用語はマルティン・ルターによるReformation（宗教改革）を前提としており、カトリックの動きをこれに対するリアクションと解釈し、宗教改革以外の要因やプロテスタントの内部にも見られた暴力的な活動を無視していた。このため、Gegenreformation の英訳であるCounter-reformationという用語が英語圏を中心に今日まで用いられている一方で、近年のドイツ語圏ではGegenreformationという用語の使用はもはやタブーとなっている。この用語に関する批判はおもにカトリックの研究者によって行われた。彼らがとくに強調したのは、一六世紀半ば以降のカトリック教会には自発的な内部改革の動きがあったという点である。それで近年はトレント公会議に端を発する一連の動きを Katholische Reform（カトリック改革）、プロテスタントからの信者の「奪回」を Rekatholisierung（再カトリック化）という言葉で表現することが一般的になっている(2)。このように専門用語の形成とその変容も宗教改革に関する記憶の継承を部分的に左右してきた。本章は紙幅の都合上、この問題に包括的には取り組まないが、便宜上、ここでは対抗宗教改革という用語を「一六世紀末から一七世紀前半にかけて、プロテスタントの活動に対する明確な対抗意識とともに遂行されたカトリックの布教およびその他の信仰強化対策」と規定しておきたい。

対抗宗教改革に関する研究は二〇世紀後半に社会史の進展によって大きく展開した。この動向は近年、歴史人類学的なアプローチによって再び大きく変容しつつある。たとえばペーター・ブルシェルは『死と不死——近世の殉教文化』という著書でこのアプローチを試み、プロテスタントとカトリック双方の殉教関連の表象に焦点をあて、両宗派の演劇にも言及した(3)。この種の方法論は信仰と迷信という単純な二項対立を解消するものとして歓迎され、ジェンダーの視点も交えながら魔女や悪魔に関する近年の歴史学研究にも影響を与えている(4)。本章は歴史人類学的な分析を実践するわけではないが、この方面の研究に影響を与えたドイツ語圏の文化学の理論に注意を喚起しつつ、カトリックのラテン語学院劇、とくにイエズス会劇と呼ばれるイエズス会の学院劇と対抗宗教改革との関係について考察していきたい。

（1）ドイツ語圏の学院劇に関する動向

ヨーロッパの歴史と演劇との関係の深さはあらためて説明するまでもない。中でも近世は演劇との関係がきわめて深かった時期と言えよう。ポリスの発展と不可分であった古代ギリシャの演劇についてはアリストテレスの『詩学』に詳しいが、この著作が広く知られるようになったのは中世後期から近世にかけてのヨーロッパ、古代ギリシャ・ローマに注目したルネサンスと人文主義の影響下にあったヨーロッパである。(5) この時期に同地域の人々が現実の世界を theatrum mundi（世界劇場）という言葉で描写するようになったことはよく知られている。(6) この時期にヨーロッパで広まった劇の一部は、純粋な娯楽や宗教儀礼とは異なる一方でこれらの要素を含みつつ、高等教育や諸侯の権威の表象とも関係した多面的な慣行へと変化していった。この過程でドイツ語圏の演劇は部分的に他のヨーロッパ諸国の芸術の影響を受け、ローカルな文化的慣習をも受けつぎながら対抗宗教改革と関係していくことになる。この近世ヨーロッパのあらゆる要素を盛りこんだサラダボウルのような劇の代表的なものが、本章で扱うイエズス会劇である。

近世ドイツ語圏の文芸作品は長い間、イタリア・ルネサンスの作品や一六世紀末のイギリスで活躍したシェイクスピアの戯曲、バロック時代のフランスで上演されたモリエールやラシーヌなどの作品に比べて劣ったものとされ、ドイツ語圏のみならず日本でも多角的には分析されてこなかった。いわゆるシュトゥルム・ウント・ドラング以降の文学に関心が集中したこともこの傾向を強めたと考えられる。(7) そのため、イエズス会劇を含む近世ドイツ語圏のラテン語学院劇は、日本ではドイツ文学に加え地中海方面に目を向けることが多い古典文学科でも扱われず、歴史学でも言及されてこなかった。さらにドイツ語圏の歴史学研究も、ブルシェルのような例外を除くと学院劇にはほとんど触れていない。というのもドイツ語圏の歴史学研究は社会学の影響を受け、近世の宗派的な世論形成に関する考察の際に教育体制に注目したものの、新聞の前身とみなされ得る史料だけを重視したからである。(8) 記号論の影響とともにイメージ研究が盛んになった後も、文字史料と絵画史料の双方と関係した演劇に焦点をあてた研究は現れなかった。ようやく二一世紀になり、中・近世のシンボリック・コミュニケーションに注目したミュンスター大学の研究グループが、ラテン語学院劇に関しても分野横断的な考察を進めた。(9) もっともこのグループはイエズス会の学院劇に注目し、その他の学院劇には触れていない。したがって近世ドイツ語圏の学院劇と宗派的な教育との関係、これを通した世論形成の歴史的展開に関しては考察の余地が大いに残されている。

(2) 歴史の記念碑化とイエズス会劇

以上のように近世ドイツ語圏の学院劇に関する研究は、各国の学科の枠組みや他分野の歴史学への影響に左右されてきた。一九九〇年代から盛んに行われた宗派化に関する研究もこの影響を受けている。たとえば改革派の聖画像破壊とカトリックの宗教画・造形芸術の繁栄は宗派化との関係でよく言及されるが、前者による演劇排斥と後者による演劇の奨励は注目されていない。(10) 部分的にまったく逆の方向に向かった改革派とカトリックの演劇に関する動向は、演劇の排除によってのみ達成され得るとみなされていたものと、演劇の上演によってのみ達成されると考えられていたものが同時代に共存していたことを示唆している。

この見解の相違は、演劇がテキストのみならず上演方法や演出とも関係していたためであったと考えられる。近年の文化学の研究が指摘しているように演劇は演出と不可分であり、演出された歴史とも関係していた。(11) たとえばアライダ・アスマンは、一九八〇年代以降アイデンティティと想起との関係が見直され、政治や文化の境界線が新たに設定し直されたことに注意を喚起し、これに関する考察の中で一五九一年に初演されたシェイクスピアの史劇『リチャード三世の悲劇』を取りあげている。国民国家の形成と関係していたと言われるこの劇の分析から、アスマンは史劇が忘れ難い人物や場面を眼前に置くことで歴史を「記念碑化」すること、情動を刺激する劇は観客に忘れられにくいことを指摘した。「記念碑化」とは彼女によると、出来事を美的に凝縮して思い起こすのに効果的なイメージへと増強することであった。この種の美的形成は歴史に関する知識を感性化し、このプロセスの中で歴史、文学、記憶は相互に密接に結びつくと考えられている[12]。

この記念碑化と知識の感性化はドイツ語圏のイエズス会劇にも顕著に見られる。たとえば有名なフランツ・ラング（一六五四～一七二五年）の演劇論は、この劇の上演が観客の情念を大きく揺さぶり、これを通して演じ手のみならず観客の信仰強化を図ることを目的としていたことを記している[13]。また、イエズス会は旧約聖書の話など伝統的な素材を用いた劇に加え、修道会の設立や海外布教と関係した出来事をドラマ化し、感動的に伝えることで、積極的に新しい歴史・記憶の形成を図っていた。たとえば新たに聖人となったイグナティウス・ロヨラやフランシスコ・ザビエル、日本人殉教者やキリシタン大名などを感動的に描写した作品の上演がこれにあたる[14]。これらの劇の上演がしばしばイエズス会士の列福・列聖や教会の落成式といった典礼と時間的・内容的に関連づけられていたところも見逃せない[15]。

イエズス会劇にはプロテスタントに対する批判を込めた作品も多く含まれていた。対プロテスタント批判には、ルターやカルヴァンを批判的に描写した劇だけでなく、日本人を描写した劇も貢献した。というのも、一六世紀末の日本におけるイエズス会の成功は、天正遣欧使節に関わったイエズス会士がローマ教皇の前で語った言葉からも読み取られるように――ここではイギリスと日本が対比された――、カトリック教会が失ったものを埋め合わせるものとして歓迎されたからである[16]。キリシタンはカトリック教会が新たに獲得した信者であり、教会の正統性を裏づける存在であり、プロテスタントにはないものの象徴であった。そのためプロテスタントのネガティブな描写を通した直接的な批判のみならず、異教徒の中で殉教したキリシタンを大々的に描写した劇は、カトリックの正統性の主張を通した間接的なプロテスタント批判になり得たのである。異教徒に対する戦いは異宗派に対する戦いを連想させもした。ただし、対抗宗教改革の手段としてイエズス会劇がどの程度体系化・制度化されていたのかについては研究者の間で見解の相違がみられ、地域的な温度差も確認されている[17]。明白なのは、この劇が文字よりも多くの人々に訴えかけられる媒体であったという点、明らかに対プロテスタント批判を目的とした場面も数多くみられるという点である。[18]

2　近世ドイツ語圏の説教と日本人描写

すでに先行研究で言われていることであるが、日本関係のイエズス会劇は一七世紀の間は海外のアクチュアルな出来事を伝える役割も担っていた。一六世紀末から一七世紀にかけてのキリシタンの殉教は、一七世紀後半まではニュースとして劇の形でもヨーロッパに伝えられていたのである。[19] 他方、一八世紀の日本関係の劇は一七世紀よりも殉教を大々的に表現しなくなり、海外布教に携わる司祭の育成を意識して上演された。これは一七二〇年代からドイツ語圏の司祭がラテン・アメリカ方面などへ積極的に派遣されるようになったためと考えられる。[20] 本章では日本関係の劇と対抗宗教改革との関係を考えるにあたり、ドイツ語圏で多く上演された有馬関係の劇、とくに有馬晴信を描写した劇に注目したい。晴信を描写した劇が観客に伝え得た教訓をより明確に把握するために、この節では晴信に言及した説教を一つ取りあげて分析し、次節でその分析結果を晴信の劇と比較していく。

(1)　有馬晴信に関する説教と日本に関する歴史書

晴信に関する説教は、帝国都市アウクスブルクで一七四九年に出版された、ドイツ語の説教集の中に収められている。[21] この説教集はカトリックの四旬節、つまりイースターの前に信者が節制に努める時期の祝日に実際に行われた説教を集め、この時節の説教例として出版されたものである。所収された説教を実際に行ったのは、アウクスブルク近郊の聖アウグスチノ修道会のロッテンブーフ修道院に属し、聖堂参事会員として重要な役割を果たしたマル

チェッリーノ・プファルツァーである。(22)

プファルツァーは説教集を六部に分けて刊行し、第五部の聖枝祭の説教例として、『悔い改める有馬の王プロタジオの首は落とされた』というタイトルの説教を取りあげている。(23) この説教はイエズス会によって日本からヨーロッパへと伝えられ、ドラマ化されてもいた晴信に関する逸話が、ドイツ語圏の聖アウグスチノ修道会にも教訓的なものとして受け容れられ、四旬節の主要な祝日の説教に用いられたことを示しており、大変興味深い。一六三七年に殉教した金鍔《きんつば》次兵衛《じひょうえ》は聖アウグスチノ修道会の修道士であったため、ドイツ語圏の同修道会も日本の動向に関心をもっていたのであろう。(24) 晴信の話が四旬節の説教に採用された理由は、改心を重視するこの時期の教会の説教にこの話が内容的に適しているとみなされたことに加え、晴信がこの時期に巡察師アレッサンドロ・ヴァリニャーノによって洗礼を授けられ、カトリックに改宗したためと考えられる。また、説教は晴信が天正遣欧使節に関与していたことに触れているため、この使節がローマを訪れ、教皇グレゴリウス一三世に謁見した時期が四旬節であったことも影響した可能性が高い。(25) プファルツァーはこの説教を構想する際に、フランス出身のイエズス会士ジャン・クラッセによって執筆された日本に関する歴史書を用いている。この本は一六八九年にフランス語で初版が刊行された後、一七一五年に第二版が出版され、さらにドイツ語版が一七三八年にアウクスブルクで出版された。(26) この著書はドイツ語圏南部で上演されたイエズス会劇の脚本作成の際にも使用されている。たとえば一七四〇年にノイブルクで上演された劇、一七五八年にコンスタンツで上演された劇、一七六八年にインゴルシュタットで上演された劇がこの著書に拠って書かれている。(27) プファルツァーの説教の文言をクラッセのドイツ語版と比較すると、日本に関する部分の半分以上がこの著書から一言一句そのまま引用されていることがわかる。(28) 次項では、プファルツァーの説教の内容を具体的にみていきたい。

（2）有馬晴信に関する説教に見られる教訓

説教のタイトルからも読み取られるように、プファルツァーの説教の一番の目的はイースターを前に信者に内省と改心を勧めることであった。そのため説教の最後の部分では新約聖書の『ルカによる福音書』の一五章一〇節（罪人がひとりでも悔い改めるなら神のお使いたちの前でよろこびがあるだろう）などが引用され、晴信に関する部分はこの聖書の文言を信者の心に留めるための効果的な例え話として挿入されている。[29]具体的には、最初は模範的なキリスト教徒であり、天正遣欧使節を通じてイエスが架けられた十字架の一部をローマ教皇によって贈られた王プロタジオが、パウロ・ダイファキ（岡本大八）の甘言に惑わされて傲慢になり、かつて有していた領土を再び手に入れようと画策し、その後騙されて皇帝（徳川家康）に斬首を申し渡されるが、最終的には自らの行いを悔いて改心し、切腹を拒否して斬首を願い立派な最期を遂げ、天を喜ばせたという逸話が、信者に改心の重要性を訴えるための例え話として取りあげられたのである。

プファルツァーは説教の他の部分でも聖書の文言を引用し、王プロタジオに関する話が様々な教訓になるように試みている。たとえば説教の始めの部分では、プロタジオがダイファキの言葉に乗せられて大金をつぎ込み、その後ダイファキの約束が嘘であったことが判明した経緯が説明され、これに対応する形で新約聖書の『テモテへの手紙一』の六章九節（金持ちになろうとする者は、誘惑、罠、無分別で有害な様々の欲望に陥ります。その欲望が、人を滅亡と破滅に陥れます）や六章一七節（この世で富んでいる人々に命じなさい。高慢にならず、不確かな富に望みを置くのではなく、わたしたちにすべてのものを豊かに与えて楽しませてくださる神に望みを置くように）などが引用されている。つまり欲がすべての悪の根源であることが教訓として語られた。[30]別の部分では、プロタジオが新しい領地の獲得を目論んで皇帝に取り入ろうとしたこと、息子ミヒャエルの妻である皇帝の孫（徳川家康の養女）と不和に陥り、ミヒャエルとその最初の妻であるマルタとの間に生まれた子供だけを愛したことが語られ、このような不和が今日でもあらゆる場所で起こっていることに注意が喚起されている。この部分では新約聖書の『ヤコブの手紙』四章一一節（兄弟たち、悪口を言い合ってはなりません）などが引用された。[31] これに続く部分では、プロタジオが皇帝に近しいものに大金を積むも逆に策略が明らかとなって皇帝の怒りをかい、領地を取り上げられたいきさつが語られている。そして旧約聖書の『詩編』八三章一七節（彼らの顔が侮りで覆われるなら彼らは主の御名を求めるようになるでしょう）と一一九章七一節（卑しめられたのはわたしのために良いことでした。わたしはあなたの掟を学ぶようになりました）などが引用され、改心の重要性が語られている。[32] また、一五九九年にアレッサンドロ・ヴァリニャーノによって洗礼を受けた妻のジュスタがプロタジオの改心に多大な貢献をしたことが強調されており、興味深い。[33] そして贖罪司祭が不在である中でプロタジオが聖画に向かって罪を告白し、周囲の者に許しを請い、隣人を許すという教えに従ったというエピソードが語られ、新約聖書の『ルカによる福音書』二三章三四節にあるイエスの言葉（父よ、彼らをお赦しください。自分が何をしているのか知らないのです）が引用されている。[34]

このように晴信の逸話は、ドイツ語圏では様々な教訓とともに説教の形でもカトリック教徒に広く伝えられていた。ところで、このプファルツァーの説教からはプロテスタントに対する対抗意識や批判といったものは読み取られない。では、これに対して同様に晴信の逸話を素材とし、一七～一八世紀のドイツ語圏で上演されたイエズス会劇はどのような教訓を伝え、プロテスタントに対してどのような立ち位置を取っていたのだろうか。これを次節で検証したい。

3　有馬晴信に関するイエズス会劇と対プロテスタント批判

日本関係の劇がドイツ語圏で継続的に広範囲で上演されはじめたのは、一六二〇年代後半のことである。したがって王プロタジオを主人公とした劇の多くは、対抗宗教改革の時期よりも後の時期に上演された。確認されている限りで最も早い晴信の劇は、スペインが影響力を及ぼしていた南ネーデルラントのイーペルで一六二五年に上演された劇である。(35)この劇の詳細については史料が不足しているため不明である。その後、一六二六年にドイツ語圏のアイヒシュテットで有馬のトマス平兵衛《へいびょうえ》とその子供たちに関する劇が上演され、これがドイツ語圏で最も早い時期に上演された有馬関係の劇となった。(36)一六三二年にはバイエルンの都市シュトラウビンクで晴信の息子の直純《なおずみ》を暴君ミヒャエル――棄教しキリシタンの迫害者となった者――として表現した劇が上演されている。この劇の真の主人公は殉教したレオ林田助右衛門《はやしだすけえもん》であった。(37)この後、一六四二年にレオーベンで晴信を扱った劇が上演され、これがドイツ語圏で初めて上演された晴信の劇とみなされている。(38)興味深いことに、この時期までの劇においては、晴信の名前はヨハネとなっている。それに対し、一六四七年にスイスのゾーロトゥルンで上演された劇以降は、彼はプロタジオあるいはプロタジウスと呼ばれていることが多い。(39)

一六四七年の後、プロタジオに関する劇は――タイトルから明確に彼を扱った劇と確認される限りであるが――、一六六〇年にインゴルシュタットで、(40)一六六二年にゾーロトゥルンで、(41)一六三三年と一六六七年にコンスタンツで、(42)一六八八年にケルンで、(43)一六九五年に再びコンスタンツで、一六九八年にアウクスブルクで、(44)一七一六年にルツェルンで、(45)一七二三年にミュンスターで、(46)一七三三年にアウクスブルクで、(47)一七三四年にインスブルックで上演されている。(48)このうち脚本が残されているのはコンスタンツとインスブルックの劇である。劇上演の際に配られたパンフレットは一六八八年のケルンの劇、一七一六年のルツェルンの劇、一七二三年のミュンスターの劇以外に関しては残されており、各地の図書館でデジタル版を入手することもできる。ちなみに一七三四年の劇のパンフレットは関西大学に勤めたデトレフ・シャウヴェッカーによって二〇〇二年と二〇〇三年に翻刻され、日本語の翻訳とともに公表されている。(49)

(1) 一七三三年のアウクスブルクの劇――対プロテスタント批判

晴信に関する劇の多くは、プロテスタントに対する批判を表明してはいない。ただし、一七三三年にアウクスブルクで上演された劇はこれを明確に表現しているため、ここではまずこの劇を分析しておきたい。アウクスブルクの劇は三幕構成で、一七三三年九月一日に女性の観客に対して上演され、その後、九月二日と九月四日に男性の観客に対して、聖サルヴァトール教会において上演された(50)。上演の際に配られたパンフレットによると、劇の大筋は前の節で取りあげたプファルツァーの説教と同様のものである。つまり、プロタジウスはカトリックへの改宗後、非常に模範的なカトリック教徒となり、グレゴリウス一三世に使節を送るなどしたが、息子のミヒャエルが妻のマルタを離縁し、皇帝の孫を娶ることに関与した。これを通してプロタジウスは失った領土が再び皇帝によって有馬家に与えられることを望み、ダイファチウス（岡本大八）の言葉に従うも、これに欺かれて皇帝によって死罪に処せられた、という方向で話が進んでいる(51)。

もっともこの劇は、要所要所でカトリック以外を信奉する者を悪者として表現し、これによって話を大きく脚色している。たとえばシャウヴェッカーが指摘しているように、プロローグの部分ではカルヴァン派の信者が日本の異教徒とともに有害な炎を起こす場面が描写されている。その後、カトリック教会を表す小舟が危険な嵐に襲われる場面が挿入されているが、この船はキリストの救済を得て――劇中では岩壁がキリストを意味している――難を逃れた(52)。この後の一幕一場ではミヒャエルとその妻マルタの離婚と、ダイフサマ（徳川家康）の孫とミヒャエルとの再婚が計画され、これをユリアヌス・ナカウラ（中浦ジュリアン）が止めようとする場面が挿入されている。次の一幕二場ではプロタジウスがオランダ人とイギリス人によってすでに離婚計画に丸め込まれていたことが暴露される。その後、一幕四場に再度オランダ人とイギリス人が登場している。この場面では、彼らとユリアヌスが話すのを聞いたプロタジウスが、オランダ人とイギリス人によって容易なものとされた離婚が実は非常に大変なものであることに初めて気がつく様子が描写された。この後、二幕でもオランダ人とイギリス人はプロタジウスの扇動者として表現されていたことが確認できる。[53]

以上のように、この劇ではプロテスタントに対する批判が幾度も明確に表現され、これによって晴信の話が脚色・ドラマ化されている。イギリス人やオランダ人といったプロテスタントが離婚計画に賛同している部分には、婚姻を秘跡とみなすか否かという問題のところでの、カトリックとプロテスタントの神学的な論争が関係している。したがって、最初の場面のカルヴァン派に対する描写よりも深い部分でプロテスタントに対する批判の意味が込められ、カトリックの結婚観の正統性が主張されていると言えよう。次に、この劇の比較対象として、同時期に上演された劇の中から、明確な対プロテスタント批判を含んでいないインスブルックの劇を取りあげ、分析しておきたい。

(2) 一七三四年のインスブルックの劇——カトリックの信仰強化

一七三四年にインスブルックで上演された晴信の劇は、有名な劇作家のアントン・クラウスによるものである。[54]この劇の重要な教訓の一つは間違いなく婚姻に関するものであった。というのも、シャウヴェッカーが指摘しているように、五幕から成るこの劇の幕間には三度の合唱が挿入され、この合唱は内容的に旧約聖書のダビデ（『サムエル記下』一二章など）を問題にしているからである。それぞれの合唱部分では、①ダビデが人妻を犯したために混乱が生じたこと、②息子の一人によってエルサレムを追われるダビデ、③行いを悔いて慰められるダビデ、が表現されている。[55]これは、①息子のミヒャエルをキリスト教徒の妻マルタから引き離し皇帝（徳川家康）の孫と結びつけたプロタジウス、②息子のミヒャエルに国を追われるプロタジウス、③悔い改めて死を受け容れるプロタジウス、の描写と対比させられている。このような、旧約聖書を引用した合唱部分と劇のストーリーとの連結は、当時のイエズス会劇にはよく見られた手法であった[56]。

劇の粗筋は次の通りである。ダイファクスを信頼した王プロタジウスは息子ミヒャエルからの手紙を信用してフシミの宮殿に向かおうとするが（一〜二幕）、故郷の有馬で反乱が起き、妻のユスタが息子のマテウスとフランツとともに彼のところに逃れてきた（三幕一〜二場）。反乱を起こしたのがミヒャエルだと言うユスタにプロタジウスは驚き、これに反発し、ミヒャエルをかばう（三幕三場）。そしてミヒャエルの元妻であるマルタの兄サカイウスの謀反を疑った（三幕三〜四場）。しかしそこに別の家臣が現れ、ミヒャエルと彼の新しい妻が皇帝の力を借りて有馬を征服したことが判明する（四幕三場）。プロタジウスは怒り、有馬に兵を率いて向かおうとするが（四幕四場）、周囲にいさめられて家族とともに逃亡計画を立てた（四幕八場）。そこに皇帝の使者が現れ、ダイファクスが皇帝の名をかたり、プロタジウスに領地を与える陰謀を働いていたこと、ダイファクスとともにプロタジウスも処罰されることになったことを伝える（五幕二場）。プロタジウスは復讐への思いを捨てきれずにいたが、妻のユスタにいさめられ（五幕六場）、敵を許して自らも神に許されようとし、死刑を受け容れる。同情したマルタの兄サカイウスは彼に棄教して皇帝に助命を願うことを進言するが（五幕九場）、プロタジウスはこれを受け容れず殉教者となることを決意し（五幕一二場）、切腹を拒んで斬首によって果てた（五幕一六〜一七場）。そして劇は、ピエタを連想させるようなユスタの嘆きの場面で終わる（五幕一七場[57]）。

この劇のラテン語の原作はアントン・クラウスによる他の三本の脚本とともに一七四一年にアウクスブルクで出版され、これにはアントン・クラウス自身による注釈が付けられた[58]。この本はその後、注釈も含めてドイツ語に翻訳され、一七七六年に再びアウクスブルクで出版されている。プロタジウスの劇に関するクラウスの注釈の内容は、①著者が様々な人物を史実に則って劇に採りあげたこと、②ミヒャエルを劇中で大々的に表現しなかったのは、父親に対する息子のひどい仕打ちが観客に嫌悪感を抱かせ、結果としてプロタジウスへの憐れみを観客に感じてもらえなくなることを避けるためであったこと――クラウスはアリストテレスの理論に倣い、この展開を避けたかった――、③ダイフサマの命により、戦闘もなしにプロタジウスが国を取りあげられるというヨーロッパの人々には理解しがたい場面もあるが、ヨーロッパと日本では国制が異なること、④流血を派手に表現した劇を素晴らしい悲劇とみなす人々とは一線を画し、最後の場面では流血の表現を避けたこと、という四点にまとめられる(59)。

先にも述べたように、この劇の重要な教訓の一つはカトリック的に正しいとされる婚姻の重要性である。この点においてインスブルックの劇は、対プロテスタントの要素を表現してはいないが、前年にアウクスブルクで上演された劇と同様の教訓を含んでいる。この他、インスブルックの劇では隣人愛の重要性がユスタによって説かれ、プロタジウスの改心に彼女が多大な貢献をしていることがわかる。これはプファルツァーの説教との共通性を示している。失った領土の奪回という欲が悪い展開の源となった部分については、アウクスブルクとインスブルックの劇のみならずプファルツァーの説教もこれを教訓としていた。

以上のことから、①晴信の話は各種の印刷物のみならず、それをもとに構想された説教やイエズス会劇を通してドイツ語圏のカトリックの人々に広く伝えられていたこと、②彼に関する説教と演劇は、対プロテスタントの要素を明確に表したり、カトリック的な婚姻のあり方や隣人愛の重要性、改心の重要性を教訓として伝えたりしていたことが明らかとなった。どの教訓に重点を置くべきか、対プロテスタントの要素をどの程度盛りこむべきかといった点は、ドイツ語圏の日本関係の劇や説教においてはそれが上演される、あるいは行われる場と日時、劇や説教を構想した人物の考え方に左右されていた可能性が高い。したがって日本関係のイエズス会劇は、対抗宗教改革や対プロテスタント批判を目的として体系化・制度化されていたとは言い難い。ただし第一節でも触れたように、日本のキリシタンの存在はそれ自体が新たなカトリック教会の成功および普遍性・正統性を証明するものとみなされていたため、異教徒の中で殉教した彼らの描写は間接的な対プロテスタント批判になり得た。一七三三年のアウクスブルクの劇にも見られるように、対抗宗教改革が集中的に進められた時期から一世紀近くが過ぎても、プロテスタントに対する批判的な描写はイエズス会劇から完全に消え去ることはなかった。異なる宗派に対する否定的な見解は、これが暴力的な対立へと発展した一六〇〇年前後とは温度差があるにせよ、一八世紀においても時々呼び起こされ、学院劇の形でも公然と主張されていたのである。

4　展　望——分野横断的なアプローチの模索

本章では、先行研究が日本関係のイエズス会劇と日本関係の書物などを比較しているのに対し、同じ逸話を扱ったイエズス会劇と説教とを比較することを試みた。劇と説教との比較は、日本関係のイエズス会劇が説教とは異なる性質を持つ一方で、単なる娯楽ではなく、説教とは違う形でカトリックの教訓を演じ手および観客に伝えるために重要な役割を果たしていたことを示している。冒頭にあげたアスマンの理論にならい、演劇が情動と深く結びついていたことに注意を向けると、キリシタンの歴史・記憶の記念碑化という面では、説教や書物よりも演劇の方が同時代の平信徒に対して大きな役割を果たしていた可能性が高い。むろん殉教した日本人のイエズス会士を表現した絵画や造形芸術も歴史の記念碑化に貢献していたと考えられるが、この種の描写は教会内部に留まっていたため、空間的に限界を伴っていたと考えられる。もっとも演劇にも限界がなかったわけではない。演劇は情動と強く結びついていた一方で瞬間芸術であったため、例外的に印刷された一部の脚本を除くと、絵画や書物のように後世に長く伝えられるものではなかった。このことは、一七七三年のイエズス会の解散とともにイエズス会劇がほぼすべての学院で上演されなくなり、その結果、イエズス会が積極的に劇の形で伝えていた日本のキリシタンの歴史が、その後ドイツ語圏の平信徒の間で急速かつ完全に忘れ去られてしまった理由を示している。この忘却とともに日本関係のイエズス会劇と対抗宗教改革との関係も、二〇世紀に再びドイツ語圏の研究者によって扱われ始めるまで、ヨーロッパの大部分の人々に忘れ去られていた。つまり、イエズス会のラテン語学院劇というメディアの消滅と再発見も、対抗宗教改革に関する歴史叙述に影響を与えてきたということである。

歴史学研究は長い間、近世の間に新たに登場して発展し、現代まで影響を及ぼしているメディアや慣習との関係で宗教改革あるいは対抗宗教改革について語ってきた側面がある。これらの先行研究は大きな成果をあげたが、近世の間に、あるいは近代以降に消滅したメディアや慣習に対しても同様に注意が払われる必要があるだろう。発展・進歩にのみに注目してきたいわゆる近代化論の影響を完全に払拭するためにも、この方面へ力点をシフトさせることが今以上に必要とされている。冒頭にあげたブルシェルの著書のような、歴史人類学的なアプローチを用いた研究、魔女や悪魔を対象とした研究が脚光を浴びてきているのもこの必要性を出発点としている部分がある。この種の新しい研究は言うまでもなく分野横断的なアプローチを模索している。したがって今以上に、一九世紀から二〇世紀にかけて作られた専門領域や学科の区分を超えて、あるいはこれらの境界線を引き直して新たな枠組みの中で考察を深めることが、宗教改革・対抗宗教改革に関する研究にも求められていると言えよう。この作業は、今でも忘れられたままになっている両改革の側面が新たに呼び起こされるきっかけを今後も与えてくれるに違いない。

注

（1）Vgl. Dieter J. Weiss, *Katholische Reform und Gegenreforamtion : Ein Überblick*, Darmstadt : Wissenschaftliche Buchgesellschaft, 2005, 11-17. ランケの影響については以下も参照。踊共二「日本の宗教改革史研究」『史苑』第七六巻第一号、二〇一五年、一五六頁。

（2）Ebd.

（3）Peter Burschel, *Sterben und Unsterblichkeit : Zur Kultur des Martyriums in der frühen Neuzeit*, Berlin : Ordenbourg, 2004.

（4）Gert Dressel, *Historische Anthropologie : Eine Einführung*, Wien : Böhlau, 1996, 115–118.

（5）アリストテレース、ホラーティウス／松本仁助・岡道男訳『アリストテレース詩学／ホラーティウス詩論』岩波書店、一九九七年。

（6）Vgl. Markus Friedrich, "Das Buch als Theater. Überlegungen zu Signifikanz und Dimensionen der Theatrum-Metapher als frühneuzeitlichem Buchtitel", in : Theo Stammen/Wolfgang Weber（Hrsg.）, *Wissenssicherung, Wissensordnung und Wissensverarbeitung*, Berlin : De Gruyter, 2004, 205–232.

（7）Andreas Keller, *Frühe Neuzeit : Das rhetorische Zeitalter*, Berlin : Akademischer Verlag, 2008, 9–12.

（8）拙稿「近世ドイツ語圏南部の「宗派化」と日本のキリシタン――演劇に見られる宗派的規範の継承と「他者」の表現（小特集　宗派化とキリシタン禁制――日欧交流と宗教的秩序の形成）」『歴史学研究』第九四一号、二〇一六年、三三頁。

（9）Vgl. SFB 496 : Symbolische Kommunikation und gesellschaftliche Wertesysteme, Teilprojekt B3 : Theatralische und soziale Kommunikation. Funktionen des städtischen und höfischen Spiels in Spätmittelalter und früher Neuzeit（http : //www.uni-muenster.de/SFB496/projekte/b3.html）

（10）踊共二「宗派化論――ヨーロッパ近世史のキーコンセプト」『武蔵大学人文学会雑誌』第四二巻第三・四号、二〇一一年、二七〇～二二一頁。Vgl. Thomas Brockmann/Dieter Weiß（Hrsg.）, *Das Konfessionalisierungsparadigma. Leistungen, Probleme, Grenzen*, Münster : Aschendorff, 2013.

（11）アライダ・アスマン／磯崎康太郎訳『記憶のなかの歴史――個人的経験から公的演出へ』松籟社、二〇一一年、二六九～二七七頁。

（12）アライダ・アスマン／安川晴基訳『想起の空間――文化的記憶の形態と変遷』水声社、二〇〇七年、一〇〇～一〇一頁。

（13）Vgl. Franz Lang, *Dissertatio de actione scenica/Abhandlung über die Schauspielkunst, München 1727*, hg. und übersetzt von Alexander Rudin, Bern/ München : Francke, 1975.

（14）Vgl. Jean-Marie Valentin, *Le théâtre des Jésuites dans les pays de langue allemande ; répertoire chronologique des pièces représentées et des documents conservés* (*1555–1773*), 2. Bde., Stuttgart: Hiersemann, 1983/84. 本章ではヴァレンティンの文献に掲載されたイエズス会劇の上演データを引用する際、文献の頁数ではなくデータ番号を注にあげる。

(15) トーマス・イムモース／尾崎賢治編訳『変わらざる民族――演劇・東と西』南窓社、一九七二年、五五～五六頁。

(16) デトレフ・シャウヴェッカー「バロック時代におけるキリシタン大名有馬晴信についてのイエズス会による演劇 Ein barockes Jesuitenspiel ueber den 'Christenfuersten' Protasius von Aryma (Folge III) Arima Harunobu 有馬晴信（1561?–1612)」『関西大学外国語教育研究』第六巻、二〇〇三年、五八頁。

(17) Vgl. Jean-Marie Valentin, "Gegenreformation und Literatur: Das Jesuitendrama im Dienste der religiösen und moralischen Erziehung", in: *Historisches Jahrbuch 100* (*1980*), 240–256; Fidel Rädle, "Das Jesuitentheater in der Pflicht der Gegenreformation", in: Jean-Marie Valentin (Hrsg.), *Gegenreformation und Literatur. Beiträge zur interdisziplinären Erforschung der katholischen Reformbewegung*, Amsterdam 1979, 167–199; Detlev Metz, *Das protestantische Drama: evangelisches geistliches Theater in der Reformationszeit und im konfessionellen Zeitalter*, Köln/Weimar: Böhlau, 2013.

(18) 道具化のところでは劇に挿入された合唱の役割も見逃せない。Vgl. Volker Jannig, *Der Chor im neulateinischen Drama. Formen und Funktionen*, Münster: Rhema, 2005, 205–241.

(19) 注16と注55のシャウヴェッカーの論文（Folge III と Folge VI）を参照。

(20) Vgl. Valentin, Le théâtre des Jésuites; Christoph Nebgen, "...dahin zillet mein verlangen und begierd.' Epistolae Indipetarum der Deutschen Assistenz der Gesellschaft Jesu als Quellengattung", in: Johannes Meier (Hrsg.), *Sendung—Eroberung—Begegnung: Franz Xaver, die Gesellschaft Jesu und die katholische Weltkirche im Zeitalter des Barocks*, Wiesbaden: Harrassowitz, 2005, 78.

(21) Zentralbibliothek Zürich, Marcellin Pfalzer: Herrliche zur Tugend und Buss anreitzende Beyspihl, das ist kurtze, und lehrreiche Exempel-Predigen auf alle Sonn- und Feyertäg der heil. Fasten, Augspurg 1749.

(22) Vgl. Pfalzer, Marcellin, Indexeintrag in: *Deutsche Biographie*, https://www.deutsche-biographie.de/gnd12063337X.html [11. 09. 2016]. 注21にあげた説教集の序文も参照。

(23) Ebd., 731–740. プロタジオは有馬晴信の洗礼名である。なお、本章における聖書からの引用部分は日本聖書協会の最新の新共同訳に従っている。

(24) 金鍔次兵衛とその列福についてはカトリック中央協議会のウェブサイトを参照（http://www.cbcj.catholic.jp/jpn/feature/kibe_187/densetsu.htm）。

(25) ZB, Pfalzer : Herrliche zur Tugend, 733.

(26) Österreichische Nationalbibliothek, Jean Crasset : Außführliche Geschicht Der In dem äussersten Welt-Theil Gelegenen Japonesischen Kirch [...]（Tom. II）, Augsburg 1738. とくに一七九頁以降（第一四章）を参照。

(27) Bayerische Staatsbibliothek, Clemens Japon Tragoedia [...], Neuburg 1740（Perioche）; Universitäts Bibliothek Freiburg, Franciscus Rex Bungi Tragoedia [...], Konstanz 1758（Perioche）; Bayerische Staatsbibliothek, Titvs Iapon Tragoedia [...], Ingolstadt 1768（Perioche）.

(28) 具体的には説教の七三五〜七四〇頁の日本関係の部分がクラッセのドイツ語版第二巻の一七九〜一八一頁とほぼ完全に一致している。

(29) ZB, Pfalzer, Herrliche zur Tugend, 745.

(30) ZB, Pfalzer, Herrliche zur Tugend, 743-737.

(31) ZB, Pfalzer, Herrliche zur Tugend, 737-739.

(32) ZB, Pfalzer, Herrliche zur Tugend, 739-741.

(33) ZB, Pfalzer, Herrliche zur Tugend, 741.

(34) ZB, Pfalzer, Herrliche zur Tugend, 741-744.

(35) Gotan Proot/Johan Verberckmoes, "Japonica in the Jesuit drama of the Southern Netherlands", in : *Bulletin of Portuguese/Japanese Studies* 5, December 2002, 35.

(36) Valentin, Le théâtre des Jésuites, No. 960.

(37) Valentin, Le théâtre des Jésuites, No. 1111.

(38) Valentin, Le théâtre des Jésuites, No. 1319.

(39) イムモース、前掲書、五三頁。

(40) Valentin, Le théâtre des Jésuites, No. 1915.
(41) Valentin, Le théâtre des Jésuites, No. 2000.
(42) Valentin, Le théâtre des Jésuites, No. 2010 and 2131.
(43) Valentin, Le théâtre des Jésuites, No. 2882.
(44) Österreichische Nationalbibliothek, Respondent ultima primis sive Protasius, Arimae regulus Dei [...], Augspurg: Utzschneiderinn, 1698（Perioche）.
(45) Valentin, Le théâtre des Jésuites, No. 4058.
(46) Sieglind Stork, *Das Theater der Jesuiten in Münster（1588–1773）: Mit Editionen des 'Petrus Telonarius' von 1604 und der 'Coena magna' von 1632*, Münster: Aschaffendorff, 221.
(47) Valentin, Le théâtre des Jésuites, No. 4895.
(48) Valentin, Le théätre des Jésuites, No. 4976.
(49) デトレフ・シャウヴェッカー／西村千恵子訳「Ein barockes Jesuitenspiel uber den "Christenfursten" Protasius von Aryma. Arima Harunobu 有馬晴信（1561?–1612）（Folge 1）」関西大学『独逸文学』第四六号、二〇〇二年、一一三〜一五七頁、同「Ein barockes Jesuitenspiel uber den "Christenfursten" Protasius von Aryma. Arima Harunobu 有馬晴信（1561?–1612）（Folge 2）」関西大学『独逸文学』第四七号、二〇〇三年、三四一〜四〇八頁。
(50) Bayerische Staatsbibliohek, Protasius Rex Arimae paternae indulgentiae victima. Tragoedia [...], Augsburg 1733（Perioche）.
(51) Ebd.
(52) シャウヴェッカー（Folge III）、六一頁。
(53) BSB, Protasius Rex Arimae, Augsburg 1733（Perioche）.
(54) Vgl. Simon Wirthensohn, *Anton Claus SJ Publius Cornelius Scipio sui victor（1741）*, Freiburg i. B: Rombach Druck- und Verlagshaus, 2015.
(55) デトレフ・シャウヴェッカー「バロック時代におけるキリシタン大名有馬晴信についてのイエズス会による演劇 Ein

barockes Jesuitenspiel ueber den 'Christenfuersten' Protasius von Aryma（Folge IV）Arima Harunobu 有馬晴信（1561?–1612）」『関西大学外国語教育研究』第七号、二〇〇四年、四〇頁。

(56) 注18を参照。

(57) Österreichische Nationalbibliothek, Trauerspiele, nebst seiner kritischen Anmerkungen über diesen ; aus dem Latein übers., Augsburg 1776, 223–302.

(58) Bayerische Staatsbibliothek, Anton Claus : Tragoediae Ludis Autumnalibus Datae, Augustae Vindelicorum 1741.

(59) ÖNB, Tauerspiele, 332–334. Schauwecker, II, 407f.

第9章　魔女迫害と「神罰」
——プロテスタントとカトリック——

小林繁子

1　魔女裁判と神罰

魔女迫害は一六・一七世紀のヨーロッパで最盛期を迎え、ヨーロッパ全体で四万人以上の老若男女が犠牲となったとされるが、犠牲者の半数は神聖ローマ帝国内で処刑されたという。神聖ローマ帝国において激しい魔女狩りを経験したのは中小規模の司教領邦が多く、ファルツやザクセン、バイエルンなど有力領邦では宗派を問わず迫害は抑制傾向にあった。他方でスイスの新教地域やメクレンブルクなど、迫害が集中したプロテスタント地域も存在する。このことから、魔女迫害の濃淡はカトリックかプロテスタントかという宗派に付随する問題なのではなく、近世を通じて進行する支配の濃密化と相関性があると思われる(1)。本章では、魔女迫害と宗教改革思想、また近世国家形成とのかかわりを「神罰」というキーワードから再検討してみたい。

共同体や個人に生じた病や死、不作などの不運はしばしば魔女迫害のきっかけとなったが、「神罰」はそれとは別の説明枠組みを提供する。「個人の宗教的過ちに対して様々な災害という形で共同体全体に神罰が下る」という神罰観念は聖書にもたびたび表れており、キリスト教社会に深く根をおろしている。このモチーフがとりわけ存在感を増してくるのは宗教改革期以降と言えよう。キース・トマスがイングランドの事例から説くように、不幸を人間の逸脱に対する神罰、あるいは信仰を試すための試練とする発想の転換は宗教改革を契機としていた。しかしそれが一般信徒に受け入れられるようになるまでは長い時間を要したのである。(2) 内面的なキリスト教化が進められていく中、不幸を神罰とする説明モデルと、魔女による害悪魔術が不幸をもたらすという説明モデルとは、どのような関係にあったのだろうか。

また犯罪史やポリツァイ研究においては、「悪や逸脱を正しく裁き罰しなければ共同体全体に神罰が下る」という論理から、中世後期以降、神罰が統治の正当化に重要な役割を果たしたことが注目されている。石坂尚武は、ペストによる大量死という経験を経た一五世紀フィレンツェの人々が「峻厳な神」の罰に畏怖し、為政者も神の怒りを避けるため、魔女を罰することも含めた様々な施策に取り組んだと見る。(3) 一六・一七世紀ドイツ語圏の都市条令や刑罰政策においても、公益のみならず「神の栄誉」や神罰への畏れがその根拠として中心的な位置を占めるという。(4) この神罰と統治の論理の中で、魔女はいかなる地位を与えられたのか。

以上のような観点から宗教改革と魔女迫害、そして世俗的統治の問題を結ぶ結節点として神罰を再考することは、宗教と世俗的支配が一体的に進展する宗派化の時代を分析する上で有意義と思われる。そこで本章では神学者の議論とポリツァイ法令を検討したうえで、それら学識者や為政者の神罰の論理が一般信徒にどのように受け入れられていたのか、魔女裁判の事例から分析する。ここで対象とするのは、魔女迫害が厳しく抑制されたプロテスタントのファルツ選帝侯領、およびファルツ選帝侯領と隣接するカトリックのマインツ選帝侯領である。マインツ選帝侯領はファルツとは対照的に、魔女裁判の激甚地域に数えられる。

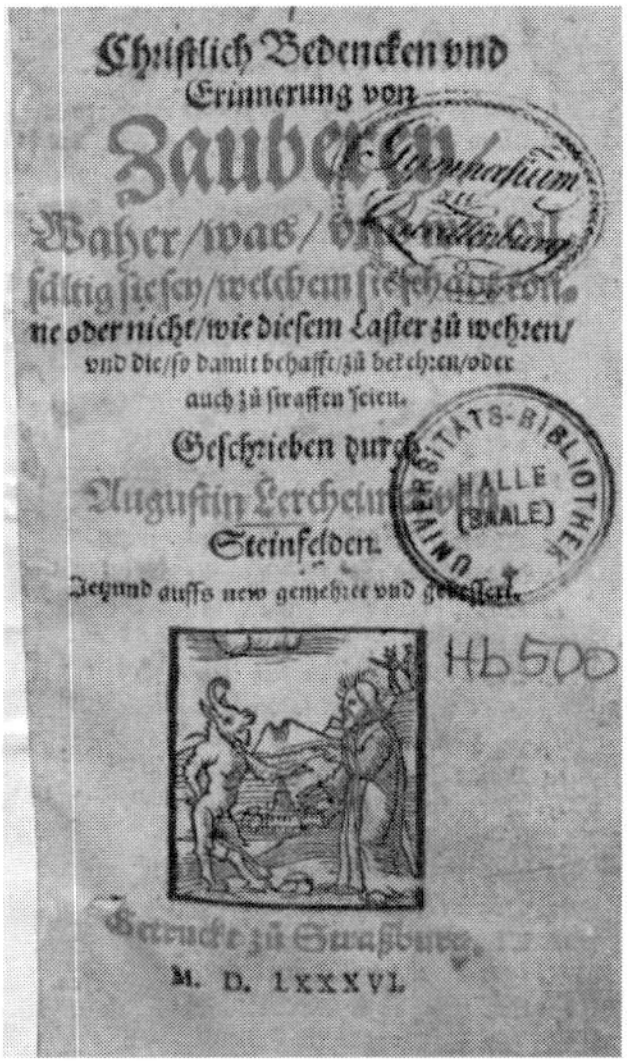

図9－1　ヴィテキント『妖術に関するキリスト教的考察と意見』（1585年）

2　学識者の神罰観

西南ドイツの魔女迫害を調査したミデルフォートによれば、一六世紀の同地域には不幸に対する二つの解釈潮流が存在していたという。不幸は神の意志によるものであり、魔女は実質的には何もすることができないという解釈と、魔女が様々な害悪をもたらすゆえにこれを処罰すべきとする解釈である。(5)

まず前者を代表する著作の一つ、カルヴァン派の数学者でありハイデルベルク大学教授を長年務めたヘルマン・ヴィテキント（一五二二～一六〇三年）による『妖術に関するキリスト教的考察と意見』（一五八五年）(6)を取り上げたい。この著作は魔女の飛行や悪魔との契約などを幻覚・幻想であるとしたヨーハン・ヴァイヤーへの擁護(7)として最初期のものであり、初版発行後、一六五四年までに計七版が出版された（図9－1）。平易なドイツ語で書かれた本書は同時代に広く普及した論集にも収録され、プロテスタント側の初期の魔女迫害反駁書として最も成功を収めたものの一つである。

ヴィテキントはカルヴァン派にふさわしく、神の意志を最上位に置く神中心の立場をとる。悪魔、ましてや人間である魔女に天候を左右する力などなく、悪魔が何らかの作用を及ぼすとしても、それはあくまでも神がそれを許しているからにすぎない。「〔様々な災いは〕神の隠された、しかし正しい意志から許されたものであり、火災、疫病その他の病気などあれやこれやの形で、罪深さゆえに人々を苦しめ、罰するために、悪魔が処刑人のごとく用いられるのである」[8]。「妖術使いたちはわれわれの生命財産になんらの害も及ぼすことはできない。われわれにこのような形で不幸や災いが与えられるならば、それはわれわれの敵である悪魔が、神の配剤とわれわれを罰する許しを得て、われわれにそれを行うのである。それはわれわれの罪ゆえ、あるいはわれわれの信仰の堅固さと確信、神に対する信頼を試し、試練にかけるためなのである」[9]。このように、魔女自体に何らの力も認めず、悪魔の力をあくまで神の付属物とする彼の議論は、プロテスタント神学においてはごく順当なものであった。

しかしながら、魔女に実際的な力を認めないことと魔女を無罪とすることは同じではなかった。内面的罪を重視するならば、魔女は背神という邪悪な意志ゆえに罰せられるべきだったのである。実際ハイデルベルク大学神学部ではそのような立場をとる者は少なくなかった[10]。魔女の宗教的な罪、つまり背神の罪にも死刑を科すべきではないというヴィテキントの論[11]は、プロテスタント的な神重視の立場の中でもかなりラディカルな部類に属するだろう。

魔女が物理的にはまったく害を及ぼしえず、かつ神に対する内面的離反も死をもって償わせるべきではないとするヴィテキントの立場を一方の極とすれば、もう一方の極にはほぼ同時期に魔女迫害推進の論文を公にしたカトリックのトリーア補佐司教ペーター・ビンスフェルト（一五四五頃～九八年）が挙げられるであろう。ビンスフェルトはトリエント公会議の改革決定を受けて熱心に活動したが、魔女迫害を奨励する著作『魔女と妖術使いの告白について』（一五八九年）[12]もそのトリエント的対抗宗教改革の一環に位置づけられよう。この著作はトリーア、ケルン、ミュンヘンで初版を含め計八版が出版された。

ビンスフェルトは自著において、悪魔や魔女は実際に天候に影響を与えることができるが、それらは究極的には神の許可のもとにあるという認識を示す[13]。災厄の根源に神の意志を認める点では、神中心的解釈と出発点を共有しているのである。しかし、天候不順による作物被害、人間や家畜の病気は典型的な魔女の仕業と見なした上で、悪魔と結びつくことで被害を与えようという魔女の邪悪な意思を重視する。「彼ら〔魔女〕は、残酷なことに、あらゆる正義と公正、分別と良心、全能の善なる神、その高貴なる母、あらゆる敬愛すべき聖人たちを否定し、神と悪魔を混同し、聖なる秘跡に辱めを加える。そして大地からの収穫や穀物を腐敗させ、人間や家畜を損なうことを、〔悪魔との〕契約によって同意するのである」[14]。悪魔に従うことを選ぶのは結局のところ人間の自由意思であるゆえに、魔女は罰せられなければならない。

では魔女を罰するのは誰なのか。ビンスフェルトは、魔女を罰する当局の責任を過激なまでに追及する。たとえば妖術が行われる原因を述べる個所では、誘惑される人間の無知や軽信、貪欲などと並び、当局の怠慢が挙げられ、その無為が攻撃されている。「当局は悪を罰し善を讃えるための剣を担っているが、結局当局が注意を払わないならば、彼らはその剣を無駄にしているのである。そして、恐ろしい神の怒りを自身に招く。〔中略〕この悪業を罰することへのそのような不熱心さや不注意から、どれほどひどく神はお怒りになるだろうか」[15]。魔女の活動というよりは、魔女を罰しない当局の不熱心・不注意が神の怒りを招くとされているのである。カルヴァン派のヴィテキントにおいては、神の怒りの原因はこうも明瞭には言及されない。善人にも信仰を試すという形で試練が課されることもあるからである。しかしビンスフェルトにおいては、神の怒りや神罰はしばしば無為の当局が原因であると断言されているのである。

このように、神罰の論理は当局よりも高位の権威である神意を前提とするゆえに、神意に適わない当局に対する反乱の可能性をも内包しているといえよう。これに対して、為政者側は神罰の論理をどのように捉えていたのだろうか。

3　法令の論理——神罰と魔女訴追

（1）ポリツァイと神罰

神罰の論理が世俗の法令に現れるのは宗派化の時代よりもやや早く、中世後期からである。初期の例としては一四九五年のヴォルムスの帝国決定が挙げられよう。これは生活習慣や宗教的態度といった臣民の内面的規律をも対象とするいわゆる「ポリツァイ条令」であるが、なかでも瀆神の罪について述べた後、次のような一文が続く。「加えて、上記の行い〔瀆神〕を聞き、それを再び〔当局に〕話さず、罰せず、それについて沈黙する者、また当局にそれを通告しない者は、また前述のように犯人を知りながらそれを罰せずにおく裁判官は、神の審判と劫罰を自身に招き、帝国の不興を買い、刑罰が下されるであろう。〔中略〕われらが創造主である神は、上述のようにひどく名誉を傷つけられれば、人間の魂へのご慈悲を永久に奪われ、お与えにならないであろう。そのような罪ゆえに、飢饉、地震、疫病やその他の災いが地に訪れ、下されるであろう[16]」。神の怒りは悪や逸脱を当局に告げることなく放置、容認する態度に向けられ、通告を怠った個人ではなく共同体全体に様々な災いという形で神罰が下るとされている。一六・一七世紀には、このレトリックは臣民への道徳教育的な意味合いからさらに頻繁に見られるようになる。

上記のような神罰とポリツァイとの関わりを論じた先駆的研究としては、H・シュナーベル゠シューレの仕事を挙げることができるだろう。ヴュルテンベルク公領における一七世紀の刑事裁判を分析した彼女は、「罰する神」というトポスはあらゆる刑事法規則の原動力であり、同時に臣民たちにおいて規範を内面化せしめるための道具であったと総括する。すなわち、逸脱を正しく罰しなければ神の怒りを惹起するということから、当局による制裁が必要とされ、かつ正当化された。また逸脱者のみならず、逸脱を黙認した共同体全体に神罰が下ることへの恐れから、水平的な監視と当局への違反行為の通告が促進されるというのである[17]。

それでは、「神の怒り」を免れるために為政者が必要とした取り締まりの中に、刑事裁判としての魔女裁判を含めて考えることは妥当なのであろうか。G・シュヴェアホフは魔女犯罪を罰することは長期的に見て君主権力の強化をもたらすよりは、むしろ共同体の基盤を揺るがせ、社会的な亀裂を深めるという負の効果をもつことから、上述のような政治的機能を魔女裁判に当てはめることに懐疑的である[18]。神の怒りを避けるために魔女に対する密告を奨励すれば、むしろ共同体に相互不信と混乱を招く。だとすれば、為政者はこの矛盾に対しどのような態度をとったのか。以下、本章の対象地域であるプロテスタントのファルツ選帝侯領とカトリックのマインツ選帝侯領の法令を検討してみよう。

（2）魔女裁判法令における神罰

①ファルツ選帝侯領ポリツァイ条令（一五六二年）

ヨーロッパで最初の大規模迫害が起こった一五六〇年代、ファルツ選帝侯領では浩瀚なポリツァイ条令が発せられ、瀆神や占い、迷信、飲酒などに対する戒め、またこれらに対する通告義務などが定められた。この法令の前文は、聖俗の法が軽んじられ悪徳や無秩序が広がり、また役人もそれを適切に罰することをおろそかにしているならば、そのことが神の怒りと罰を引き起こすであろうと警告する[19]。ここでは罰する側の責任も問われており、神罰で脅しながら在地役人の規律化が目指されていたことが分かる。また神罰は集合的に下されるゆえに共同体全体がそれを避けるべく努めなければならないというモデルが示される。「すべてのキリスト教徒は、いかなる善人にももたらされうるものとして、神の怒りと罰に対する恐れを心に留めておくべきである[20]」。暴飲暴食といったキリスト教徒らしからぬ振る舞いも「あらゆる収穫物の不作やその他様々な形でわれわれに下される大きな災いという神の怒りと罰」を引き起こすのだという。[21]

当該ポリツァイ条令には妖術に関する項目もあるが、人畜に被害を与える刑事犯的要素への言及は見られない。ファルツ選帝侯領において妖術が問題となるのは、もっぱら占いや非キリスト教的まじないとの関連においてであった。[22]「妖術、悪魔に対する誓言、占いや祝福を行う者はこの領邦で看過することはできない。これらはこの神に背く行為を止めようとしない限り、ラント追放を科し、場合によっては死刑や身体刑に処す」[23]。「場合によっては」というこの一文は再犯やとりわけ重大な場合を指すと考えられるが、具体的指示はない。また占いを用いて何らかの不幸の犯人探しをする慣習も戒められている。「罪なき人々を悪意をもって中傷し、有害な疑いをもたらすような悪魔的な占いは、〔証拠として〕これを法的に何ら認めないだけでなく、恥知らずの虚言であると見なされる。〔中略〕領邦の内外のそのような占い師、妖術使いや祈祷師の元に駆け付けていた臣民たちは、今後はそのようなものからすっかり身を遠ざけるべきである」[24]。占いによって猜疑が生まれ、隣人に対する魔女告発へと至る例は数多い。これを証拠として認めず、悪魔的なものとして退ける態度は魔女裁判の抑制につながったと考えられよう。他方、刑事犯罪としての魔女は一五八二年の刑事裁判令に現れる。

②ファルツ選帝侯領刑事裁判令（一五八二年）

「ファルツ選帝侯領ラント法典」の第五部・刑事裁判令[25]は、領邦独自の刑法・手続き法を定めている（図9－2）。この法令の前文においても、神罰は重要なモチーフとして表れている。前文の冒頭では、被疑者の調査や刑罰の執行に至るまでの刑事裁判手続き全般において乱用や不正が行われているとする。そのうえで、次のような文章が続く。「余は神に命じられ任された務め、選帝侯・領邦君主としてのお上の務めを想起し、平等なる法をもって、余

図9-2　ファルツ選帝侯領刑事裁判令（1582年）

の恭順にして愛すべき忠実なる臣民たちをあらゆる不当な暴力から守り、保護することのみならず、とりわけ我らが領邦を犯罪者や有害な人間たちから清く保つことに責任があるということを肝に銘じている。そうすることによって、あらゆる不当に流される血や罪を、余の領邦や臣民から出来得る限り防ぐことができるように、また戦争や飢饉、疫病という形で人間やラントに対する罰という正義をもたらすほどに、全能者を怒らせないように……[26]」。

ここで「不当な暴力」と「犯罪者や有害な人間」は別個に言及されている。後者を犯罪行為による被害とすれば、「不当な暴力」とは、冒頭で触れられた冤罪や不当な裁判手続きにおける被害を指していると考えてよいであろう。適正な裁判を行い、臣民の安全と司法の規律を保持するという両方を満たすことで、戦争や飢饉、疫病などの神罰が回避できるのである。君主にとって、神罰は裁判権者としての義務を適切に果たす動機となっていたと言えよう。

魔女や妖術の犯罪については同法令第九条に次のように定められている。「悪魔と結び神に背くことは、神の大権に対する反逆である。悪魔と結び、人や家畜に毒ないしは毒以外によって害を与える妖術を行使した者、あるいはそれを裏付けされた者や自白した者、またそう判定された者は、火刑により処刑すべきである[27]」。悪魔との結びつきそれ自体では死刑の対象にはならず、それに加えて裏付けが可能な加害行為が犯罪の構成要件とされているのである。また続けて、悪魔との関わりがなく、また人畜への被害を与えなくとも、水晶その他の手段を用いた占いや予言などは多くの害をもたらし人々を迷信に誘うものであり、その意味で悪魔に益するものである。それゆえ逮捕したうえで改めない場合は、加辱刑や鞭打ち、ラント追放に処するとされ、先のポリツァイ条令と同様の姿勢が示されている[28]。

上記刑法規定に従えばファルツ選帝侯領でも魔女は死刑の対象となりえたが、実際には同領邦で一六世紀以降魔女の処刑は行われなかった。それは魔女犯罪にも通常の裁判手続きが適用されたことによる。被疑者の逮捕以降の手続きはハイデルベルクの顧問会の厳格な監督下に置かれた。在地からの書面による報告に基づき、被疑者がどのような徴表に基づき逮捕されたのか、またその徴表は裁判を開始するのに十分かどうか、拷問を加えるべきか、またその強弱をどうすべきかを顧問会が吟味し、決定を下した[29]。在地に判断を任せず、重要な判断は一貫してハイデルベルクの専門家たちが担うのである。他地域での魔女裁判でしばしば逮捕や拷問の根拠として挙げられた噂や他の魔女による密告は、ファルツ選帝侯領では多くの場合証拠と認められなかった[30]。判決は参審人からなる在地裁判所に託されたとはいえ、ファルツ選帝侯領の刑事裁判は中央政府に非常に厳格に統制されていたといってよい。適正な手続きを重視する姿勢は魔女犯罪においても同様であった。「不当な暴力」としての魔女裁判は、ファルツ選帝侯領ではほとんど行われなかったのである。

③マインツ選帝侯領

マインツ選帝侯領の刑事司法について浩瀚な研究のあるK・ヘルターは、一六世紀以降同領邦において種々雑多な逸脱行為が新たにリスト化され、制裁規定が作られていく傾向が強まると指摘する。そこでもやはり神罰がその根拠として言及されているという。「日曜日や祝日の贅沢な飲み食い、ダンスなどといった神をも畏れぬ行為は、神の怒りを引き起こし公益を損ない台無しにしてしまう[31]」。この一六一五年の教会条令に見られるように、これらは神罰の脅しによって様々な逸脱を抑え、規律化を図るという統治技術が如実に表れた例のように思われる。

しかし、魔女と神罰の関係となるとやや分かりにくい。同年の教会条令には、人々に教会で秘跡を受けるよう促す次のような一文がある。「犯してしまった罪や、それによって呼び起こされた神の怒りによって、重く死にいたる衰弱が人々に生じせしめられ、また時には悪魔の幻惑と妖術あるいは魔女のわざが降りかかっている。ゆえに病んだ人々はできるかぎり熱心に、彼らの身体的健康のよりよい回復のため、また自身の危機にあたって彼らの永遠の平安に到達するため、祭壇における聖なる秘跡にあずかるよう努めるべきである」(32)。ここでは、神罰と魔女がもたらす害悪が並列的に構想されている。魔女が神に背いたことに対する、あるいは魔女を罰しない当局に対する神の怒りという因果関係にも言及されない。教会条令という性格もあるが、世俗当局の義務としての魔女の撲滅にも触れられないのである。

他方刑事司法においては、マインツ選帝侯領にはファルツのような独自の刑事裁判令は存在しない。魔女裁判の取扱いに当たっては、収監や囚人の取扱い、尋問項目など裁判手続きに関わる個別の法令がこれを定めている。ここでも、神罰と魔女裁判との関係は間接的に推測されるのみである。たとえば一六一二年に魔女裁判に際しての財産没収を定めた法令では、領邦に妖術の悪行が蔓延しており、この問題に取り組むことは「神によって定められた貴きキリストの当局」の任務であるとしている。君主は神から裁判権を授けられていると同時に、それを遂行する責任を負う。この論理はビンスフェルトの主張とも重なるものの、義務を果たさない当局に対する神罰にまでは言及されていない(33)。マインツ選帝侯領と同様にカトリックの司教領邦であり、激しい魔女裁判のあったトリーア・ケルン両選帝侯領においても、魔女に関わる法令では神罰は言及されない。君主当局が共同体に負う裁判権者としての責任は明瞭には示されないのである。神罰を強調することは同時に当局の義務とその遂行能力をも問うことになる。ここからは、神罰の論理が反逆の論理と親和性をもつことが想起されまいか。

4　ボーデンハイムの魔女裁判

（1）ボーデンハイムをめぐる状況

前節までに検討した神罰に対する態度の違いは、裁判の実態にいかに反映されるのだろうか。以下、カトリックのマインツ選帝侯とプロテスタントのファルツ選帝侯、および在地の支配権力の権益が重なり合う例として、ボーデンハイムの魔女裁判事例を取り上げたい。

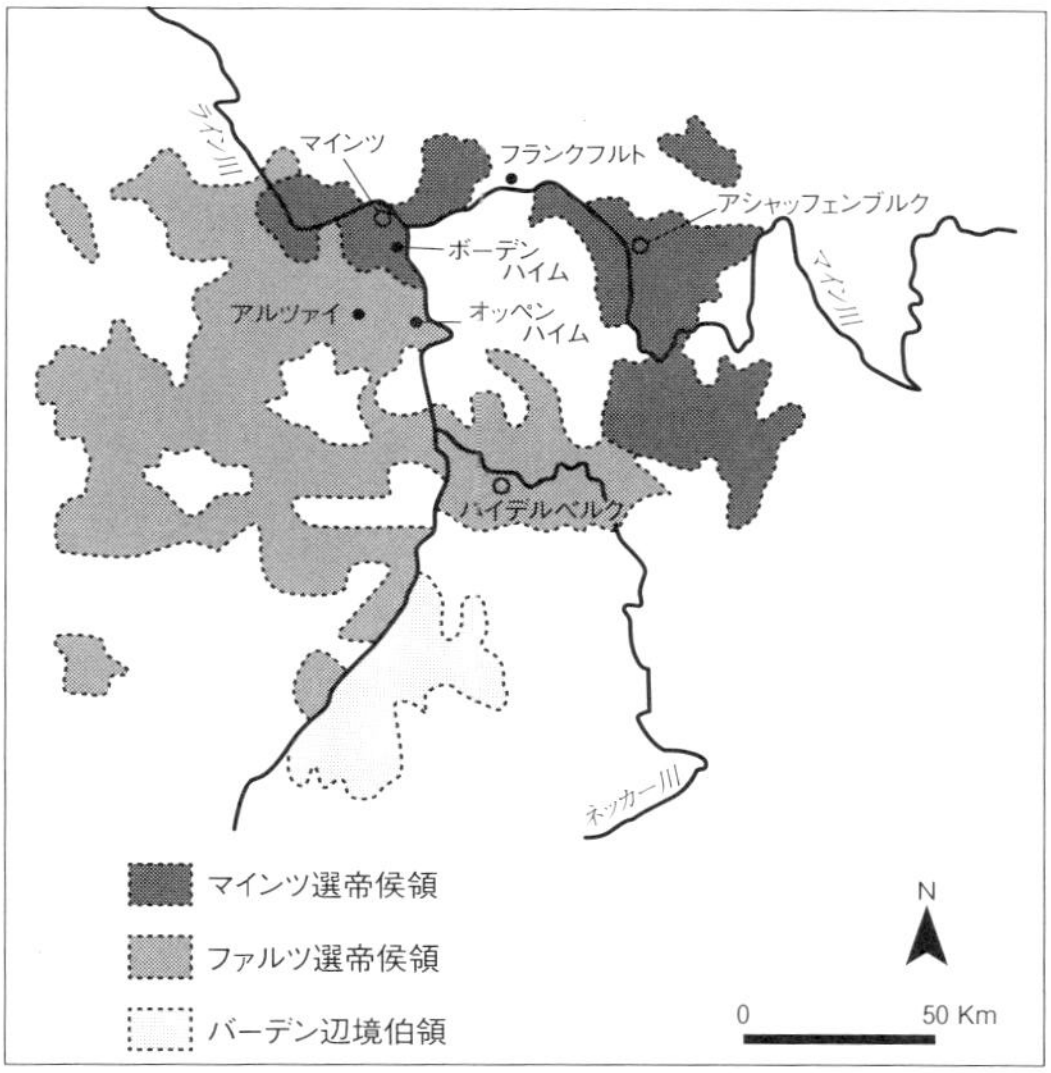

図9－3　ボーデンハイム周辺地図

出典：*Putzger Historischer Weltatlas*, 2006, 104より前田洋介氏作成。

ボーデンハイムはマインツ市の南南東八キロメートルに位置する（図9－3）。騎士修道院である聖アルバン修道院が一三世紀にこの地の土地領主権を獲得したが、その権限は弱く、ボーデンハイムは村の自律と自由を保持し続けた。聖アルバン修道院長はマインツ聖堂参事会員でもあり、一五世紀にはこの地の土地支配権・裁判権の六分の一をマインツ選帝侯に分けることでその庇護を求めた。その一方、ボーデンハイムの住民のうち三分の一はファルツ選帝侯に属する体僕であった。さらなる三分の一を占めるかつてのフランク国王荘園からの移住者の子孫たち（国王体僕）もファルツ選帝侯の体僕領主権に属していた。つまりボーデンハイムの住民のうち三分の二がファルツ選帝侯に人的に隷属していることになる。こうした体僕領主権などの封建的諸権力は、中世盛期から後期にかけて領邦君主権により排除・統合されていった。ゆえに近世においては誰に人的に隷属するかはもはや重要ではなく、居住地の領邦君主権に臣民として服す場合が多かった。(34)しかし、ファルツ選帝侯はこの体僕支配権を一七世紀に至っても決して放棄しようとはせず、当地に対する超領域的支配を継続していたのである。統治体制としては、それぞれの体僕の中から役人を任命して行政代官とし、ファルツ体僕に対しては隣接する上級管区アルツァイが、国王体僕に対しては上級管区オッペンハイムがこれを管轄するものとした。これら体僕の関わる婚姻、相続や未成年者後見などの案件はファルツの裁判所で扱われた。(35)これに対して聖アルバン修道院は、ボーデンハイムの残り三分の一の住民の体僕領主であったマインツ選帝侯を後ろ盾として、ファルツに対抗しようとしていた。

一六一二年から一六一五年にかけてボーデンハイムで行われた魔女裁判は、このように入り組んだ権力関係を背景としていた。合計二五名が処刑され、二名は拘留中に死亡、四名はファルツ選帝侯の介入により解放され、一名が釈放となった。当時のボーデンハイムの成人人口は二六〇〜三〇〇名と見積もられているが、三年弱の間にその一割以上が裁判に巻きこまれたことになる。この裁判には当初から、ファルツの影響力を削ぐことを目的とした、ファルツ体僕に対する聖アルバン修道院による政治的迫害であるとの疑惑があった。被告の三分の二がファルツ体僕であり、なかでもボーデンハイムで指導的地位にあった者やその家族が迫害に巻きこまれたからである。以下、ユルゲン・M・シュミットによる先行研究(36)をたどりながら、神罰をキーワードにこの裁判を読み直してみたい。

(2) 裁判の経過——一六一二〜一四年

一連の裁判は一六一二年一〇月、ファルツ体僕であった寡婦が嬰児殺害ほか人間や家畜に対する害悪魔術のかどで告発されたことに始まる。この裁判は聖アルバン修道院長アントン・ヴァルトボット・フォン・バッセンハイムの裁判権の下、同修道院のアムトマンによって実質的に運営された。翌年春、彼女は追って訴追された二名の女性とともに火刑に処される。多くの魔女裁判と同様、ここでも自白によって得られた「魔女」の密告をもってさらなる逮捕の根拠とする手続きが取られた。裁判は大規模・連鎖的なものとなり、一六一四年五月までにファルツ側の代官の母親を含む一二名の女性が犠牲となった。この間ファルツはボーデンハイムを管轄する上級管区アルツァイを通して抗議を行い、軍事介入ではなく交渉によりこの事態を収めようとしていた。この消極的ともいえる姿勢は、当時未成年であった選帝侯フリードリヒ五世の後見を巡り、一時的にファルツに不安定な状況が生じていたことによる。内憂を抱える状況下でボーデンハイムに武力介入することは、この上マインツ選帝侯との抗争をも招きかねない。ファルツ選帝侯側がいよいよ断固たる態度をもってこの魔女裁判に臨むようになるのは、選帝侯フリードリヒ五世が成年に達し、危機的事態を脱却した一六一四年の春のことであった(37)。

一六一四年五月、聖アルバン修道院は三名の女性を新たに逮捕したが、そのうちの二名がファルツ体僕であった。五月二六日、アルツァイ管区長はファルツ選帝侯の臣民を救出するためにすでに派兵の準備を整えたと警告した。この恫喝を前に聖アルバン修道院は処刑執行のためにマインツ選帝侯に保護を求めた。マインツ選帝侯はこれに対して処刑執行を支持したものの、修道院長が期待したような軍事的保護は約束していない。六月三日にはファルツ選帝侯フリードリヒ五世自らが直接聖アルバン修道院長に抗議の書簡を宛て、軍事介入を警告した。聖アルバン修道院側がこの書簡に応答せず、すでに自白した三名を即座に処刑したことは、ファルツ側にとっては十分な挑戦と見なされた。六月一六日未明、ついにファルツ軍はボーデンハイムへと突入し、獄中に生き残っていた一名の収監者を連れて引き上げたのである。

ここまでマインツ選帝侯は無関心に近い態度だったとはいえ、この軍事的介入はボーデンハイムに対する部分的支配権をもつマインツ選帝侯の面目をつぶす行為であった。しかし当時は帝国政治において宗派間対立を緩和しようと両選帝侯がまさに歩み寄ろうとしていた時期であったため、事態の先鋭化は避けられた。マインツとハイデルベルク間で書簡がやり取りされるが、マインツ選帝侯は修道院長からの報告に基づき当地での裁判は適法という認識を示すのに対し、ファルツ側はマインツ選帝侯が裁判の実情を知らされていないだけで、実際はまったく不当なものであるという態度を崩さなかった。

修道院長は一貫してこの裁判は住民側からの圧力によるものだと主張している。「件の裁判はファルツ選帝侯の体僕の撲滅のためではなく（われわれはそれについては無実であると認めていただきたいのであるが）、ただ我が臣民の切実なる申し出に基づく」（一六一四年八月アルツァイの管区長宛ての書簡[38]）、「ボーデンハイムの住民は、妖術に関して開始された糾問訴訟を継続し、進めることを幾度も請願し、求めてきており、そのためにファルツ体僕も他の体僕と同様、数日前に代表団と委員を立ててきている。〔中略〕この〔裁判の〕停滞に激しく反応し、〔中略〕この件でさらに長く遅延すれば、彼らはさらに苛立ち、それによって互いに害をなすようになる恐れがある」（一六一四年七月マインツ選帝侯宛ての書簡[39]）。

これをどこまで事実と見なすことができるだろうか。シュミットは裁判手続きが実際には終始修道院長の統制下にあったことや、最初の告発から処刑に至る迅速さなどから、大量迫害は修道院長の主導によるものと説得的に示している[40]。しかしながら、修道院長が弱小領主であったことを鑑みれば、修道院長の意向だけで裁判を行うことは不可能であり、住民の協力はやはり不可欠であった。とりわけ、軍事介入後のファルツの急激な支配権伸長は、弱い領主の下でこそ比較的高い自立性を保ってきた共同体成員にとっては歓迎せざるものであった。一六一四年九月には住民たちが魔女裁判を求めてやってきたこと、彼らは村役人や裁判所が停滞の原因だと疑い、逮捕者なしではより騒擾化するであろうことを、ボーデンハイムの裁判書記が報告している[41]。また同年一〇月にファルツ体僕がアルツァイ管区長に宛てた請願によれば、彼らはマインツ体僕から「裏切者、盗人、偽誓者」という非難と暴力を浴びていたという。(42)少なくとも軍事介入後、村の一部グループ、おそらくマインツ体僕が魔女裁判推進の急先鋒として行動を起こしていたことは明らかである。

修道院長に届けられたという一六一四年六月付の請願には、シュルトハイス、裁判所、そしてボーデンハイム共同体が請願人として名を連ねている。その内容を見てみると、まず魔女によって人や家畜、農作物に被害が出ていると最初に述べられる。不作や人畜の病気などの不幸を神罰と捉える態度はここには見られず、魔女こそがその原因であると見なされている。続いて、聖書（民数記第一六章）やローマ法（新勅法第七七号）を引用しながら、「ひとりの人が罪を犯せば神は全会衆に対してお怒りになる」として集合的神罰を強調している。さらにエレミヤ書やイザヤ書を引用し、「そのような悪徳が裁かれず罰されずにいるのであれば、そこに主なる神はその怒りを注がれるであろう」と、悪を罰しない態度こそが神罰を呼ぶという論理が展開される。ゆえに裁判をさらに進めることで「神の栄誉が救われ、また悪が罰せられ、そして人畜、肉体と財産に対する絶え間ない破滅という嘆きと困難が、この共同体において防止され」るのだという。(43)続けて、ファルツ体僕を撲滅しようとする魔女裁判の政治利用というファルツ側からの非難に対しては、魔女の害悪は共同体全体に及ぶことを強調し、その疑いを否定している。妖術を放置すれば「ファルツ体僕はボーデンハイムの他の住民とともに、それから守られるというよりは、もっとひどい破滅と危険に委ねられるであろう」。(44)この請願の起草に関わったのはおそらくごく一部の住民グループだったであろうが、ここでは共同体はあくまでも一蓮托生として描かれるのである。

ボーデンハイム住民が魔女裁判を求めたという請願は、一六一二年から一六一七年までに上記のものを合わせて九点確認される。しかし、神罰に明白に触れたものはこれが唯一であり、残りは具体的な証言や裁判費用、裁判の遅れへの苦情などがおもに取り上げられている。(45)また、上記請願にはラテン語での聖書の引用やローマ法への言及が見られることから、学識者の関与が明らかである。この傾向はボーデンハイムに限られたものではない。筆者がこれまでに調査した魔女裁判を求めるマインツ選帝侯領の請願四七件中、神罰を引き合いに出したものは八件とごく一部にとどまる。またそのうち五つは一六四〇年以降、マインツ選帝侯領において魔女裁判がすでに下火になっていた時期に現れたものである。このことは、二つのことを推測させる。つまり、神罰の論理は必ずしも一般信徒には広く共有されていなかったが、他方で当局や学識者に対し裁判の必要性を示すために有効と見なされた、ということである。

（3）マルティン・シュミット裁判とその帰結

軍事介入によって停止していた裁判は一六一五年四月、三名の女性（うち二名はファルツ体僕）の逮捕とともに再開する。修道院長は、マインツ選帝侯がこの裁判に許可を与え、マインツ選帝侯の名で裁判を執り行うとファルツ側に通告した。聖アルバン修道院が矢面に立つことなく、ファルツ再介入の場合には両選帝侯が直接対峙することを狙ったのである。さらに五月に、ボーデンハイムにおけるファルツ選帝侯の代官であるファルツ体僕マルティン・シュミットが逮捕された。彼に対してはすでに処刑された魔女たちによる証言が残されており、悪天候を呼び起こし人畜や作物に害をなした、魔女集会における魔女の王であったという典型的な非難に加え、不倫と聖アルバン修道院の役人に対する毒殺という嫌疑もかけられていた。(46) この逮捕を契機に、事態は急速に展開した。逮捕の翌日、即座にアルツァイが聖アルバン修道院長に異議を申し立てている。修道院長はすでに逮捕された三名のうち、自白した二名を処刑させるかたわら、ファルツ側からの抗議文をマインツ選帝侯に送り、今後の指示を仰いでいる。(47) マインツからの回答は、アルツァイによるマインツのラント高権侵害は認めないというものであった。五月二五日にはフリードリヒ五世がマインツ選帝侯に抗議文を送った。この中で、マルティンは聖アルバン修道院の役人や臣民たちの中傷の犠牲者であるとし、この件を両宗派の二大学に鑑定させるよう提案がなされている。さもなくば再度軍事介入によって臣民を救出する他ないという警告つきであった。これに対する回答の猶予は与えられなかった。二日後、ファルツ軍によって収監者がボーデンハイムから連れ去られたのである。介入の直後、関係修復のためにハイデルベルクからはファルツ宮廷の最高職である宮廷侍従長がマインツに派遣された。ファルツの狙いは、この裁判を両選帝侯の協力の下に、しかしファルツ選帝侯領の裁判手続き基準に従って行うことを同意させることにあった。マインツ選帝侯はこの件を帝国最高法院に訴えたが、その審理は長期間にわたるため、事実上の棚上げ状態になった。この件に帝国最高法院がどのような結論を下したのか、史料は残されていない(48)。

こうしてファルツ選帝侯の介入によって牢獄から救出されたマルティン・シュミットは、二年後の一六一七年八月、身の安全を保証する事前の交渉もなしに単身ボーデンハイムへと帰還する。彼はマインツ体僕であるボーデンハイムの役人に捕えられ、マインツへと移送された。これがファルツ体僕に対する護送権の侵害に当たるとして、三回目の軍事介入を引き起こすことになった。三回目の軍事介入はボーデンハイムの役人の逮捕を目指すものであり、彼らの家屋における略奪行為をも伴った。辛くも逃げおおせたボーデンハイムの役人たちの代わりに、近隣のマインツ選帝侯領の共同体から裁判官吏らが捕らえられ、アルツァイへと拘引された。人質の四名は後に解放されたものの、ボーデンハイムの住民には十分な威嚇効果をもったであろう。

かくしてボーデンハイムにおけるファルツの存在感は一連の魔女裁判を通じて大幅に拡大された。最初の軍事介入後、ファルツ体僕と国王体僕はファルツからの禁止を理由に魔女裁判への資金供出を拒否している。この報告の中でボーデンハイムの裁判書記は、このようなファルツからの命令を許容するなら、「ファルツの役人やその代官がこの地の支配者となるだろう」と記している(49)。修道院長の狙いがファルツ体僕、ひいてはファルツ選帝侯の影響力排除にあったとすれば、それはまったく逆の帰結をもたらしたのである。

両選帝侯間の交渉の結果、一六一七年九月、マルティンに対する裁判はボーデンハイム住民を原告とした私的訴訟として行われることになり、マインツ宮廷裁判所の判事らからなる特別法廷が招集された。マルティンの代理人を務めたのは二名のマインツの法学者であった。彼らはハイデルベルクおよびボーデンハイムを管轄するファルツの上級管区と密接な連携を保ち、裁判の経過や書類は遅延なく共有された。他方、マインツ選帝侯は原告側を積極的に支援しようという姿勢は見せていない。新教側（ハイデルベルク大学、マールブルク大学、ロストック大学）と旧教側（ケルン大学）の法学部による鑑定はいずれも原告側の提出した徴表はただ密告のみに基づいているとしてこれを認めず、拷問の拒否、無罪釈放を支持したのだった。結局マインツの特別法廷はマルティンに無罪を言い渡しておらず、帝国最高法院が裁定を下すことになったようであるが、その結果を示す史料は失われている。しかしこれが原告の敗訴に終わったことは、一六二一年にマルティンがボーデンハイムの別の民事裁判に登場していることから明らかである。

ファルツ側は当初より一貫してボーデンハイムの魔女裁判の不当性を訴え、ついにはマインツ側にファルツの手続きに即した裁判を行わせることに成功した。マインツでの裁判において、弁護側最終弁論は「強き神がそれにお気づきになるまで、無実の血は天へ向かって叫び続けるであろう[50]」と裁判官に警告している。無実の者に対する不当な裁判は殺人であり、それに対しては神罰が下る。不正を糺し無実の臣民を守るという行動の背景には、為政者としての理性のみならず、神罰への畏れをも見て取ることができるのである。

5　神罰の意義と支配形成

宗教改革期以降、神罰概念は聖俗両面において重要な役割を担った。民間魔術や教会の儀式に頼らず、様々な不幸を神の罰ないし試練と解釈することで、信仰の内面化が促進された一方で、正しく逸脱を罰することが神罰を回避するために必要とされたことは、君主による制裁をも正当化した。このことは、宗派教会と国家体制とが結合していく過程である宗派化の動きからも理解されるだろう。しかし魔女迫害を通してみれば、神罰観念が信仰の内面化や支配の濃密化を必然的にもたらすわけではなく、むしろその効果は多義的であることが明らかになる。「不幸は神の配剤によるものであり、魔女は嵐を起こしたりすることはできない」という神学的理解は、魔女迫害否定の根拠となりうるように思われる。しかし、神に背く魔女の邪悪な意思を重視すれば、やはり魔女は罰するべきであった。さらにこの神罰の論理は、罪を罰することが神意にかなうことであるという、世俗裁判権の義務を問う議論につながっていく。

ボーデンハイムの請願は、まさにこの論理を逆手にとるものであった。平信徒にとっては魔女の罪は依然として物理的な損害をもたらすことにあった。突然の不幸に対して神の怒りを思い自分の宗教生活を顧みるよりは、それを魔女によるものと解釈する方がより彼らにとって受け入れやすいものだったであろうことは想像に難くない。神の摂理を重視する神罰解釈はごく表面的に受け入れられたに過ぎず、一七世紀半ばの段階では内面的な教化は限定的だったとみなすべきであろう。マインツ選帝侯領においては、魔女裁判がピークを過ぎ当局の姿勢も一層慎重になった時代になってようやく、神罰のモチーフが請願により頻繁に現れるようになる。このことは、魔女迫害遂行の目的のために、上から説かれた「神罰」の論理が表面上のみ利用されたことを表しているのではないだろうか。神罰の論理は当局の裁判権者としての責任を問うものであるゆえに、反乱の論理とも高い親和性をもつ。このように住民たちから魔女裁判を迫られた時、在地の裁判権者は暴動や私刑の危険を感じ取った(51)。この神罰による恫喝が、ファルツ体僕の排除という聖アルバン側の政治的意図と合致し、ボーデンハイムにおける連鎖的魔女裁判をもたらしたのである。

他方ファルツ選帝侯にとっては、魔女裁判を含む司法権を厳密かつ公正に行使することが神罰回避の手段であった。マインツ選帝侯との対立の危険を冒してまでボーデンハイムの裁判に妥協なく介入し続けたのは、古い体僕支配権を失うまいとする政治的意図のみからではなかったであろう。神罰への畏れはボーデンハイムの魔女裁判のような逸脱を徹底して拒否する姿勢を支え、支配基盤の強化をもたらしたのである。神罰への畏れは宗派化時代の領邦国家とその支配形成にきわめて深く刻みこまれている。

わが国の歴史研究において魔女迫害の問題は歴史における逸脱、あるいは好事家的・周縁的現象であるとして、忘却されがちであった。しかしながら、宗教的・魔術的世界観の展開と宗教改革思想、そして近世国家形成は互いに本質的に深く関わるものである。魔女迫害はそうした連関を映し出す鏡であり、その重要性は改めて記憶されなおすべきであろう。

注

（1）魔女迫害と宗派対立の直接的関係を論じた初期の研究として、H・R・トレヴァー＝ローパー／小川晃一・石坂昭雄・荒木俊夫訳『宗教改革と社会変動』未来社、一九七八年、またそれに対する批判的検証として井上正美「トレヴァー＝ローパー「魔女―熱狂」論の検討――魔女裁判研究への覚書」『立命館文學』第四〇〇号、一九七八年、七一八～七三九頁を参照。また近年の魔女迫害と宗教改革をめぐる研究の概観を得るには下記の論文が有益である。Gary K. Waite, „Sixteenth-Century Religious Reform and the Witch-Hunts", in Brian P. Levack (ed.), *Witchcraft in Early Modern Europe and Colonial America*, Oxford University Press, 2013, 485-506.

（2）キース・トマス／荒木正純訳『宗教と魔術の衰退』法政大学出版局、一九九三年、一一一～一六四頁。

（3）石坂尚武「《峻厳な神》とペスト的心性の支配――一五世紀フィレンツェの立法・政策・判決に心性を読む」『人文學（同志社大学）』第一三一号、二〇一三年、三一頁～一四二頁。

（4）神罰と都市政策にかかわる事例を検討した論集として、以下を参照。Alexander Käster/Gerd Schwerhoff（Hg.）, *Göttlicher Zorn und menschliches Maß. Religiöse Abweichung in frühneuzeitlichen Stadtgemeinschaften*, Konstanz/München, 2013.

（5）H. C. Eric Midelfort, *Witch Hunting in Southwestern Germany 1562–1684. The Social and Intellectual Foundations*, Stanford University Press, 1972（以下、Midelfort）, 34.

（6）ヴィテキントとその著作に関しては以下を参照。Jürgen Michael Schmidt, "Witekind, Hermann", in Rechard M. Golden（ed.）, *Encyclopedia of Witchcraft*（*vol. IV*）, ABC-Clio, 2006, 1221–1222; Carl Binz, *Augustin Lercheimer*（*Prof. H. Witekind in Heidelberg*）*und seine Schrift wider den Hexenwahn. Lebensgeschichtliches und Abdruck der letzten vom Verfasser besorgten Ausgabe von 1597*, Straßburg, 1888（以下、Binz）.

（7）ヴァイヤーに関しては以下を参照。黒川正剛『魔女とメランコリー』新評論、二〇一二年、五四～九三頁。平野隆文『魔女の法廷——ルネサンス・デモノロジーへの誘い』岩波書店、二〇〇四年、一二五～一六八頁。

（8）Binz, 46.

（9）Ebd., 82.

（10）Midelfort, 56–57.

（11）Binz, 157f.

（12）Petrus Binsfeld（Herausgegeben von Hiram Kümper）, *Tractat von Bekanntnuß der Zauberer vnnd Hexen*, Wien, 2004.

（13）Ebd., 25f., 132ff.

（14）Ebd., 3f.

（15）Ebd., 64f. 同様の指摘は随所に見られる。Ebd., 8, 67 und passim.

（16）Johann Jakob Schmauss/Heinrich Christian Freiherr von Senckenberg（Hg.）, *Neue und vollständigere Sammlung der Reichs-Abschiede*..., Tl. II, Frankfurt, 1747, 28.

（17）Helga Schnabel-Schüle, *Überwachen und Strafen im Territorialstaat*, Köln/Weimar/Wien, 1997, 8f., 330ff.

（18）Gerd Schwerhoff, „Böse Hexen und fahrlässige Flucher: Frühneuzeitliche Gottlosigkeit im Vergleich", in: Eric Piltz/

Gerd Schwerhoff (Hg.), *Gottlosigkeit und Eigensinn. Religiöse Devianz im konfessionellen Zeitalter*, Berlin, 2015, 187–206, hier 199–203.

（19）Emil Sehling (Hg.), *Die evangelischen Kirchenordnungen des XVI. Jahrhunderts. Bd. 14 (Kurpfalz)*, Tübingen, 1969, 266.

（20）Ebd., 268.

（21）Ebd., 268f.

（22）例えば一五五六年、一五五八年の教会巡察手引き、一五六三年の教会条令、一五七三年の決議などに妖術（占い）への非難が見られる。Ebd., 248f., 259, 384, 458.

（23）Ebd., 273.

（24）Ebd.

（25）*ChurFürstlicher Pfaltz Landt-Recht. 5, Criminalia, Das ist, Peinliche Malefitz, Vbel und Mißthaten, auch derenselben Straffen und Ordnungen betreffendt*, Heydelberg, 1582（以下、*Malefizordnung*）.

（26）*Malefizordnung*, fol. 2rv.

（27）Ebd., fol. 9r.

（28）Ebd.

（29）Ebd., fol. 4r.

（30）Jürgen Michael Schmidt, *Glaube und Skepsis. Die Kurpfalz und die abendländische Hexenverfolgung 1446–1685*, Bielefeld, 2000（以下、Schmidt, *Glaube*）, 74ff.

（31）Karl Härter, *Policey und Strafjustiz in Kurmainz. Gesetzgebung, Normdurchsetzung und Sozialkontrolle im frühneuzeitlichen Territorialstaat*, Frankfurt a. M., 2005, 177.

（32）Herbert Pohl, *Zauberglaube und Hexenangst im Kurfürstentum Mainz. Ein Beitrag zur Hexenfrage im 16. und beginnenden 17. Jahrhundert*, Stuttgart, 1998, 24より引用。

（33）拙著『近世ドイツの魔女裁判――民衆世界と支配権力』ミネルヴァ書房、二〇一五年、二四一～二四六頁。

(34) ハンス・K・シュルツェ／千葉徳夫他訳『西欧中世史事典——国制と社会組織』ミネルヴァ書房、一九九七年、一〇〇頁。
(35) Schmidt, *Glaube*, 322ff.
(36) Ebd., 321-361.
(37) Ebd., 330f.
(38) Bayerischer Staatsarchiv Würzburg (StA WBG), Mainzer Regierungsarchiv (MRA), Kurpfalz 650, fol. 199v.
(39) Ebd., fol. 188vf.
(40) Schmidt, *Glaube*, 327 ; ders., „Ein politisches Ausrottungsprogramm? Kurpfalz, Kurmainz, St. Alban und die große Hexenverfolgung in Bodenheim 1612–1615", in R. Voltmer (Hg.), *Hexenverfolgung und Herrschaftspraxis*, Trier, 2006, 168ff.
(41) StA WBG, MRA Kurpfalz 650, fol. 276r.
(42) Ebd., fol. 222ff.
(43) Ebd., fol. 195r.
(44) Ebd., fol. 195v.
(45) StA WBG, MRA Kurpfalz 650, fol. 175–176, 178–179, 193–196 (Copia : Ebd., fol. 203–204 ; StA WBG, MRA Kurpfalz 651, fol. 25–27) ; StA WBG, MRA Kurpfalz 651, fol. 20–21, 22–23, 82–83 ; StA WBG, MRA Cent 210/170, fol. 12, 25–27, 30–31.
(46) StA WBG, MRA Kurpfalz 650, fol. 297r–299r.
(47) Ebd., fol. 245.
(48) Schmidt, *Glaube*, 340ff.
(49) StA WBG, MRA Kurpfalz 650, fol. 149r.
(50) Schmidt, *Glaube*, 361.
(51) 類似の事例として、マインツ選帝侯領アモールバハの事例を参照。拙稿「通告としての請願——近世マインツ選帝侯領の魔女裁判事例から」『ドイツ研究』第四九号、二〇一五年、七八〜九〇頁。

第10章　神聖ローマ帝国の多宗派化と三十年戦争
――「神の帝国」と共存の政治学――

皆川　卓

1　和平の契機――宗派対立をどう乗り越えたか

「三十年戦争」（一六一八〜四八年）はヨーロッパ最大の宗教戦争と位置づけられている。もっともこの戦争が宗教的要因のみで語り得ないことは、ここ一世紀の政治史・経済史・軍事史・社会史的研究を通じて明らかにされてきた。とはいえ三十年戦争の舞台となった神聖ローマ帝国における宗派対立が、戦争の行方に直接・間接に影響を及ぼしたことも事実である。近代歴史学では宗教が政治における非合理的な要因とされたため、宗教から合理主義への転換という近代主義的モデルが政治史に対しても図式的に適用される傾向が強く、三十年戦争もまたこの構図で捉えられ、それぞれの局面で宗教と政治の間にどのようなことが起きているのか、とくに和平交渉にあたって宗派対立がどのように抑えられたのか、十分な分析はなされなかった。一九八〇年代以降、近世における宗教と政治の密接な関係を主張した「宗派化」研究が登場するが、(1) その研究事例も領邦支配体制の確立に対する関心に引き寄せられたため、三十年戦争下の帝国政治との関連を正面から扱ったものはほとんどない。

周知の如く、三十年戦争を最終的に収束させたのは一六四八年のウェストファリア条約であるが、これは帝国外の参戦諸国を加えた最終講和であり、一般に和平の歩みは、神聖ローマ皇帝フェルディナント二世およびカトリック諸侯が、一六二九年の「復旧勅令」(2)の四〇年間停止を条件に、ザクセン選帝侯ヨハン＝ゲオルク一世らプロテスタント諸侯と締結した一六三五年五月の「プラハの和」が嚆矢とされる(3)。しかしこのプラハの和についても、両陣営の間でどのような調整がなされ、信仰心と政治的判断の間でいかなる折り合いがつけられたのか、未だに不明な点が多い。

　プラハの和に関しては、ハプスブルク史のヴァンドルスツカの『一六三五年の「プラハの和」の時代の帝国愛国主義と帝国政治』がある。それによるとプラハの和が締結された背景には、「ドイツの特権」「帝国の平和」「共通の父国」など、ドイツの国民感情（Nationalgefühl）を高揚させる言説が存在したとされ、それに押される形で皇帝を中心とする帝国秩序の再編成の形で講和が実現したという。しかしその根拠をたどると、それらの言説が和平のどの局面において、どのような文脈で用いられたかという点が具体的に示されていない。また宗派についても、そうした国民感情に克服される中世的要素としか見なされていない(4)。「宗教的権威から国民主義へ」という発展史的モードに基づき、プラハの和に国民意識の台頭を見るこの理解は、「大ドイツ主義」的傾向の強いヴァンドルスツカのみならず、ウェッジウッドの『ドイツ三十年戦争』にも見られるが、実証的結論というより印象論の感が強い(5)。

　近年ノイブルガーが著した『シュヴァーベン帝国クライスにおける宗派紛争と戦争終結』は、ルター派のヴュルテンベルク公領に併合されていた旧帝国修道院が、カトリック側への返還を義務づけられ、ウェストファリア条約で返還枠を大幅に縮小されて実現するまでの過程を丹念に描き、新しい見解を提示した。彼は、この時期になると直接当事者であるヴュルテンベルク公や修道院は無論、かつて強硬な宗派主義を掲げていた皇帝や選帝侯らも含むすべての関係者が、この戦争を「宗教戦争」（Religionskrieg）と認識しつつ、現在争われているものはすでに「宗派（信仰告白）の戦争」（Konfessionskrieg）ではないと認め、「宗教戦争」の再燃が帝国の崩壊を導くことへの恐れから和平に至ったと結論づけた。つまり宗派意識が国民観念によって取って代わられたのではなく、妥協不能の内面の信仰（Konfession）と共同体の絆としての宗教（Religion）を概念的に区別し、戦争を後者の問題と位置づけて、講和への心理的障害を抑えたというわけである。(6)

近年ルソーの『告白』から「教示され学ばれる教義」と「内面的教義」の置き換えを読み解いたビュットゲン(7)に見られるように、信仰を内面化することで、「教示され学ばれる教義」を強制する宗派団体としての教会や、そこから正当性を得る政治的秩序から個人を解放する動きが注目されている。この流れの中で、個別問題に絞り綿密な実証を加えて得られたノイブルガーの結論は、大いに傾聴に値するだろう。しかし和平の出発点であるプラハの和が、宗派対立をどのように抑えて実現したかについては、この研究の対象外である。プラハの和までの交渉については膨大な史料があり、本章の紙幅の中ですべてを見渡すのは困難で、出来たとしても史料中の文脈や論理構成を無視し、極度に抽象化された、我田引水的なものになってしまう。そこでここでは検討対象を徹底的に絞り、プラハの和に通じる交渉の最初の局面、すなわち一六三四年六月から七月に行われたボヘミアのリトムニェジツェの和平交渉に至る「根回し」に焦点を当て、そこからプラハの和まで和平の中心となったルター派のザクセン選帝侯ヨハン＝ゲオルク一世（一五八五〜一六五六年）を巡る政治文書の内容を丁寧に辿り、そこで示された信仰と講和意思の関係を明らかにする。

これらは宗派論争の論文やプロパガンダ文書のように、宗教の問題に特化しているものではなく、政治の実務的内容の中で宗教と神聖ローマ帝国の関係を示す言及を含んでいる。ここではヴァンドルスツカの轍を踏まないよう、和平交渉に至る政治文書を可能な限り成立の背景と文脈を取り込んだ形で示し、そこで宗教がどのように語られ、それが和平との関係でどう捉えられたかを検討したい。なおビュットゲンも指摘するように、たとえ「独白録《エゴ・ドキュメント》」であっても、歴史家が史料から直接当時の人々、とくに知的・政治的エリートの内面的信仰を知るのはほぼ不可能である。そこでここでは、良知の内面的信仰との妥協の上に表明された意思伝達ツールとして、どのような宗教・宗派観が示され、平和との両立が図られたか、つまり表明された信仰における「共存の政治学」が何かに集中して論じる。

2　重くのしかかる宗派——神学者と官僚たち

（1）和平交渉開始前夜の状況

一六三四年一月、ボヘミアの皇帝軍総司令官ヴァレンシュタインが罷免され、翌月皇帝派の将校に暗殺された。一六二九年の「復旧勅令」と翌々年のマクデブルク劫略に憤慨し、皇帝と開戦したザクセン選帝侯ヨハン・ゲオルク一世は、ザクセン軍総司令官のハンス・ゲオルク・フォン・アルニムを通じて、一六三三年五月以降彼に休戦を打診し、これと平行してデンマーク王クリスティアン四世も、スウェーデンとの対抗上、和平の仲介を申し出ていた。一方ヴァレンシュタインを排除した神聖ローマ皇帝フェルディナント二世は、世嗣のハンガリー・ボヘミア王フェルディナント（のちの皇帝フェルディナント三世）を後任の総司令官に任命し、ヴァレンシュタイン軍を掌握する。この結果ザクセンは国境を挟んで、皇帝直轄の軍事力と対峙することになった。このころザクセン選帝侯は同宗派で同盟軍でもあったスウェーデン軍と行動を別にし、スウェーデンが結成した「ハイルブロン同盟」にも不参加の方針を表明していたが、カトリック陣営との敵対的関係は続き、一六三四年五月一三日（以下すべてグレゴリウス暦）にはアルニム率いるザクセン軍がシロンスクのレグニツァ（リーグニッツ）で皇帝軍と交戦して勝利するなど、戦闘も続いていた。

したがって和平交渉開始の同年六月以前、ザクセン側のカトリック陣営に対する見方は大変厳しく、その宮廷内では宗派的理由を掲げた主戦論がなお主流であった。ザクセン選帝侯は一六三三年二月、ブランデンブルク選帝侯らとの間で「ドレスデン条項」を合意している。この条項は一四条項からなり、当面問題になったのは「帝国等族の宗派と教会財産の状態は一六一二年の状態に戻す」(第一条)、「プロテスタント等族の支配下に置かれた司教領は帝国レーンとして授封され、帝国議会において諸侯身分を認められるべき」(第二条)、「カトリック領邦でルター派の私的な信仰が認められてきた場合、今後も認められるべき」(第三条)、「一六一二年時点でカトリックが要求していたプロテスタント領内の教会財産については、プロテスタント等族の永久領有が認められるべき」(第四条)、「カトリック教会が一六一二年時点でプロテスタント等族が領有していた財産を質として受けだすことは禁止」(第五条)、「帝国騎士については以上の条項について帝国等族に準じた権利を付与」(第六条)、「帝国自由都市の宗派についても一六一二年の状態に、とくにドナウヴェルトについては邦属化以前の状態に戻されるべき」(第七条)、「アウクスブルク信仰告白派はカトリック教会の裁治権を完全に免れるべき」(第八条)、「カトリックの司教座の元で活動するプロテスタント教会については、その司教座の司教および領邦等族全体の同意が得られない限り、アウクスブルク宗教和議のカトリックの聖職者留保条項を尊重すべき」(第九条)の九条項であった[8]。ヴァレンシュタイン罷免直後の一六三四年一月、ザクセン選帝侯は後述の皇帝からの使節の訪問を受け、この「ドレスデン条項」を和平交渉の条件として、選帝侯領の領邦教会を精神面で統括する主席宮廷牧師のマティアス・ヘーエと、資産・人事面で統括するドレスデン宮廷の枢密評議会に諮問した。

(2) 断罪する神学者

三〇年にわたりザクセン宮廷に仕え、選帝侯領の領邦教会であるルター派教会を指導する立場のヘーエは、選帝侯に対し、皇帝側に立ってカルヴァン派のファルツ選帝侯フリードリヒを追放するよう求めた、強硬なルター派神学者であった。彼が一月三〇日選帝侯に提出した答申では、「神に通じ、純粋で熱意のある神学者」の意見を聞くように勧め、自分の意見として『マタイ福音書』『ペテロの手紙』『テモテへの手紙』『箴言』などの語句を引きながら、戦争の原因とは無関係であるにもかかわらず、和平を志向する意思ゆえに、選帝侯を「神の真の子」と称揚する。その一方、皇帝とカトリック連盟は自衛を主張し、選帝侯に助けられたにもかかわらず、キリスト教世界では前代未聞の忘恩行為と不誠実によって応えており、その真意は選帝侯家の滅亡であると推測し、そうした者は現世同様来世でも神罰を免れないだろうとした。これは戦争前半期のザクセン選帝侯が常にプロテスタント側の反皇帝・反カトリック的な動きを抑制して調整を図っていたこと、それにもかかわらず皇帝が一六二九年の「復旧勅令」によって選帝侯を窮地に立たせたことを指している。(9)

ヘーエは「かの流血の戦争は福音の者たちから何百万グルデン、その土地と民、何十万の人間を失わせ、彼らはそこで剣や疫病や飢餓や寒さや悲嘆や惨めさや嵐によって斃れた。だからもし今、善意にせよ野心にせよ、汝が最上の形で支えることができるだろう神の真なる教会を見捨てることになり、あるいは見捨てようとしたら、それは一層の害悪であり無責任であろう」とした上で、「これまで賞賛と感謝を捧げられるべき神は、その民、とくにザクセン家と彼と信仰をともにする者や戦士に、そのような幸運、至福、恩寵、勝利、祝福を与えたのであり、それこそがまさに人間がなしうる限りの努力を傾ける理由である。それによって手に入る至福の価値の平和は、強制された敵に懇願された、敵の強制された平和以上のものである」と主張する。さらに彼は「選帝侯殿下が神を見捨てないにもかかわらず、神が殿下を見捨てることはない。殿下がこれまで神とともにあったように、これからも神とともにいることができるし、いるだろう。更にこれまで神がその活動を力強く祝福してきた戦友との良き誠実な連帯を続け、少なくとも互いの協力を通じて所与の良き目的が達せられるならば、それはなお一層期待できる」と語り、『ヨハネ黙示録』の文言を示しつつ、選帝侯こそ聖霊に命じられて天上のイェルサレムの平和をこの世に実現する者と激励する。

このような長文の能書きののち、ようやく彼はドレスデン条項の検討に入るが、第一条については、「行間を読むと、私の拙い考えでは宗教には有用であるより害悪であるように思え、堕落したカルヴァン主義者どもにこそ最も都合がよいようだ」と批判し、第二条についても「ここでの譲歩は平和を不確実で不安定なものにする」と批判して、暗に司教領の完全併合を勧めている。一方第三条は教線を拡大する機会として全面的に賛成し、プロテスタント領邦による教会財産の完全領有を求める第四条にも、これまでのカトリック側の要求を糾弾しつつ、他の重要条項が認められるのなら、当面「福音の者たちが戦争の権利とそのキリスト者の血を賭けて気高く手に入れたものと、教皇党が握って放さないものを分ける」のは仕方ない、と承諾する。第五条から第九条は個々に検討せず、「誠実で高貴でまっすぐで不変で永久で確かで真なる福音の教えと教会に有用な平和が締結され、打ち立てられるならば」という条件で容認している。

この答申には強い宗派色と相手宗派への処罰感情、形式知的・官僚的な発想が顕著である。全体の三分の二に及ぶ長文の前置きでは、聖書から引用した語句で神の意志を「実証」することで自説を権威付け、この戦いが神の使命を負った選帝侯による護教のための戦いであると主張し、同胞と連帯して戦争を戦い抜き、自宗派の勝利によって「至福の価値の平和」を手に入れることを求めている。しかし選帝侯の和平模索の動きを正面から批判するのは避け、一応求められるまま、条項を自身の神学的判断に照らして論じている。

（3）苦悩する官僚たち

一方へーエの答申と一日違いで枢密評議会から選帝侯に提出された答申では、「ドイツ人の愛すべき父国がこのたび残酷な戦争の猛火によって引きちぎられているのを再び鎮め、晒されているひどい欠乏と破滅のあとで、永久で強く望まれるキリスト教的で完全かつよく保全された平和で覆われ、享受されるようにするという所与の目的が達せられるように」神に祈念するとともに、「真のキリスト的な福音の宗教の保持と拡大に役に立ち、有用であり、良き不変の平和の保証に資することを忘れることなく、可能な限り一層神の名誉とその真なる福音教会の拡大を促すことのみを考えている」として、ドレスデン条項を賞賛する。その上で枢密評議会は、カトリック側は「この条項をすべて否定するか、少なくとも難癖をつけてくる」から、何を譲歩するかが問題だとしつつ、各条項に検討を加える。第一条についてはブランデンブルク選帝侯らのプロテスタント諸侯やその評議会、聖職者の賛意を得ている重要な条項を、自分たちが監査し、修正や制限を設けると疑念を招くとしてこれを追認し、第二条についても自分たちがプロテスタント等族の間をまとめ、神の教会の拡大に貢献したい、と賛成する。また第三条についても、帝国全体の平和を保障するものであるがゆえに、全プロテスタント等族のみならず、自身の世襲領のプロテスタントに手を焼く皇帝からも合意が得られるかもしれないと期待する。

これに対し第四条については、カトリック側の反対や対案がどのようなものか未知であり、それによって再検討しなければならないとする。第五条についてはカトリック側が拒否するか骨抜きにするだろうと悲観し、第六条についてはカトリック側でもプロテスタント側でも見解は多様で、制限が加えられて実効性はないだろうと述べる。第七条についてはこちらで妥協点や遵守点を示しても、選帝侯が交渉のために全権を委ねて送り出す使節が、駆け引きで困難をきたすだろうとし、第八条についても日々状況が変わっているので状況次第とする。その上で枢密評議会は、これらの条項すべて、とくに宗教およびその務めに関わる諸点では、神学者の意見をよくよく聴取することを勧め、「和平交渉では、双方が非常に熱心であり、おそらく誰も容易には助言できないので、彼らがただ損なわれる事なき良心のために譲歩しようとしない場合には、若干の点であっても相手方と折り合うことができず、その点のために全体の作業が台無しになり、宗教と良き秩序が永久の、結果として無用な戦争とその見えない結末にさらされる、ということが起こるかもしれない。最後にいかなる結果になっても、カトリック側がそれを良く理解しようとしない場合には、神助を得て、軍事力により彼らを完全に望ましい条件と結末に至るよう強制し、留めるほど耐えることができるか、そのための力をもっているかどうか、よくよく考えなければならない」と述べている(10)。

このように枢密評議会の答申は、「至福の価値の平和」に固執して戦争継続を促すへーエの答申と比べると、交渉相手を視野に入れ、処罰感情も抑えられているが、宗派の壁から相手に不信を抱き、交渉を懐疑的に見る点では同じ見解に立つ。「福音の拡大をもたらす良き不変の平和」を目指すドレスデン条項を支持しつつ、カトリック側の反応にはおおむね悲観的で、宗教が絡む問題には神学者の意見を聴取するよう念を押すのがその姿勢であり、宗派との関係から戦争に対する態度を神学者に縛られ、それと現実の戦争の暗い見通しの間で苦悶している状況である。選帝侯が以前から和平を模索しながらも、なかなかそれを積極的な行動に移さなかったのは、こうした背景があってのことと思われる。

3　「神の帝国」を訴える客

（1）交渉人の背景

一方選帝侯と皇帝との直接交渉を促し、皇帝側の窓口の役割を果たしたのは、ザクセン゠ラウエンブルク公フランツ・ユリウス（一五八四〜一六三四年）である。彼はザクセンといっても選帝侯のヴェッティン家ではなく、その前に選帝侯位にあり、往時の隆盛は見る影もないアスカン家が統治するザクセン゠ラウエンブルク公領の出身である。同公領はホルシュタインとポメルンに挟まれたルター派の小領邦で、領邦君主の地位は異母兄のアウグストが継承し、本人は領邦等族に半ば強制された一六二〇年の相続契約によって、ルター派の遵守を条件に僅かな所領と二五〇〇ターラーの年金を得る庶子にすぎなかった。一時同母弟フランツ・カールとともにプロテスタント「連合」のマンスフェルトの軍隊に属したが、一六二三年に皇帝に赦免を願って許されている。

その後どのような経緯で皇帝に仕えるようになったかは不明であるが、末弟のフランツ・アルブレヒトが母の実家のヴォルフェンビュッテル公の皇帝への帰順に従い、一六二五年にヴァレンシュタインの騎兵指揮官となっていた。おそらくこの縁で兄も皇帝から何らかの誘いがあり、ウィーンの宮廷に伺候するようになったと思われる。フランツ・アルブレヒトはルター派に留まったため、一六三二年に皇帝軍を去ってスウェーデン軍に身を投じ、次いでザクセン軍に奉職するが、フランツ・ユリウス本人はいつ改宗したかも分からず、一六二〇年に結婚したルター派のヴュルテンベルク公女も、その間にもうけた七人の子もすべて一六二九年までに先立たれ、死去した時はカトリックだった。この兄弟の間のユリウス・ハインリヒはスウェーデンに仕えた後、オスナブリュックの司教の職を期待して早々にカトリックに改宗し、その下のフランツ・カールはルター派の軍人としてデンマーク、ヴァレンシュタイン、スウェーデン、ザクセンと渡り歩いた末、一六三七年にカトリックに改宗して皇帝軍に腰を落ち着ける。(11) つまり彼およびその兄弟は諸侯出身でありながら、軍人や官僚、聖職者として職のあるところを彷徨い、宗派的にも異なる環境に揉まれてきた改宗者・亡命者的存在であった。(12) その人的ネットワークを見込まれて、弟の仕えるザクセン選帝侯との交渉を命じられたのだろう。

(2) 対話の始まり

彼は未だザクセン宮廷の大勢が戦争継続に傾く一六三三年一一月二〇日、皇帝フェルディナント二世からの命令を受け、「かかる皇帝陛下の恩寵深きご命令に従うことを、大いにかしこみつつ自らの義務と認識し、また愛すべき平和へのこの上ない願望と欲求から、さらに（帝国という政治的有機体の）身体と肢体の間に再び良き調和が育まれることを喜んで意図しつつ」ザクセン・ブランデンブルク両選帝侯の元に向かい、一六三四年一月一二日にはドレスデンを、その翌日にはベルリンを訪れて、「自身が出席してじっくりと会議を行い、両選帝侯が皇帝陛下に対し恭しく献身しなければならないことを確信し、再び良き信頼を回復し、喫緊に望まれている神聖ローマ帝国の平和の回復のために最大限の努力を傾けることを望み、求めることが、最高の栄誉であると感じられるように」という口上とともに、皇帝からの書簡を届けた。(13) なお先述の宮廷主席牧師ヘーエと枢密評議会に対する「ドレスデン条項」の諮問は、これを受けて行われている。

ラウエンブルクは翌二月一二日にもドレスデンを訪れて選帝侯からの回答を得ている。この回答は残っていないが、選帝侯からハプスブルク世襲領のどこかで交渉に応じるという内容を含んでいたことは、三月二三日に彼がドレスデンを再訪して選帝侯に語った話の覚書の中に見られる。ここでは彼は「名誉ある選帝侯である貴殿からは、神聖ローマ帝国に対する思慮、見識、行動、努力、高い情熱と誠実なる心遣いが十分すぎるほど感じられ、またそれは誰の目から見ても明らかである。したがって我等が心から信じ、期待しているのは、貴殿がそのようなキリスト教的で神聖ローマ帝国の危機を憂慮する非常に有用な意思と、名誉ある心遣いから目を背けることなく、ローマ帝国の頭と肢体が再び良き調和と誠実なる一体性を取り戻し、わけても恐るべき、忌まわしいキリスト教徒の流血に何とか終わりがもたらされるよう、貴殿の担っている高貴な選帝侯の地位に従い、またそれを十分になす力があることに鑑みて、誠実さと熱意を以て、貴殿の不朽の栄光になるよう助け、協力すること、その大黒柱として、苦悩するローマ帝国を終局の破滅から立て直し、支えること、そしてとくに人々が平和交渉のために集まり、我等が皇帝陛下にそれを熱心に掛け合うことが出来るような場所と時間について、回答を与えることである」と述べ、帝国の有機体的な一体性に対する選帝侯の義務と、目下の戦乱をキリスト教徒の危機と捉える認識を訴えつつ、選帝侯に対し和平交渉の開始を促している。(15)

これに対し四月八日、選帝侯もラウエンブルクに口頭で回答を与えている。ラウエンブルクの記録によると、選帝侯は「大変惨めで悲しむべき状態、混乱および恐るべき分裂の中、神が世界のすべての国の上の高みに登せられ、いとも聖なる掟と秩序を授けられた神聖ローマ帝国が、そこで生じた破滅的な戦争の過酷な劫火にさらされ、速やかに平和を望むキリスト教的な助言を介してこの燃えさかる炎を消さなければ、ついには、ドイツ人は永遠の屈辱と神に対する深刻な負い目を背負うことになり、子孫には荒廃が残されてしまうだろうということを、貴殿がキリスト教徒の心でもっていかに気にかけているかを知り、自分は貴殿に好意を禁じえない。しかるにこの要請に向けて、すでに自分はその平和を愛する心を示していた。以前より総司令官に任命していたアルニムに対し、以前皇帝の全権を委ねられていた皇帝代理のフリートラント公（ヴァレンシュタイン）と和平交渉に入り、自分がそれを裁可するまで、アルニムに与えられた訓示の内容に従い、神の栄誉のため、教会を安んじ、神聖ローマ帝国に利益と福利を与え、帝国基本法と他の聖なる制度を再建し、ドイツ人の特権を保全し、外に満ちた不信を除去し、そして良き統一、調和と信頼に満ちた一体性を打ち立て、植え付けるという確たる意思をもって、彼と調整を行うよう命じたのである。しかしアルニムがこの訓示を携えて赴く前に、件の思いがけない変事（ヴァレンシュタイン失脚）が起こってしまったので、前からあった、自分のキリスト教的善意によって意図された交渉は、中断せざるを得ないことになった。〔中略〕今後も交渉にあたり、自分は帝国の誠実なる選帝侯として、あらゆるキリスト教的で正当な事柄に従い、教会を安んじ、神聖ローマ帝国にその大権と聖なる国制を、選帝侯、諸侯および帝国等族にはその統治権、イムニテートおよび特権を保証し、ドイツ人の特権を保全し、確実な平和を回復する以外の目的では、決して救済の武器を取らないことを全世界に知らしむべく、自らの立場を明らかにしたいと考えていた。そのことは貴殿も良く承知のことである」と述べ、フランクフルトでプロテスタント帝国等族の会議が開かれるから、そこで平和のための調整を行い、デンマーク王の仲介が促進されるようにしたいと語った。このフランクフルトの会議とは、選帝侯がオブザーバーとして参加する予定であったスウェーデン主導の「ハイルブロン同盟」の総会で、すでに三月二八日に開会されていた。更に選帝侯は、自分と皇帝双方の代表が集まって和平交渉をするのはボヘミアのどこかではどうかと提案し、そのための通行許可書を求めた(16)。

このことを伝えられたラウエンブルクは四月一六日、別途書簡を送っていたブランデンブルク選帝侯の反応と併せ、皇帝に両選帝侯に対する説得の顛末と和平交渉受諾を報告した(17)。その五日後には再びザクセン選帝侯に対して「皇帝陛下は、愛すべき平和のために誇りをもって請け合うという意図と願望を表した（選帝侯の）前の良き言葉にいたくお喜びのご様子であり、我等もまたこれについての陛下の更なる恩寵に満ちた仰せと欣快の念を早々に伝え、遅滞なく選帝侯殿に報告することを希望する。また私が見るところ、このことに関して皇帝陛下は、件の平和交渉の推進に必要な事柄について不足なきよう叡慮を巡らされており、殿には会合の場所としてすでにかねてより提案されていたリトムニェジツェ市はいかがかと仰せられている。また会議への通行についても、速やかに恩寵を以て回答があるだろう」と報じ、使節を任命し、十分な訓示をもたせるよう依頼している(18)。

以上のやり取りでは、ラウエンブルクが選帝侯に、平和による帝国の有機体的な一体性の回復と国制の維持こそがキリスト教に適うものであることを繰り返し訴え、選帝侯もそれに同調していることが分かる(19)。ここで重要な役割を果たしているのは、宗派の上位概念である「キリスト教」であり、神聖ローマ帝国の一体性をそれに根拠づけることで、平和意思を確認し合っているのである。ここには神学者や枢密評議会に見られる宗派の敵対感情や不信を示す文言も、自宗派の勝利による「真の価値ある平和」を求める表現もない。目的は一六世紀の「フィリップ（・メランヒトン）主義(20)」と同一方向だが、フィリップ主義の本領であった教義や典礼の解釈や意義付けの調整には一切関わらず、もっぱら中世以降の、神による有機体的秩序としての神聖ローマ帝国のイメージに依拠している。

両者の間で共有された、帝国を、宗派を超えた「キリスト教」の上に成り立つとするこの秩序観は、明らかに神学者が主導し官僚たちを拘束する、「正しい宗教」＝宗派で占められるべき秩序観とは異なっている。彼が対話の糸口にしたのは、宗派間の論議でも世俗の実利でもなく、皇帝侍従の肩書きでやってきた「部下の親類」程度の人物が訴える「神の帝国」への義務感だった。ラウエンブルクはこの時はカトリックだったと思われるが、出身家門のルター派色、強すぎない皇帝との関係、弟の所属は、選帝侯の警戒を解くのに寄与しただろう。あるいはカトリックに改宗すると故郷からの収入が絶たれるので、改宗はウィーンでの秘密だったかもしれない。選帝侯はこの「所属不明のエリート」との邂逅で、宗教改革以前から続く伝統的な有機体的帝国観に立ち戻り、それをコード（合い言葉）として確認し合うことで、彼に交渉を託している皇帝ともそれを共有し（あるいはそう考えることにし）、それに基づいて和平交渉の道を開こうとしたのである。

4　同じものを違う角度から見る

ここでルター派のヘッセン＝ダルムシュタット方伯からも、この交渉に協力する旨の使節が来訪し、彼とラウエンブルクとの間でも会合による親睦が図られ、交渉は順調に始まるかに見えた。[21] しかし五月二九日、ザクセン軍総司令官アルニムから、信仰上の大義に沿った「名誉ある平和」を目指してこの交渉に反対する書簡が寄せられる。「あらゆる面から最近起こった出来事（レグニツァでの勝利）にはっきりと跡づけられ、目に見える全能なる神の大いに恩寵深く誠実な助けに対し、私は心から喜ばねばなりません。しかし得られた勝利よりも更に喜ばしいのは、善意に満ちた神がその慈悲をなおも大きく広め、それによって何百万もの哀れな、うちひしがれ迫害された魂の嘆きと涙が求めた名誉ある平和を恵み深くも促さんと欲せられたように感じられたことです。それによって選帝侯殿下は、輝かしく幸運に満ちたその戦争のゆえに、しかしおもに――幸運もすぐれて味方したとはいえ――愛のゆえに、神聖ローマ帝国を共通善と安寧と平和に導き、平和を憎む多くの者に抗して法を守り、神の助力を得たことで、この世に人間がある限りその名声と記憶が朽ちることがなく、後代の誰もの記憶に残っている、殿下の栄光に満ちた祖先の選帝侯モーリッツを凌ぎました。選帝侯殿下の霊的な目的は、切望される平和を再建して神の教会と愛すべき父国を静謐ならしめ、終の破滅から救い、全世界に知らしめるという形でのみ、この困難で流血に満ちた戦争を終わらせることです。とくに元首自身がその高貴なる肢体に再び傾き、全能なる神が同時にその中に進み出で、その明白なる助力によって人心が贖罪へと導かれ、一体になれば、私は神がその優しさに満ちた善意を通じて、神が始めたよき業を完遂するということを信じて疑いません。ですから選帝侯殿下は、なお長く戦争を遂行したとしても、神の名誉を広める誠実な努力によって、神の聖なる言葉を得、恙なくそれを教えたと祝福されることになるのです。頭がそれに付随する肢体と一体になり、それによって神聖ローマ帝国の高貴なる身体が再び姿形を勝ち得、誰の強奪や軽蔑の対象にもならないことほど、殿下が貢献できる有用なことはありません。なぜなら身体が分裂して肢体が生き残るということはあり得ないからです。すでにこの不統一から利益を得ようとする輩が、日々少なからずすべての土地に、それどころかほとんどすべての都市や村に支配を及ぼしております。『小さきものが調和を育めば、大きな不和は消滅する』（サルスティウス）と申します。〔中略〕ローマ皇帝陛下が和議を通じてご自身の世襲領を殿下のお手から返還してもらわねばならなくなるようにすれば、それだけでも十分殿下の名声は得られるものと存じます。ですから愚考いたしますに、リトムニェジツェの内々の交渉も、デンマーク国王陛下の仲介による公開の交渉もお始めにならず、ましてやそれを進めないほうがよろしいと存じます。というのもセネカの言葉が私の頭をよぎっているからです。『目に見える運はなるべく信じないように。神は気まぐれである』と」[22]。

アルニムの書簡からは、彼もまた皇帝を頭、帝国等族を肢体とするキリスト教的有機体として帝国を理解していること、しかしながら帝国という身体を司る神は中立の立場から頭と肢体を結合しようと欲しており、選帝侯は肢体の一つでありながら、神の意志に従うことでそれを実現できること、そしてその点で選帝侯はかつて諸侯戦争とパッサウ協定によって、帝国のプロテスタントを救済したモーリッツ(23)に比肩する護教的役割を果たし、この上は一旦ボヘミアを占領し、それを返還することで、皇帝に対する優位を得られると考えていることが分かる。帝国を有機体と理解しながら、その頭に当たる皇帝がカトリックである以上、頭が肢体を一方的に支配するという構図は受け入れがたいため、有機体の形式は守りつつ、神を中立化し、肢体側にも自立性を認める一種の「公会議主義」的解釈でその矛盾を解決しようとしたのだろう。

このアルニムの申し入れに対し、選帝侯は六月五日付の返書で、「我等は今選帝侯のとしての恩寵を以て、かかる卿の意見をキリスト教的で良き意思をもったものと認識しており、我等はこれを我等の平和の意向と一致しているものと考える。したがって我等はその実現のため、卿も周知のように、すでに前々よりデンマーク国王陛下によって申し出られた仲介に同意し、我等の使節を通じて現在フランクフルトに出席している等族に、平和のための作業を行うよう、強い熱意を以て誠実に求めているのであるが、それに加えて、提案された協議を好ましいものと考え、同意したのである」とし、通行許可書を受け取り次第使節を派遣する予定であると答えている(24)。つまり結論としてはアルニムの進言を却下したのであるが、それにもかかわらず、これを「キリスト教的で良き意思をもったもの」「我等の平和の意向と一致」と一定の評価をしている。これにはアルニムが戦勝をもたらした故の遠慮があることは容易に想像できるが、彼が有機体としての帝国の調和を熱心に訴えた点を評価したと見ることもできるだろう。

5　祝福か良心か

（1）交渉の目的

こうしてザクセン選帝侯は参戦以来初めて皇帝との直接の和平交渉に臨むため、枢密評議官のニコル・ゲプハルト・フォン・ミルティッツと宮廷評議官のヨハン・ゲオルク・オッペルを送り出した。選帝侯から六月九日付で彼らに与えられた訓示(25)は、まず「高貴なる出生のザクセン侯フランツ・ユリウス殿は〔中略〕人々によって切に望まれた平和の回復のため、邪念のない善意に満ちた話し合いと協議を介して、これまで何度も往復しながら交渉を行ってきた。そのことは我等の評議官と使節にも周知のことであり、今更繰り返すまでもない。ローマ皇帝陛下並びにハンガリー・ボヘミア国王陛下が、件のフランツ・ユリウス公に対し、『自分たちは愛すべき平和を再び得るのに、一つの手段のみを取るということは決してせず、むしろ神聖ローマ帝国に平和が回復され、高貴なるドイツ人が終の破滅と没落の中で、永久の滅亡に陥ってしまうことが防がれるようなあらゆる可能な道を考えている』と仰せられたことを知り、我等は大いに好意をもった。そこで更に公は我等のもとに赴き、正当で確実で不変ですべての者に有用な平和を担うという、揺るぎなく変わることのない皇帝陛下の意向を我等に確約したことにつき、皇帝陛下も異論ないことを自身の口で伝えた」として、ラウエンブルクが自身と皇帝の間を取りもったことを確認し、和平交渉を始める理由を次のように述べる。「しかるに我等は、いわば我等の意思に反して、神の、自然の、そしてすべての万民法において証明しうる防衛および救済の武器を取らざるを得なかったにもかかわらず、平和交渉を続けるのは余計事ではあり得ないということ、そこに我等は我等が永久の賞賛と感謝を捧げる神の素晴らしき統治と采配をはっきり見て取るということ、そしてそのために正しく揺るぎない公平で確かな和平交渉を直接あるいは間接に妨害し、まして止めさせたり排除したりするつもりはまったくない、ということを世間に向かって何度も表明してきた。というのも、すでにここ何年かの間経験し、示されたように、内戦と反乱の前では、教会も諸侯や伯や貴族の城や居館も、聖俗の男も女も、老いも若きもみな逃れることが出来ないがゆえに、それらが痛ましい流血と国土の荒廃、窮乏と不安、不正と重荷、罪と瀆神をもたらすことを、我等はいつもはっきり心にかけていたからである。さらに我等が考えたのは、異教徒ですらも、賢明で理性があるならば、武器を取ることを余儀なくされた場合、彼らの念頭にあるその主目的は、それによって公平な平和を得て常道に乗せることであるということであった。まして我等が我等の担っている高貴な選帝侯の地位を想起するならば、神に任命された神聖ローマ帝国の大黒柱の一つとして、その義務に従い、以下のことにすすんで誠実に心を砕くことを自らに課すべきであると、明確に認識している。それは柱の一部が崩れ始めても、国家という立派な建築物が完全にがれきの山と化してしまわないように、神に喜ばれる調和の力で、万全の慎重さの上に、破滅的な分断と分裂を取り除き、幸いにして一層の一致と結束を支え、維持し、もって平和の利益がより実り多く、より豊かにキリスト教徒の民のうえに降り注ぐようにすることである」。

このように目的を語った上で、デンマーク王が申し出た仲介を直ちに受け入れ、フランクフルトの会議に使節を派遣してプロテスタント諸侯やスウェーデンに和平への取り組みを求めたこと、しかしながらそれが決定する前にラウエンブルクが訪れ、皇帝とハンガリー王が評議官を派遣し、通行許可証の発給を保証し、リトムニェジツェで平和交渉を行うことを提案してきたこと、そこでデンマークの仲介とは別に交渉を行うことにし、交渉開始が通行許可証の到着の遅れによって六月三日となったことなど、これまでの経緯が説明され、その後で二人の使節の行動が指示されている。

(2) 交渉の段取り

まず到着後に皇帝側使節の滞在先を尋ね、カトリックの選帝侯や諸侯の使節の在不在に関係なく、ラウエンブルクが来ていれば、彼に添え状を渡し、どのように皇帝側の使節を迎えたらよいか相談すること。[26] 彼がいない場合には皇帝の元に書記を送って到着を伝え、交渉の場と日時を確認し、皇帝側使節から送られた書記からも会議前に使節の口上を書き取っておくべきである。ラウエンブルクがこれまで整えた和平交渉への準備については、向こうもよく知っているので、長々と繰り返す必要はない。皇帝が平和と帝国の救済を望んでいることはその働きと事実から了解している。我等が帝国を安んじ、武器を収め、前代未聞の流血を終わらせ、持続的な信頼を回復し、敵意を捨て、神が望むように帝国の頭と肢体が調和と統一を保ち、子孫に残すことを、心から望んでいることを皇帝の使節にも伝えてもらいたい。「そこから神聖ローマ帝国とそのすべての等族および臣民が、神の祝福の下、利益、至福、許しと福利を手に入れることは疑いない」。皇帝の使節も経験豊かな政治家として、中庸を優先することを期待したい。「ローマ帝権がドイツ人のもとに留まる限り、中庸は常に大きな祝福と多幸をもたらし、神聖なる帝国は安定し繁栄し、力を増して、外の強国は帝国をそう易々と侵すことができなくなる」。

皇帝の使節が最初の会合で交渉を始めようとした場合、こちらは回答まで猶予を求め、会議が設定されたら、直ちに次の段階に進むことを求めて、方針と進め方について話し合い、とくに方針については権限と順番を問題にすべきである。相手の権限の範囲を確認しないと、取り決めが相互を拘束するものにならない。また皇帝がカトリック帝国等族の異議申立権を無視できないという以前からの通告に鑑み、皇帝がここでの合意をどう彼らに呑ませるかについても、当面の妥協ができるとよい。復旧勅令の問題があるからである。皇帝側次第で、これは批准まで待っても良い。またこの交渉は将来デンマークの仲介によって皇帝とプロテスタント等族全体で行われるべき本交渉のための準備であり、それを無にする意図はないということは、相手に伝えておかねばならない。ここでの合意に当面我等のみを拘束することとするが、他のプロテスタント等族が皇帝と別の合意をした場合には、我等にも適用されるべきである。また今回の合意点以外についてはパッサウ協定・アウクスブルク宗教和議を原則とする。更に今回の和平交渉が完全に物別れに終わった場合、そこで協議されたことは我等をまったく拘束せず、我等はあらゆる場合に必要な処置を取る権利を有する。疑わしい議論に誘導された場合には、指示外であることを理由に交渉しないこと。帝国法に従った議論をせず、心が離れ、対立と戦争の原因になるのは、周知のとおりである。(27)

またダルムシュタット方伯とその使節が、今回の交渉のために連絡を寄せ、和平交渉についての考えを伝え、我等の使節とともに交渉に加わる意向であることは、大変喜ばしい。我等は方伯が「神聖ローマ帝国の安寧と一般的、普遍的で公平で不変の平和の再建への特別な熱意、そして最善の神とその聖なる言葉、そして混乱の時代における純粋、健全で誤謬なき不変のアウクスブルク信仰告白への愛と思いから、目下の和平交渉のためにリトムニェジツェで行われる、皇帝の枢密評議官および他の評議官の信頼すべき話を介して、良き土台を据え、実り多き準備をなす」ことに期待しており、「皇帝がその評議官を送るよう神が計らって下さった」この機会に、方伯やその使節が我等の使節とともに交渉に臨み、望ましい結果に至るよう助力することを望む。そのため汝らも彼らとよく協議するように。この仕事は「神の栄誉、その唯一至福をもたらす言葉、うちひしがれた教会の再生、何百万もの生霊の永久の至福と救済、切望される神聖ローマ帝国の静謐と安寧、そして選帝侯、諸侯および等族の領土と人民の福利と救済に関わるがゆえに」方伯も打ち込むであろうし、ことが成った時には方伯は「神から永久の祝福と高い報酬を得、その諸侯としての名声は帝国の内外に高まる」だろう。汝らは方伯が代理を送ってきた時も、必要な変更を加えて同様に対処するように。

さて順序通り交渉が進んだら、方伯と十分連絡を取った上、交渉成就の際に皇帝が我等にどのような形で賠償するのか知る必要がある。したがって汝らは皇帝の使節にそれを伝え、彼らの説明を文書化したものと共に受けるように。その問題で躓かないよう、我等の要求を上手く調整しながら、慎重に我等がそれを必要とする理由を十分伝え、もしどうしても通らないようだったら速やかに次善の案に移るべし。賠償として求めるのは①＝オーバー・ニーダー両ラウジッツの世襲的領有権の譲渡、②＝マクデブルク大司教領およびハルバーシュタット司教領の世襲的領有権の譲渡、③＝②が認められない場合、選帝侯家出身者が両司教の地位を占めることを聖堂参事会が承認、④＝③が認められない場合、譲歩の限界として選帝侯の息子を両司教領の次期司教とすること、⑤＝③④の場合、①に加えボヘミアのヘブ（エガー）郡の世襲的領有権の譲渡、⑥＝シロンスクにある選帝侯の所領の収入が完済されるまでの同地の占領、である。

それ以外の平和の条件は別紙にある（別紙は現存していないが、その後の交渉からドレスデン条項の写しと推定される）。ただこれらには優先順位をつけ、教会に関わることを第一にするように。「これらの条項は神の名誉、打ちひしがれた教会の労りと再生および幾百万の霊魂の永遠の至福、福利と救済に関わっているのだから、汝らはこれらの条項を、汝らのキリスト教徒としての良心の示すままに従った神とわれらの真なるキリスト教的なルターの宗教への愛から、更に我等に負っている義務と服従によって、熱心に、誠実に、また慎重に取り組まなければならない」。それに関する回答はすべて我等に報告せよ。我等が望んでいるのは、我等の統治において、慈悲深き神が幸運と恩寵を恵み、その助力によって、教皇の悪巧みのために邪魔され、聖なる福音が奪われていた場所に、神が入れるほどの大きな塔と門を拵えることなのだから。ただ汝らが色々努力しても、皇帝の使節が同意しない場合には、個々の条件の中で最も受け入れ困難なもの、協議可能なもの、受け入れ可能なものはそれぞれ何かを問いただし、何を後回しにして何の協議を続けるかを、我等に問い合わせてその命を受けること。[28] 一六三一年のフランクフルト和解会議の提案が参考になるだろう。まずプロテスタント等族が一六二〇年を基準年としてそれ以前に獲得した権利と、同年のアウクスブルク信仰告白派の宗教典礼書を回復し、カトリックの干渉は認めないことを要求せよ。しかしこの提案が通らなかったら、この権利を一旦保証し、五〇年経た後、帝国最高法院で最終的に解決するという案を示すこと。それも同意を得られなかった場合、譲歩の限界として、一六三〇年のレーゲンスブルク選帝侯会議で行った提案（復旧勅令廃止などの三〇条項）を見直して再提案すること。宗務・政務両評議官も一六三一年の提案をキリスト教的で良心に悖らないものとしているので、たとえ皇帝の使節がそれを取り上げることに同意せずとも、繰り返しそれを訴えるべきである。ただ基準年などは別の案に従っても良い。

この程度で最初の訓示としては十分であろうが、交渉の中で常に状況を報告し、必要に応じて我等の指示を仰ぐように。

（3）聖戦の誘惑を振りはらう

以上がリトムニェジツェの和平交渉に臨む使節に選帝侯が与えた訓示である。命令を目的とする訓示で、全体の半分を交渉の理由陳述に費やしていること自体、この訓示が自身も含め多くの関係者を説得する任務を課せられていることを示している。とくに訓示の前半は、和平を実現し、「頭と肢体の調和」する帝国の統一を回復することこそ神の本意であるという認識が強調されている。その一方、信仰と教会財産に関する後半のくだりからは、ルター派の権利を極力妥協せず主張すべきとの立場も読み取れる。実はこの部分には、草稿から清書の段階で消されてしまった文言が残っており、そこから選帝侯の意図がさらに詳しく推定できる。そこでは「我等が我等およびその命に服する臣民が真なる宗教を信じるのを、武力を以て守ることができるかどうかは問題ではない。〔中略〕問題は皇帝陛下やカトリック等族が、いくつかの点を彼らの世襲領や選挙領においてそれを受け入れ、同意しようとせず、パッサウ協定および宗教和議の明確な文章や、否定すべからざる帝国の慣習を引き合いに出して、その態度に際限なく固執する場合に、件のごとく、良き純粋な良心に従うべきなのかどうか、すなわちその意志のゆえに平和を停止するのみならず、皇帝陛下やカトリック等族に対する戦争を攻撃的に続け、我等の選帝侯としての高い地位、名誉と資質、我等が君主として現在治める国、すべての子孫、領土と人民、宗教と教会管区を、戦争の行く末が見えない中、神がその先におられるからといって、終の没落の危険がきわめて高い状態にさらし、カトリックを撃滅して、我等のキリスト教を他の国々に広め、根付かせることへのあらゆる障害を取り除くまでの間、武器を握り続けるべきなのかどうか、ということである。我等が思うに、これは我等が今後も考えなければならないことで、気を緩めて行動すると、和平交渉が台無しになり、打ちひしがれた教会と神聖ローマ帝国の状態もそれによって改善するどころか、いよいよ悪化し、危険になり、苦しくなるであろう(29)」。

この文書を削ったということは、それがより率直な心境の表現であるものの、訓示として相応しくないと判断したからと考えるのが自然である。選帝侯は、良心が命じるならば、武力による「真なる宗教」の拡大も必要という、神学者に近い宗派意識を抱く一方、そのままに行動すると、その神に祝福された帝国が崩壊し、「神から与えられた神聖ローマ帝国の大黒柱」たる自身の地位もアイデンティティも失われるという認識に悩んだ末、ラウエンブルクとの邂逅によって「神に祝福される帝国の一体性」の維持を選んだ。しかしその際に暴力によるカトリックの撃滅意図などが漏れては「交渉が台無しになる」ため、それを削ったのではないだろうか。訓示には教義はもとより、信仰・布教の権利や教会財産など宗派自体について確かな見込みがあった形跡は見られないから、和平の動機は、やはり有機体的なキリスト教帝国の維持を目的とした平和回復に求めるしかない。

ボヘミアではアルニム率いるザクセン軍の行軍が続けられたが、和平交渉は七月一八日にザクセンの都市ピルナに議場を移して九月二〇日まで行われ、交渉会議の回数はリトムニェジツェと併せて通算二八回に及んだ。この中で忙しくウィーンと議場を往復するラウエンブルクに代わって、皇帝側の交渉に立ったのが、のちにプラハの和やウェストファリア条約の交渉で中心となるトラウトマンスドルフである。その検討は別の機会に譲るが、ダルムシュタット方伯の使節も途中から加わり、皇帝と選帝侯の調整の上で大きな役割を果たした。九月六日の「ネルトリンゲンの戦い」の敗報は、二七回目の交渉と最後の交渉の間の九月一五日に議場に達したが、その時すでに皇帝とザクセンの間では、ほとんどの議題について合意が成立していた(30)。同年一一月二四日、ダルムシュタット方伯の仲介の下「ピルナ覚書」が交わされ、両者の戦闘は停止された。そしてファルツ、ヘッセン＝カッセルおよびヴュルテンベルクを除くプロテスタント等族がそれに相乗りする形で、翌年五月のプラハの和が成立する。しかしこの交渉を軌道に乗せたラウエンブルクは、前年一〇月八日、休戦の調印を見届けることなくウィーンで忽然と世を去っていた。

6　共通の表象あればこそ

リトムニェジツェの和平協議に至る交渉過程で示されたザクセン選帝侯およびその関係者の意思表明を概観すると、宗派間の武力的対立を克服する共通認識となったのは、有機体のイメージで表象された、伝統的なキリスト教帝国としての神聖ローマ帝国像であったことが分かる。このような帝国像は、中世カトリック世界の普遍的なキリスト教国家の観念からは幾分変化したが、単一のキリスト教的統合体であることには変わりない。近代的な「国益」の枠で当時の国家間関係を構想していた従来の研究では、この帝国像を示し合うやり取りは「単なる」儀式として捨象され、宗派であれ地位であれ領土であれ、権利面だけで紛争当事者の関係が説明されてきた。しかし和平交渉開始までのコミュニケーションを丁寧に跡づけると、最初から当事国の関心事を巡る権利の調整が図られるのではなく、それ自体は古めかしくても、宗派を超えて尊重される有機体的キリスト教帝国という共通の表象を介して当事者の安心感が醸成され、宗派を超えた協議の場を設定することが可能になり、和平への道がスタートしたことが分かる。この「共存の政治学」は、肢体の自律性を認めるアルニムのような「公会議主義」的解釈によって、自宗派に有利な情勢を作り出すための戦いを許容することはあっても、キリスト教的身体と理解される帝国単位の統合を前提としていた。[31] この点は、帝国の一体性よりも教義と国家の一致、つまり「宗派化」を優先した領邦の神学者や官僚とは違う。この「共存の政治学」の重要性を説き、和戦の間を揺れる選帝侯を和平交渉に導いたのが、家柄を頼りに（本心はともかく）「改宗」によって活動の場を得た「所属不明のエリート」であった。ラウエンブルクは選帝侯と何時間も（とくに夜に）会合を重ねたようだから、当時の作法に従ってビールでも手にしながら、共通の話題たる「神の帝国」で盛り上げ、相違である教義には触れず、「貴方の選帝侯の地位はどこから来たのか」「その義務は何か」などと説得したのかもしれない。宗派と政治の間に立つこうした人々の研究は、根拠地をもたなかったゆえに、国制史はもとより地域史研究でも等閑にされ、未だ乏しい。

またこの「共存の政治学」による諸宗派勢力の政治的統合はなお未熟で、元の神聖ローマ帝国の領域を取り込み切れなかったことも事実である。たとえば交渉の仲介を務めたヘッセン＝ダルムシュタット方伯は、相続権争いで対立するヘッセン＝カッセル方伯に圧力を加えるため、相手の宗派カルヴァン派を交渉の中で「敵」と位置づけることで、皇帝とルター派の距離を縮めようとしている。[32] こうした動きによって、プラハの和はカルヴァン派の領邦を排除してしまい、その結果スウェーデンやフランスの介入を許し、戦争は継続された。[33] しかしその全体を検討するのは本章を超える作業であり、これらの課題を指摘してひとまず筆を擱くことにしたい。

注

（1）踊共二「宗派化論——ヨーロッパ近世史のキーコンセプト」『武蔵大学人文学会雑誌』四二巻三・四、二〇一一年、一〇九～一五八頁。

（2）「復旧勅令」は一六二九年三月、皇帝フェルディナント二世が一五五二年の「パッサウ協定」以後カトリックが要求する「聖職者留保条項」の完全履行を求めた勅令である。結果としてプロテスタントの帝国法上の権原となった一五五五年のアウクスブルク宗教和議を制限することになったため、ザクセン選帝侯を領袖とするプロテスタント帝国等族がその撤回を強硬に主張していた。Michael Frisch, *Das Restitutionsedikt Kaiser Ferdinands II. vom 6. März 1629*, Tübingen 1993, 22–48, 140–169.

（3）*Ibid.*, 170–176, Fritz Dickmann, *Der Westfälische Friede*, Münster, 2013（8. Aful.）, 70–74, Georg Schmidt, *Der Dreißigjährige Krieg*, München, 1999, 58–62.

（4）Adam Wandruszka, *Reichspatriotismus und Reichspolitik zur Zeit des Prager Friedens von 1635*, Graz/Köln, 1955, 37–51.

（5）C・ウェッジウッド／瀬原義生訳『ドイツ三十年戦争』刀水書房、二〇〇三年、四一三～四一六頁。

（6）Andreas Neuburger, *Konfessionskonflikt und Kriegsbeendigung im Schwäbischen Reichskreis*, Stuttgart, 2011, 558–568

（7）Philippe Büttgen, "Was heißt konfesionelle Eindeutigkeit? Konfzeptionelle Überlegung zum frühneuzeitlichen Begriff der doctrina", in Andreas Pietsch/Barbara Stollberg-Rilinger（eds.）, *Konfessionelle Ambiguität. Undeutigkeit und Verstellung als religiöse Praxis in der Frühen Neuzeit*, Heidelberg, 2013, 27–38.

（8）Hans Knapp, *Matthias Hoe von Hoenegg und Sein Eingreifen in Die Politik und Publizistik des Dreißigjährigen Krieges*, Halle, 1902, 52–55.

（9）Historische Kommission bei der Bayerischen Akademie der Wissenschaften（ed.）, *Briefe und Akten zur Geschichte des Dreißigjährigen Krieges. Neue Folge : Die Politik Maximilians I. von Bayern und seiner Verbündeten 1618–1651, Teil 2, Bd. 2, Der Prager Frieden von 1635, 2. Teilband*, München/Wien, 1997（以下 Briefe und Akten, 2/2/2）, 403–409.

（10）*Ibid.*, 398–403.

（11）Johann Samuel Ersch, *Allgemeine Encyklopädie der Wissenschaften und Künste in alphabetischer Folge, Bd. 48*, Leipzig 1848, 94–99, *Neue Deutsche Biographie, Bd. 5*, Berlin, 1961, 366–368.

（12）おもに庶民層に焦点を当ててはいるが、改宗による宗派間の人的流動性は踊共二『改宗と亡命の社会史』創文社、二〇〇三年に詳しい。
（13）*Briefe und Akten*, 2/2/2, 8–10.
（14）「帝国の（大黒）柱」（(Haupt-) Säulen des Reiches）とは近世初期の選帝侯のアイデンティティを端的に示す言葉で、「宗派化」時代には分裂傾向の帝国を統合する重要な表象となった。Axel Gotthard, *Säulen des Reiches. Die Kurfürsten im frühneuzeitlichen Reichsverband*, Husum 1999, 1. Teilband, 50–52.
（15）*Briefe und Akten*, 2/2/2, 10–11.
（16）*Ibid.*, 410–412.
（17）*Ibid.*, 12–13.
（18）*Ibid.*, 13.
（19）「頭と肢体」の有機体的国家モデルは一二世紀以来の伝統をもち、一五世紀のザバレラの公会議主義的解釈を経て、一六世紀以降の帝国国制の国家連合的構造にもかかわらず、カトリック・プロテスタント双方の神聖ローマ国制理解の上でも強い影響力を維持していた。同モデルの発展については甚野尚志『隠喩の中の中世』弘文堂、一九九二年参照。帝国のルター派世界ではメランヒトンが人体論との関係で、アルニゼウスが国制論との関係で詳しく論じている。Daniel M. Gross, "Political Pathology", in Nancy S. Struever, *Rhetoric and Medicine in Early Modern Europe*, Routledge, 2012, 129–138, Horst Dreitzel, *Protestantischer Aristotelismus und absoluter Staat*, Wiesbaden, 1970, 116–129.
（20）Harm Klueting, *Das Konfessionelle Zeitalter 1525–1648*, Stuttgart, 1989, 133–136. フィリップ主義は一五四〇年の『改変アウクスブルク信仰告白』に始まるが、その性格が明確になるのは一五四八年の「仮信条協定」を巡る「アディアフォラ」の問題においてである。蝶野立彦『一六世紀ドイツにおける宗教紛争と言論統制』彩流社、二〇一四年、二五七～二六九頁。
（21）*Briefe und Akten*, 2/2/2, 412, Anm. 2, 413–414, 417–419.
（22）*Ibid.*, 421–422.
（23）諸侯戦争とパッサウ協定の成立については渡邊伸「信仰か平和か——パッサウの交渉とアウクスブルク宗教和議」服部

良久編『コミュニケーションから読む中近世ヨーロッパ史』ミネルヴァ書房、二〇一五年、四三八～四四五頁、モーリッツの立場については蝶野『宗教紛争と言論統制』一八一～二一七頁参照。

（24）*Briefe und Akten*, 2/2/2, 421, Anm. 1.

（25）*Ibid*., 423-435.

（26）訓示の二日後に送られた添え状には、到着後早々にラウエンブルクのもとを訪れて、何くれとなく相談せよとも命じている。*Ibid*., 425, Anm. 1.

（27）宗教問題を合意に基づく帝国法に従って解決すべきという観念は、宗教改革期初期から存在した。渡邊伸「ドイツ宗教改革における公会議論の展開について」森田安一編『ヨーロッパ宗教改革の連携と断絶』教文館、二〇〇九年、一三七～一五五頁。

（28）基準年の問題は、それが各宗派の勢力に直結するため、三十年戦争における宗派問題の中核論題となった。Ralf-Peter Fuchs, *Ein 'Medium zum Frieden'. Die Normaljahrsregel und die Beendigung des Dreißigjährigen Krieges*, München, 2010.

（29）*Briefe und Akten* 2/2/2, 433, Anm. 10.

（30）*Ibid*., 528-532.

（31）「国民感情」はともかく、ヴァンドルスツカがザクセン選帝侯周辺の動きを、ルター派の立場から帝国の有機体的秩序を論じたラインキングの国家理論の実践と評し、この有機体的国家観が皇帝と帝国等族の間の主権の帰属問題を曖昧にした、としたのは慧眼である。Wandruszka, *Reichspatriotismus*, 51-55.

（32）*Briefe und Akten*, 2/2/2, 418.

（33）Volker Press, *Kriege und Krisen. Deutschland 1600-1715*, München, 1991, 229.

第11章　フッガー家の人々
――二宗派併存都市に生きて――

栂　香央里

1　「フッガー家の町」アウクスブルク

フッガー家は南ドイツの帝国都市アウクスブルクの都市貴族である。アウクスブルクには、フッガー家の他、南米ベネズエラに植民地を建設し鉱山経営を行ったヴェルザー家、水銀独占で知られるパウムガルトナー家とヘッヒシュテッター家など、名声ある大商人が多数現れた。これらの商人を中心として、アウクスブルクの市政を担う指導者たちは、皇帝マクシミリアン一世およびカール五世と緊密な関係を築き、アウクスブルクのルネサンス文化（活版印刷および人文主義サークルの形成）に寄与した。その一六世紀が経済史上、「フッガー家の時代」と呼ばれているのは、フッガー家がこれら商人のなかでも際立って大きな存在であったためである。(1)

アウクスブルクは宗教改革史の重要な舞台でもあった。宗教改革における主要な出来事は、フッガー家の全盛時代と重なり合っている。「富豪」ヤーコプの時代にルターの宗教改革が開始され（一五一七年～）、次のアントーンの時代に「アウクスブルク信仰告白」の提出（一五三〇年）、シュマルカルデン戦争（一五四六～四七年）を経て、「アウクスブルク宗教和議」の締結（一五五五年）へと至る。日本におけるフッガー史研究者として高名な諸田實氏は、「敬虔なカトリック教徒であり、ハプスブルク家との結びつきが強かったフッガー家の財力に、新旧両派の争いのなかで、カトリック陣営の最も有力な資金源となった」と述べている。(2)

フッガー家のアウクスブルクにおける社会的地位の確立は、主に、現在においても世界最古の社会福祉施設として名高い「フッゲライ」設立による。フッゲライは、一五二一年にヤーコプ・フッガーが資金を提供して「カトリックの」貧しい日雇いや手工業者を救済するために建設された。アウクスブルクは、一五三四年に宗教改革を導入したのであるが、福音主義の人々が多数を占める都市のなかに「カトリックの一角」が存在していたことになる。このことに関し、フッゲライと都市当局との争いは報告されていない。当時のアウクスブルクは、経済の好景気により人口が急増し、貧富の格差が広がり、救済を受ける貧者の数も増え、都市の迅速な救貧政策が必要となっていた。このような事情から、都市当局により都市の規律化の模範として称えられたフッゲライは、宗教改革の最中にもかかわらず、福音主義の人々の賛同を得ることになったのである。(3)

アウクスブルクはカトリックと福音主義が和解した一五五五年の宗教和議の記憶の場であり、和議の締結以降、二宗派がともに公認されていた。市内の中心を走るマクシミリアン通りの外れにある聖ウルリヒ・アフラ教会は、二宗派併存都市の象徴である。通りから見て手前がルター派、奥がバジリカ式のカトリックの教会となっており、同一敷地内に二つの異なる宗派を擁し、共同使用されている建築物である。

フッガー家は元来、生粋のカトリックであったが、二宗派併存都市になって以来、福音主義に改宗する者や、婚姻相手が福音主義の者もいるなど、宗派的境界を越える現象も見られるようになる。一五六〇年にアントーン・フッガーが亡くなると、フッガー一族は転換期を迎える。フッガー家の末裔は現在もなお存続しているが、その家系が明確に分かれ、さらに繁栄していくのはアントーンの子孫の世代からである（図11-1）。(4) フッガー家は、一六世紀後半より、アウクスブルクを中心とする南ドイツ地域一帯の領地所有の拡大と強化を行う一方で、従来通り、

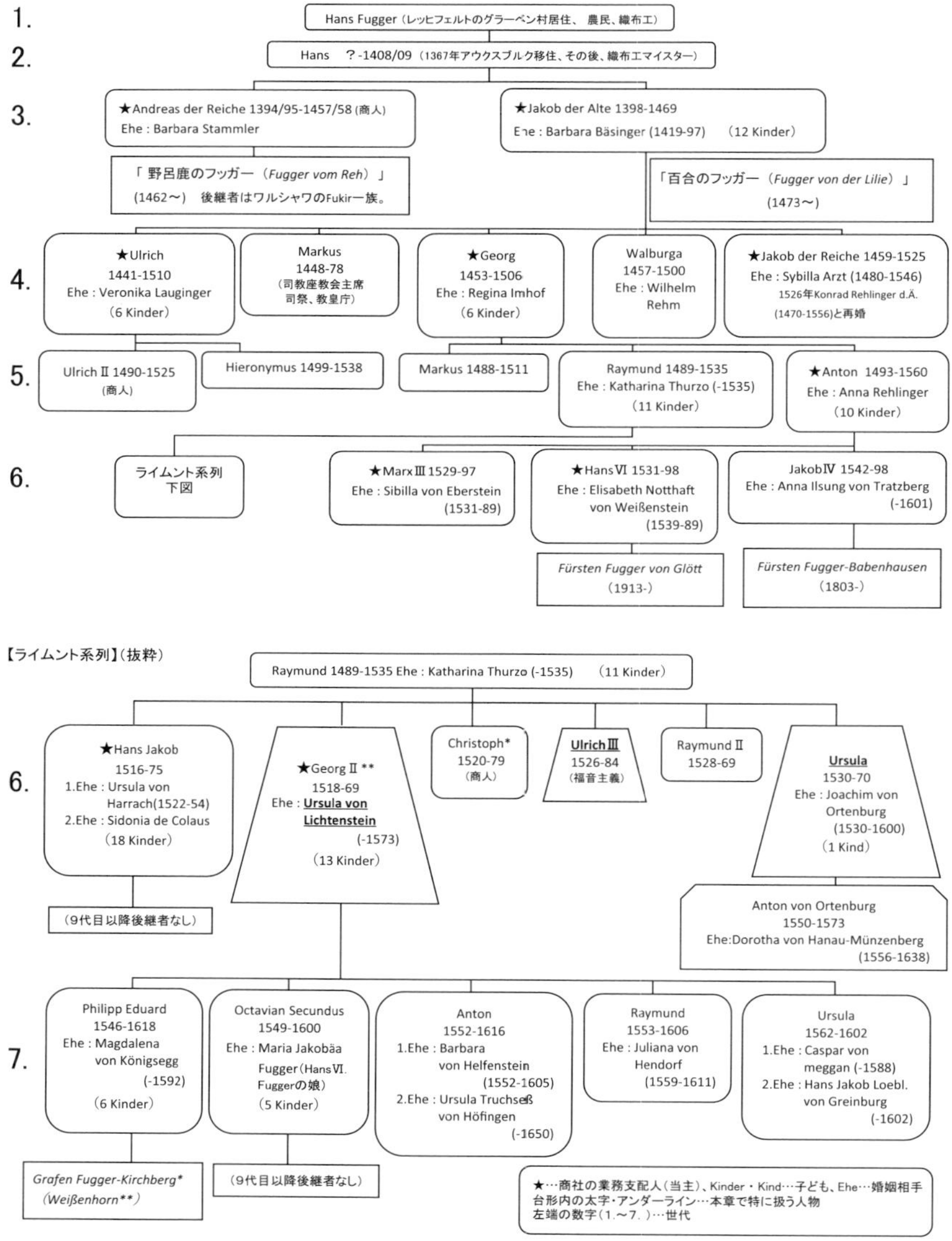

図11-1　フッガー家の系図（15～17世紀）

商業活動も行っていた。商人としてのフッガー家の経済活動は、カトリック世界に閉ざされてはおらず、宗派の境界を越えるものであった。しかし一方で、一六世紀後半には、フッガー一族のカトリック純化が推進される。その原因となったのは、イエズス会との緊密な結びつきであった。フッガー家は、一五六〇年代以降、アウクスブルクのイエズス会を援助していた。アウクスブルクにおいては、一五七〇年代から、ヴェルザー家指導下の市参事会による「カトリック強化政策」が始まり、フッガー家は、そのシンボルとしての聖ザルヴァートル神学院の設立に大がかりな寄進と遺贈を行っている。

本章は、一六世紀後半からのフッガー家の歴史と人物像を描きながら、近世ドイツの宗派的境界の意味および実態を問い直す試みである。具体的には、第一に、フッガー家とイエズス会の関係について、ゲオルク・フッガー（一五一八〜六九年）の妻、ウルズラ・フォン・リヒテンシュタイン（?〜一五七三年）に焦点を当てる。第二に、パッサウ近郊に位置するオルテンブルク伯領における宗教改革導入をめぐって、ゲオルクの妹のウルズラ・フッガー（一五三〇〜七〇年）とその夫、ヨーアヒム・フォン・オルテンブルク（一五三〇〜一六〇〇年）の動向を明らかにする。そのさい、ルター派への改宗を公言したフッガー家の「異端児」ウルリヒ（一五二六〜八四年）にも言及する。

フッガー家は従来、カトリック一色のように語られてきた。しかし、ふたりのウルズラの事例から、カトリックと福音主義の二つの宗派勢力が人的交流を断ち切ってはいなかったことを証明することができ、従来とは異なるフッガー家像を提示することができるであろう。

2　フッガー家とイエズス会――二宗派混合からカトリックへ

（1）一六世紀後半におけるフッガー家の宗派状況

一五五五年の宗教和議により、カトリックと福音主義の平和的共存が決議されると、アウクスブルク都市内においては、宗派の異なる男女の婚姻が見られるようになった。フッガー家も同様であり、多くの福音主義派の貴族一族との婚姻が確認される。たとえば、アントーン・フッガーの長男マルクスの妻ジビーラ・フォン・エバーシュタイン、同次男ハンスの妻エリーザベト・ノートハフト・フォン・ヴァイセンシュタイン、同長女カタリナの夫ヤーコプ・フォン・モントフォルト、ライムント・フッガーの次男ゲオルクの妻ウルズラ・フォン・リヒテンシュタイン、同娘ウルズラの夫ヨーアヒム・フォン・オルテンブルクなどである。

ここで、アウクスブルクにおける婚姻問題について触れておく。一五四八年の市政改革後、住民の婚姻は宗教和議に先駆けて二宗派併存となり、宗教改革導入以来の都市の婚姻裁判所は廃止されることとなった。すなわち、カトリックの住民の婚姻は、アウクスブルク司教のもとに委ねられ、福音主義の住民の婚姻は、自身の組織「聖職者団」のもとに委ねられ、権限が区別された。市参事会は、一五五三年のポリツァイ条令において、婚姻にさいして、必ずカトリックあるいは福音主義の聖職者が司ること、一定の財産を所有しない者の婚姻禁止などを定めた。アウクスブルクにおいて異宗派婚が禁止されたのは、一六三五年から一六四九年までのわずか一五年間のみであった。実際、一六世紀を通して、同市の裁判記録には、異宗派婚についての記載は見当らない(5)。

フッガー家において、福音主義に改宗したのは、ライムントの長男ハンス・ヤーコプとその弟ゲオルクおよびウルリヒ、ライムントの娘ウルズラ、アントーンの長女カタリナなどである。このうち、福音主義を公言したのはウルリヒのみであった。また、フッガー家と福音主義を名乗る一族との商業上の結びつきも見られた。たとえば、アントーンの次男ハンスの遺した『ハンス・フッガーの書簡』における文通相手にも、ルター派の諸侯、友人ならびに知人がいた。たとえば、フッガー家の家庭教師をしていたプラハ在住のヨハン・トナー、アウクスブルクの都市貴族であるハンス・ホノルト、フィリップ・シュタムラーおよびハンス・ジークムント・シュタムラーは、ルター派の「特別な親友」として言及されており、さらに、ルター派のヴュルテンベルク公ルートヴィヒやノイブルク宮中伯との書簡も残されている(6)。

フッガー家の二宗派混合の状況に変化が訪れたのは、一五六〇年のことである。同年以降、福音主義の婚姻相手のカトリックへの改宗が確認されるとともに、一時、福音主義に傾倒していたハンス・ヤーコプは、アウクスブルクにおけるカトリック強化政策の指導的な代表者であり促進者となった。既述のなかで、カトリックに改宗せず、福音主義を堅持したのは、ライムントの娘ウルズラとその夫ヨーアヒム・フォン・オルテンブルク、ウルリヒ・フッガーの三名のみであった。フッガー家内においてカトリックへの改宗者が多くみられたのは、同時期に勢力を増しつつあったイエズス会の影響力が大きかったためである。

一五五九年夏、イエズス会士ペトルス・カニシウスがアウクスブルクの大聖堂で説教を行ったことにより、都市の少数派のカトリック教徒の信仰を高揚させたのみならず、福音主義の多くの人々も改宗に導かれたという。カニシウスは、一五二一年五月八日、当時、ケルン司教区に属し神聖ローマ帝国の支配下にあったネイメーヘンに生まれた。彼の誕生日は、くしくもマルティン・ルターがヴォルムス帝国議会において帝国追放刑に処された日でもある。ケルン大学で学び、一五四三年、マインツの聖クリストフ教会の司祭館でイエズス会への入会手続きをしたカニシウスは、一五四六年、ケルンで司祭叙階を受け、その翌年には、アウクスブルク司教・枢機卿オットー・トルフゼス・フォン・ヴァルトブルクの顧問としてトリエント公会議に参加した。一五四九年、ボローニャにおいて博士号を取得後、インゴルシュタット大学の神学教授および学長を務めたカニシウスは、短期間、ウィーンへ派遣され、一五五六年からイエズス会のドイツ管区における最初の管区長となった。カニシウスは、司教ヴァルトブルクによりアウクスブルクの大聖堂の説教師として招聘され、一五六一年まで同市に滞在することとなった(7)。

一五六〇年に亡くなる直前のアントーン・フッガーも、カニシウスに関心があったといわれている。アントーンは、一五六〇年の遺言補足書において、自身の子どもたちにカトリック信仰を義務づけ、一族の結婚式および埋葬はカトリックの儀式に従って行われることを家訓としたほか、フッガー家の商社員、家庭教師、料理人などの関係者たちもカトリックであるべきことを規定した(8)。もっとも、フッガー家の商業上の結びつきにおいては、従来通り、ルター派の人々もいた。一方、カニシウスもまた、自身の布教活動のために、経済力のあるアウクスブルクの都市貴族との結びつきが重要であることを知っていたのであろう。カニシウスは、アウクスブルクの定住許可を得るため、また、同市にイエズス会学院を設立するために、フッガー家と接触することになる。カニシウスは、都市内においてとくに、女性たちからの支持を得ていたという。

しかし、実際に、説教を行ったのみで、カトリックへの改宗者を増やすことができたのであろうか。

(2)「イエズス会の最良の母」ウルズラ・フッガー・リヒテンシュタイン

フッガー家の五代目にあたるライムントの次男ゲオルクは、一五四二年一一月二八日、トリエントにおいて、福音主義派のウルズラ・フォン・リヒテンシュタインと結婚した。結婚式は、新婦ウルズラの伯父で、一五三九〜四二年、トリエントおよびブリクセンの領主司教を務めていたクリストフ三世・フォン・マドルッツォのもとで執り行われた。マドルッツォは、すでに、新郎ゲオルクの叔父アントーン・フッガーとの商業上の結びつきがあった。結婚式において、領主司教マドルッツォが、カトリックか福音主義かの信仰告白を新郎新婦に委ねたさい、ゲオルルクは、ウルズラのために福音主義を名乗る決断をした。

リヒテンシュタイン家は、トリエントの司教およびティロール伯のミニステリアーレ（家士）を起源とする。一四七二年以来、三家系がティロールの貴族名簿に記載されている。ウルズラの父で傭兵隊長のヴィルヘルムとその妻（名門シュテッテン家出身）は、南ティロールのボーツェン近郊トレンティーノにあるカルナイト城を所有していた。ウルズラの生年は不明である。ウルズラの二人の姉妹は、タクシス家とシュパウアー家と結婚していた。シュパウアー家は、ティロールにおける福音主義の熱心な信奉者として知られていた。また、ウルズラの兄の寡婦たち、マルガレータ・フォン・リヒテンシュタイン―ヘルフェンシュタインおよびヨハンナ・フォン・リヒテンシュタイン―オェッティンゲンも福音主義派であった。ヨハンナは、福音主義の信念をもった貴族の女性たちとともに、討論を行っていた。マルガレータは、領邦君主の二人の検察官が、彼女の蔵書を調べに来たさい、異端的な書物を隠していた。ウルズラの義姉妹は、常に国外追放を脅迫されており、マルガレータはティロールに残ったものの、ヨハンナは、一五六九年にシュヴァーベンへ移住することとなった。[9] ウルズラは、このような福音主義の信念に染まった環境から、カトリックのフッガー家に嫁いで来たのである。

カニシウスがアウクスブルクにおいて布教活動を始めた時、ウルズラは、まさに彼の敵対者であった。しかし、ウルズラの義姉妹ジビーラ・フォン・エバーシュタイン（マルクス・フッガーの妻）の「驚くべき回心」の後、ウルズラは、内密にカニシウスの指導で「霊操」[10]を実践し、彼女自身、生まれ変わったような気持ちになっていた。カニシウスは、ウルズラのために、カルトゥジオ修道会の友人ランスペルギウスの著書『神の愛の矢筒』をケルンにおいて入手し、彼女を敬虔な気持ちにすることに尽力した。カニシウスの努力は、一五六〇年九月二〇日に実り、アウクスブルク司教ヴァルトブルクに成果を報告している。「当初、ゲオルク・フッガーの妻（ウルズラ）はカトリックの敵でありました。しかし、今や、私が何度も魂を込めて彼女に話したので、彼女は、われわれをたいへん好んでいます[11]〔中略〕」。ここに、ウルズラは公にカトリックに改宗したのである。ウルズラは、改宗後、夫のゲオルクの蔵書のなかにあるすべての異端的な書物を除去するために、イエズス会に精査を依頼したほどであった。ウルズラの「敬虔さ」を表す事例といえよう。

ウルズラとイエズス会は、時が経つにつれて緊密な関係を築いていく。カニシウスは、イエズス会にアウクスブルクの定住許可を取得させて学院を設立するために、ウルズラと彼女の義姉妹ジビーラの仲介に期待した。その後、紆余曲折はあったものの、彼女たちの働きかけによりフッガー家の男性たちの援助を得ることができ、イエズス会学院設立の計画は実現に至った。設立までに一〇年以上かかったのであるが、その間ウルズラは、イエズス会に様々な援助を行い、カニシウスとの緊密な結びつきを維持していた。カニシウスは、ウルズラにより、たびたびフッガー邸に招待され、一族の亘要問題に関与していた。

ウルズラは、イエズス会がアウクスブルクの大聖堂において、説教とならび「霊操」も実践できるよう、カトリックの主任司祭を説得することに成功した。カニシウスとエルデレンは、ともにイエズス会の意向に沿って、都市民の宗教生活の「改革」を始めた。しかし、一五六三年九月、アウクスブルクの司教座聖堂参事会は、イエズス会に対し、大聖堂における説教の禁止を決議するに至った。イエズス会に対抗したのは司教座聖堂参事会だけではない。都市民もまた、富裕層の女性たちがイエズス会を称賛するのを不快に思っていたという。とくに、イエズス会が特定の女性（ウルズラ）の家に出入りしていたことは広く知られていた。アウクスブルク司教ヴァルトブルクの介入も効果なく、カニシウスは一五六四年九月末、大聖堂における説教を断念せざるを得なかった。その後カニシウスは、ドミニコ会女子修道院の聖カタリナ教会を新たな説教の場とする許可を得ている。イエズス会が布教活動を始めた都市においては、当初、アウクスブルクに見られるようなカトリック同士の対立も報告されている。

フッガー家は、イエズス会の聖ザルヴァートル神学院の設立にさいし、一五七六年、ウルズラの夫ゲオルクの弟クリストフが総額三万グルデンを寄付し、次いで、ウルズラの子どもたち、フィリップ・エドゥアルトとオクタヴィアン・ゼクンドゥス兄弟が一万二〇〇〇グルデンで八軒の家をイエズス会に譲渡した。(12) 一五八二年、フッガー一族の妻たちは、寄付金と聖ザルヴァートル教会の高価な装飾品を寄進し、一五八六年には、さらに一万六〇〇〇グルデンを寄付、また一二年後、ハンス・フッガーの息子クリストフは、その維持費としてさらに四万グルデンを寄贈した。なお、イエズス会は、同神学院において無償で授業を行っていたのであるが、これに対抗してルター派も一五八一年、聖アンナ教会に学校を設立した。(13) アウクスブルクにおいては、カトリックとルター派の学校の競合を契機に、一五八〇年から宗派争いの激動の時代を迎えることとなる。(14)

ウルズラは、夫ゲオルクの死後、一五七三年四月一二日に、故郷カルナイト城で亡くなり、その後、アウクスブルクの聖ウルリヒ・アフラ教会に埋葬された。彼女は聖ザルヴァートル神学院の設立を見届けることはできなかったものの、一五七二年一一月、一万四八八三グルデンと同等の価値のある装飾品をイエズス会に遺贈した。また、一五六三年には、ローマのイエズス会学院設立のために、三〇〇グルデンを寄付したほか、イエズス会に、多くの金銭を寄付していた。カニシウスとほかのイエズス会士との書簡において、ウルズラは、「アウクスブルク出身のフッガー家の貴婦人、このうえなく敬虔で、たいへん名高い淑女 sanctissima et clarissima matrona」と高く評価されている。「sanctissima」は、当時、列聖に価する人に用いられる表現であった。ミュンヘンにおけるイエズス会士ヒエロニムス・ナダルは、同市の若い女性たちに、「きわめて敬虔なadmodum religiosa」ウルズラを模範とするよう願っていた。

カニシウスは、一九二五年二月二五日に列聖された。没後三〇〇年の一八九七年一二月二一日には、アウクスブルクの大聖堂に記念碑が建てられた。そこには、イエズス会に貢献した四都市、すなわち、ウィーン、ミュンヘン、インゴルシュタット、アウクスブルクの紋章盾が飾られ、アウクスブルクにおけるイエズス会のパトロンとして八名の名前が記載されている。その最初にウルズラが登場し、教皇ピウス五世、皇帝フェルディナント一世、モーリッツ・フォン・フッテン、アウクスブルク司教ヴァルトブルク、バイエルン公ヴィルヘルム四世とその妻ヤコバ・マリア、ウルズラの夫ゲオルクと続いている。(15)

(3) ウルズラ・フッガー・リヒテンシュタインと悪魔祓い

「きわめて敬虔な」ウルズラを特徴づけるエピソードとして、彼女の悪魔信仰と悪魔祓いをめぐって見ていくこととする。

悪魔信仰および魔女信仰は、一六世紀の人々のあいだに深く根付いていた。精神不安の症状は、今日でいう妄想等の病状ではなく、日常的に悪魔の仕業であるか、狂気の沙汰とみなされていた。悪魔信仰は、下層民のみならず、都市の富裕層に至るすべての人々のもとにあった。バイエルンにおける悪魔祓いは、一五七四年に極致に達した。一五八四年には、インゴルシュタットにおいて、悪魔にとり憑かれた一万二六五二人の未婚の女性たちの悪魔祓いについて説教が行われた。(16)

アウクスブルクの都市貴族で年代記編者のパウル・フォン・シュテッテンによれば、一五六八年から、アウクスブルクにおいて悪魔祓いが増加したという。(17)イエズス会は、当初、個人の家のみで悪魔祓いを行っていたのであるが、次第に教会において公開されるようになった。このイエズス会の行為が、福音主義の人々のみならず、カトリック教徒との対立の原因ともなったのである。当時のカトリック教徒は、都市民約三万人のうちの三三％であった。

イエズス会の悪魔祓いは、一五六八年からフッガー邸で行われた。(18)訪問したのはヴェンデリン・フォルックやカニシウスである。フッガー家の最初の悪魔祓いは、悪魔にとり憑かれた侍女カタリナに対して行われた。カタリナは、神の恩寵に恵まれたかのように振る舞い、聖なる処女が彼女の頭上に現れ、青色のガウンを広げたように感じたと述べた。また、ウルズラに仕える、悪魔にとり憑かれた侍女に対しても行われた。この悪魔祓いは、ドミニコ会の聖マグダレーナ教会において、カトリックの都市当局者とフッガー家の構成員のもと、およそ二〇〇名の観衆の前で公開された。同教会での行為のため、ウルズラは、ドミニコ会の説教師を三度、自身の家に招待し、説教師が訪問するたびに、イエズス会士もウルズラの家に居合わせていたという。ウルズラは、ドミニコ会士と昼食をともにするなどして説得した。

ウルズラの侍女で織布工の娘ズザンナ・ロシュマンは、悪魔にとり憑かれていると公言していた。イエズス会は、すでに二年間、彼女のために尽力したものの、成果なく終わっていた。ズザンナは、福音主義であったので、当初、福音主義の牧師に相談していたのであるが、聖モーリッツ教会の牧師シャイベンハルトは、悪魔祓いをする気にはならなかった。ズザンナは、ウルズラによりカトリックへの改宗を勧められ、一五六四年三月からカニシウスにより悪魔祓いをされることとなったのである。

ズザンナのカトリックへの改宗に関して、以下のエピソードが残っている。アウクスブルクのミヒャエル・ロスマンというおよそ二〇歳の織布工が、黒い毛皮を羽織り、若い女性の前に「悪魔」として現れたという。イエズス会士ブロドリックは、この出来事について、悪魔と見て分かるような恐ろしい仮面を着けて仮装し、夜間にウルズラの家の周囲を彷徨うよう、イエズス会士同士で企てたと述べている。「悪魔」はルター派の侍女を脅し、福音主義の信仰をやめさせた。当時、このようなまったくの迷信的な話が多くの風刺詩やビラに、「驚異譚」として掲載されていた。(19)その一つではあるが、ズザンナの件は、記事になるほど、人々の関心を集めていたのであろう。

アウクスブルクにおける名声のある医師で、フッガー家とも親交のあったアキレス・ピルミン・ガッセルによれば、ズザンナは、「下腹部の悪い病気」、すなわち、今日でいう「腹痛と痙攣」と診断された。しかし、ウルズラは、ズザンナの最終的な治療をローマで行おうと決心し、ローマのイエズス会本部を表敬訪問した後、教皇に謁見し、自身の幻覚と奇跡について報告することを望んでいた。ウルズラは、旅の同伴者に義弟（アントーンの次男）ハンス・フッガーを選び、一五六九年九月一七日からローマ巡礼に出発することとなった。[20] 当時、自己目的としての旅行は、きわめて稀であった。外国への旅行は、宿の確保、旅券の手配、複雑な貨幣単位や多様な言語の問題などのほか、道中における襲撃の危険もあり、巡礼者はたいてい集団で旅をしていた。このような事情から、カニシウスはローマ巡礼に反対していた。しかし、結局はウルズラの熱意に押され、イエズス会の贖罪司祭フォルックに書簡を送り、彼女たちに同行しローマを案内してほしいと依頼した。ウルズラは、一六世紀においてローマを訪れたフッガー家内唯一の女性となった。

ウルズラの息子フィリップ・エドゥアルトの日記によれば、滞在期間は、一五六九年九月から一五七〇年の春までであった。ウルズラとハンスは、一五六九年一〇月一〇日、ヴェネツィアからアンコーナに入り、同年一一月六日にはローマに到着し、枢機卿アントニウス・グラネッラを訪ねた。同年一二月二一日、二人は教皇ピウス五世に謁見し、ロザリオなど礼拝用具を贈られたのみならず、ズザンナの悪魔祓いについても指示された。教皇は、悪魔祓いを二度、ドイツ人の教会で行うことを決めた。ズザンナは、純潔の誓いの後、常に修道服を着るようになった。[21]

アウクスブルク司教ヴァルトブルクは、同時期にローマに滞在していた。彼は、一五七〇年三月、ズザンナの件について、ミュンヘンのバイエルン公アルブレヒト五世に秘密の書簡を送っている。そこには、ウルズラがまったく敬虔な女性であるがゆえの巡礼であったことが記されている。一方、カニシウスは、ローマ巡礼によるズザンナの病気治療の計画はウルズラの行きすぎであり、彼女が再び正常心を取り戻すことを願っていた。[22]

カニシウスは、説教のみで福音主義の人々をカトリックに改宗させることができたわけではなかった。ウルズラの家での悪魔祓いが市内においてセンセーションを巻き起こし、カニシウスの支持者を増やすことができたことが大きかった。カニシウスの布教活動の成功の鍵は、ウルズラにあったといえるであろう。イエズス会は、個人的なコンタクトを通してフッガー家内の福音主義の人々の改宗を説得するなど、上層市民に働きかける一方、悪魔祓い、聖地巡礼などを催して一般民衆の教化と改宗にも努めていたのである。

3　オルテンブルク伯領における宗教改革導入をめぐって

（1）「バイエルンにおける福音主義の中心」オルテンブルク

オルテンブルク伯家は、今日における上オーストリアとバイエルン一帯に広大な土地を所有する有力な一族であり、ヴィッテルスバハ家と友好関係にあった。オルテンブルク家のバイエルンの家系は、ラポート一世に由来し、彼の息子ハインリヒ一世が、今日まで続くオルテンブルク伯家の基礎を築いた。一五二一年、オルテンブルク家は帝国領主として帝国台帳に記載され、一五四九年に、オルテンブルクは帝国直属都市となった。一五六三年、オルテンブルク伯領に宗教改革を導入したヨーアヒム・フォン・オルテンブルクは、それ以来、バイエルンにおける福音主義の先駆者とみなされ、オルテンブルクは、福音主義の中心地となった[23]。

ヨーアヒムは、一五三〇年、クリストフ一世とその二番目の妻アンナ・フォン・ファイルミーアンの息子として生まれた。両親は一五三八年以来、ルター派に改宗しており、ヨーアヒムも幼少期からルターの教えの影響を受けていた。彼は、一三歳からインゴルシュタット大学で学び、一五四五年に卒業したさいには、ラテン語、イタリア語に精通し、歴史学にも関心をもっていた。その後、イタリアへ留学したヨーアヒムは、芸術および法学の専門教育を受け、一五四七年にはパドヴァ大学の法学部に入学した。福音主義的な傾向のあるヨーアヒムの婚姻相手は、カトリックのフッガー家のウルズラ（ライムントの娘）であった。一五四九年五月一九日、一九歳同士のヨーアヒムとウルズラの結婚式は、フッガー家の領地ミクハウゼンにおいて執り行われた。ウルズラは、嫁資として三万グルデンをオルテンブルク家に持参した。この婚姻により、ウルズラは宗教改革の波にのまれ、福音主義のために戦うこととなる。

一五五一年四月、父クリストフ一世が亡くなった後、ヨーアヒムは、二一歳にしてオルテンブルク伯領の領主となった。同年六月五日に皇帝カール五世により公式に認可され、一六〇〇年に亡くなるまで同地を統治した。一五五五年には、アルブレヒト五世の副官に選ばれたヨーアヒムであったが、その翌年、ミュンヘンで開催された領邦議会において、バイエルンの領邦君主たちに、礼拝のさいの二種陪餐（パンとぶどう酒）の許可を求めたのである。この要求は、議会において拒否されたものの、バイエルンの司教たちのもとで大規模な暴動が起こった。ヨーアヒムは、一五五七年にルター派への改宗を公言した(24)。

(2)「オルテンブルクの陰謀」とその影響

いわゆる「オルテンブルクの陰謀」とは、一五六三・六四年に発覚した、バイエルンにおける信仰の問題をめぐる対立のことである(25)。

一五六三年、インゴルシュタットにおいて領邦議会が開催され、新たに二種陪餐について議論された。しかし、バイエルン公アルブレヒト五世は、彼の統治形態において、カトリックとならび、他の信仰を許容することはなかった。アルブレヒト五世は、熱心なカトリック信者であり、当該件については、教皇の公会議の認可なしには決定し得なかった。彼の怒りを買ったヨーアヒムは、自身の要求を断念したものの、ヨーアヒムに賛同していた帝国諸侯たちとの文通を継続した。アルブレヒト五世とヨーアヒムは、一時、ヨーアヒムが彼の副官を務めていたことで親交があったものの、一五六三年以降、敵対関係となったのである。

ヨーアヒムは、後に皇帝となるマクシミリアン二世の国王戴冠式に列席したさい、アルブレヒト五世も、他の多くの帝国諸侯たちもアウクスブルク信仰告白を導入する予定のないことを知った。そこで彼は、オルテンブルク伯領に宗教改革を導入する決断をしたのである。当時、宗教改革を導入していたのは、たとえば、一五五二年に帝国都市アウクスブルク（三か月間のみ）とレーゲンスブルク、その翌年にファルツ―ノイブルクとホーヘンヴァルデック―ミースバッハ、一五五九年にハーグなどであった。

一五六三年一〇月一七日、ヨーアヒムは、ヨハン・フリードリヒ・ケレスティンによる最初の公の福音主義の礼拝を同市教会において行い、ここに、オルテンブルクは、公にルター派の都市となった。その後のオルテンブルクには、新たな信仰についての説教を聴くため、短期間で群衆が押し寄せた。近郊のアイデンバッハおよびパッサウなどにも福音主義の新たな信徒はいたのであるが、バイエルンの福音主義の多くの人々は、オルテンブルクへ移住した。

アルブレヒト五世は、ヨーアヒムの行為を許容せず、オルテンブルク伯領をバイエルン公国に併合し、宗教改革の弾圧を試みようとした。ヨーアヒムは、オルテンブルクの帝国直属性を取り消す旨の訴訟を起こしたものの、この措置には期間を要し、結局のところ、一五七三年に失敗に終わった。その間、アルブレヒト五世は、オルテンブルク城の門戸開放権を行使し、オルテンブルクに直接介入することとなった。しかし、ヨーアヒムは、福音主義の礼拝を中止せず、そのために、アルブレヒト五世は、二人の福音主義の牧師を逮捕し、国外へ追放した。これに対し、ヨーアヒムは、皇帝フェルディナント一世および国王マクシミリアン二世に苦情を訴えるとともに、帝国最高法院にも訴えた。アルブレヒト五世は、さらに、福音主義の礼拝の中止を要求した。

一五六四年、アルブレヒト五世は、オルテンブルク伯領への出入りを完全閉鎖し、同年五月には、オルテンブルクの封土を没収してバイエルン領とし、すべての所有財産を差し押さえた。そのさい、ヨーアヒムの文通の束がマッティヒホーフェン城で発見されたのである。

アルブレヒト五世は、この発見により、陰謀の証拠が見つかると信じた。その結果、多くのバイエルンの諸侯たちが反逆罪で告発され、一五六四年六月、ミュンヘンにおいて訴訟が開始された。すでに、訴訟に根拠のないことが明らかになっていたのであるが、アルブレヒト五世の目的は、バイエルンの諸侯たちが福音主義を公言しないことであった。一五六六年一〇月、ヨーアヒムと彼に味方した諸侯たちは、アウクスブルクの帝国議会において、暴動を目論む者のなきことを表明し、署名するに至った。被告人たちは、免訴にされ、帰途につくこととなった。ヨーアヒムは、バイエルンの封土を取り戻した。一五七三年、シュパイヤーにおける帝国最高法院の判決は、オルテンブルクにとって有利な結果となった。すなわち、オルテンブルクの帝国直属は容認されることとなり、その後、一八〇五年まで継続したのである。

オルテンブルクは、その後も多くの福音主義の人々の隠れ家となり、一七世紀には、上オーストリアからの「隠れプロテスタント[26]」の亡命地となった。二〇一七年に迎える「ルターの宗教改革五〇〇周年」より一足早く、オルテンブルクでは二〇一三年一〇月一七日に「宗教改革四五〇周年」の記念式典が開催された[27]。

オルテンブルクと同様、一五六三年に宗教改革を導入したノイブルク・アム・イン伯領は、しかしながら、バイエルンとの対立を回避するため、一七世紀に宗教改革を断念した。ノイブルクは、今日においてもカトリックである。バイエルン公国は、全体としてカトリック改革が浸透した地域であり、今日もカトリックが多数派を占めている。カトリック改革が成功したのは、アルブレヒト五世の影響力が強かったためであり、少なくとも彼の統治期間中、バイエルンの諸侯たちがアウクスブルクの宗教和議の規定に抗議することはなかった[28]。

カトリックが多数派の地域にあり、ルター主義を堅持し続けているオルテンブルクには、当時、真の庇護者が存在した。オルテンブルクの領主ヨーアヒム自身ではなく、その妻ウルズラ・フッガーである。

（3）「オルテンブルク伯領の庇護者」ウルズラ・オルテンブルク・フッガー

ヨーアヒムの妻ウルズラは、一五三〇年、ライムント・フッガーとカタリナ・トゥルツォの娘として生まれた。両親は、ともに一五三五年に亡くなり、五歳にして遺児となったウルズラは、三歳年上の姉バルバラとともに、福音主義の家庭教師、バルバラ・ライインクの保護を受けることとなった。家庭教師バルバラは、皇帝カール五世により貴族身分に昇格したカウフボイレンの都市貴族で、フッガー家の商社のシュヴァーツ支店長を務めたゲオルク・ヘルマンの妻であった。ラインク家もまた、一五三〇年に貴族身分を得ているアウクスブルクの名高い一族として知られていた。ウルズラと姉バルバラの幼少期については不明であるが、少なくとも一年間は、シュヴァーツ近郊のヘルマン一家と暮らしていたことが想定される。ヘルマンも福音主義であったので、ウルズラはカトリックのフッガー家出身でありながら、福音主義の影響を受けていたことになる。一五四九年、ヨーアヒムとの結婚後、ウルズラは、オルテンブルクへ引越すこととなった。

一五六三年一〇月二六日、ウルズラは、ヨーアヒムと彼の従兄ウルリヒ（ウルズラの兄）がミュンヘンのアルブレヒト五世により召喚された旨の知らせを受け取った。そのさい、彼らの拘留期間は一四日間であったが、ウルズラはこの間にバイエルン公の宮廷において、ヨーアヒムが毒を盛られることを危惧していた[29]。結局、ヨーアヒムは無事に帰還したものの、釈放の条件として、バイエルン公により、オルテンブルクにおける牧師を全員解雇すること、および再びカトリックのミサを導入することを命じられた。しかし、ヨーアヒムがこれに応じなかったことは、既述のとおりである。ヨーアヒムは、その後、ウィーン、ノイブルク、レーゲンスブルク、シュパイヤーなどを転々とした。ウルズラは、常に一人でオルテンブルクにおけるすべての問題に対処することとなった。

一五六四年一月、ウルズラは、オルテンブルクの牧師ケレスティンがアルブレヒト五世により逮捕されることを危惧し、ヨーアヒムに苦情を述べている。この時期、オルテンブルクには福音主義の信徒たちが聖餐の杯を求めて押し寄せていた。結局、ケレスティンは逮捕され、新たな牧師トーマス・ローレルがオルテンブルクに来たとき、ヨーアヒムはシュパイヤーに滞在していた。ローレルは、カトリックのプレモントレ修道会の出身であったが、ルター派であることを公表し、ヨーアヒムの仲介によりオルテンブルクの牧師となった。彼は、同年の復活祭から同市に滞在していたものの、アルブレヒト五世により、八月一七日に解任され、逮捕された。アルブレヒト五世は、ローレルの礼拝に参加した人々に罰金刑を科すなどしてルター派の拡大を阻止しようとしていた。(30)

一五六四年五月、オルテンブルク伯領がバイエルンに没収されることになったさい、ウルズラは、領地の譲渡は考えていないことを明らかにしている。実際、ハンス・フォン・トレンバッハがブルクハウゼンの管理官と判事とともにマッティヒホーフェンに来た時、ウルズラは城の引き渡し要求を拒否した。結局、マッティヒホーフェン、ノイデック、エッケルハイム、ラインディンクは占領され、ウルズラは、マッティヒホーフェンからノイオルテンブルクへ移住することとなった。

しかし、ウルズラは、すでに同年四月三〇日、マッティヒホーフェンから貴重品の入ったチェストなどをプッフハムへ搬出していた。彼女は、同市の市民たちに気付かれないよう配慮し、夜間に馬車一台分の積み荷で運び去ったのである。ウルズラの機転により、全財産の没収は免れた。唯一残してきたものは、ヨーアヒムの文通の束であった。ウルズラは、ヨーアヒムの秘書に、文書類を整理した後、それをすべて城から搬出するよう依頼していたのであるが、秘書はこの任務を怠り、文通の束は城に残されてしまった。(31)これが陰謀の証拠としてアルブレヒト五世の手に渡り、ヨーアヒムは反逆罪に問われることとなった。この間、ヨーアヒムはノイブルクのヴィルヘルムのもとに滞在していた。

ウルズラは、バイエルン公との対立のさいの援助を自身の兄たちに求めた。しかし、ハンス・ヤーコプも、ゲオルクも彼女の味方にはならなかった。まさに、当時のフッガー家は、イエズス会の影響下にあり、カトリックへの改宗者が増加したのみならず、福音主義の従業員を解雇するなど、一族のカトリック信仰を確立していたのである。また、フッガー家の商社は、アルブレヒト五世に多くの貸付金があり、財政パートナーとしての役割を担っていたのみならず、中でも、ハンス・ヤーコプは個人的に彼との友好関係を築いていた(32)。したがって、ハンス・ヤーコプは、ウルズラの宗教的立場を認めないとして、この件には関与しなかったのである。

さらに、ヨーアヒムは、一五六七年以降、カルヴァン主義に傾倒していたともいわれている。ウルズラの息子アントーンは、ヴィッテンベルク、バーゼル、インゴルシュタット、ブルージュで学んだ後、一五六一年からカルヴァンに同行していた(33)。アントーンの影響を受けたヨーアヒムが、カルヴァン派に改宗したとしても不思議ではない。フッガー家は、経済上の結びつきにおいて、ルター派は認めていたものの、カルヴァン派については常に認めない態度を貫いていた。カルヴァン派が一五五五年の宗教和議で許容されていないことに因るのであろう。

ウルズラを救ったのは、従弟ハンス・フッガーであった。ハンスは、前節で述べたとおり、ウルズラ・リヒテンシュタインのローマ巡礼に同行しているように、当時フッガー一族における「仲介者」の役割も担っていた。ヨーアヒムの宗派的に「困難な立場」により、直接の仲介を断念せざるを得なかったものの、ハンスはヴィルヘルム五世に書簡を送り、バイエルン公との妥協を目指した(34)。また、ウルズラ自身もヘッセン方伯ヴィルヘルムに援助を依頼した。結局、ウルズラの尽力が実ったことは、既述の一五七三年のシュパイヤーにおける判決のとおりである。当時、フッガー家の関与した訴訟は、同家に有利な結果となっており、このことは一族の権力の大きさを示しているといえよう。

4　フッガー家内の宗派的境界を越えて

一五六三年一〇月、アルブレヒト五世により召喚されたのはヨーアヒムだけではない。ウルズラの兄ウルリヒも一緒であった。ウルリヒは同年、一六万グルデンもの負債を抱えていることが発覚し、禁治産の宣告を下され、九か月間の拘留に処せられていた。ウルリヒは幼少期より体が弱く、生涯独身で過ごし、奇人と呼ばれていた。フッガー家と親しい医師ガッセルによれば、彼は「同性愛者であり、うつ病」であった。ウルリヒは当初、父ライムントの勧めにより聖職者への道を歩んでいたのであるが、ボローニャとブルージュにおいて人文主義の教育を受けた後、一五五三年にはルター派への改宗を公言した。一五五五年には二五〇冊のギリシャ語・ラテン語の書物を所持しており、その中には多くの宗教改革のパンフレットおよび神学論争書のほか、中世ドイツにおいて流行した風刺詩、占星術に関する文献も含まれている(35)。結果としてウルリヒは、福音主義の学者たちの中心人物および後援者となったのである。

一五六三年の拘留のさい、ウルリヒを援助したのは、ルター派で後にカルヴァン派となるファルツ選帝侯フリードリヒ三世であった。ウルリヒは一五六四年、アウクスブルクからハイデルベルクへ移住することとなり、彼の蔵書は一五六七年に同市に転送された。ウルリヒの蔵書はパラティィナ（選帝侯）文庫に保管され、三十年戦争中にローマに移された後、現在はヴァチカンの図書館にある(36)。

当時のフッガー家において、ウルリヒの存在は一族の宗派的な立場をより困難にしたものの、今日において彼は、福音主義のパトロンとして、またルター派の芸術と文化に寄与した人物として再評価されている。

伝統的な宗教改革の歴史叙述には、互いに絶縁した新教世界と旧教世界を描き出す傾向があるが、二宗派併存都市に生きたフッガー家の「越境」の歴史は、むしろ福音主義とカトリックの二大勢力が相互に協力し、宗派闘争の混沌とした時代を乗り越えたことを証明しているといえよう。また乗り越えるべき問題は、その二大勢力の間のみならず、古いカトリックと新しいカトリック（イエズス会）の間でも起こっていた。

フッガー家は一五五五年の宗教和議を「甘受」し、勢力を増していたイエズス会との協力関係を築くことにより、アウクスブルクのみならず、帝国における一族の立場をさらに強固なものにした。また、バイエルンにおけるカトリック政策の成功の裏には、フッガー家、イエズス会ならびにバイエルン公の緊密な結びつきがあった。しかし、その政策の遂行の最中に起こったオルテンブルクの問題にさいして、ハンス・フッガーは一族の名誉のためにルター派のウルズラと同伯領を援助した。こうした宗派的境界を越えた一族の結びつきは、その後のフッガー家をさらに発展させていくことになる。

注

（1）Richard Ehrenberg, *Das Zeitalter der Fugger. Geldkapital und Kreditverkehr im 16. Jahrhundert*, 2 Bde, Jena, 1896.

（2）諸田實『フッガー家の時代』有斐閣、一九九八年、一八頁以下。同『フッガー家の遺産』有斐閣、一九八九年も参照。

（3）栂香央里「宗教改革期アウクスブルクにおけるフッガー家――宗派的対立・寛容のはざまで」森田安一編著『ヨーロッパ宗教改革の連携と断絶』教文館、二〇〇九年、一七五～一九八頁。フッゲライについては、一八三～一八七頁を参照。

（4）第六代目以降、アントーン系列とライムント系列に分かれる。現存する三家系は、アントーン系列からバーベンハウゼン侯爵、グレット侯爵、ライムント系列からキルヒベルク・ヴァイセンホルン伯爵となっている。

（5）異宗派婚の事例について詳細は、永田諒一『ドイツ近世の社会と教会――宗教改革と信仰派対立の時代』ミネルヴァ書房、二〇〇〇年、二〇〇～二〇九頁。

（6）「ハンス・フッガーの書簡」（一五六〇～一六〇〇年）の総数は四八五一通、四九四名の受取人から成る。フッガー研究における最新の編纂史料は、C. Karnehm (Bearb.), *Die Korrespondenz Hans Fuggers von 1566–1594. Regesten der Kopierbücher aus dem Fuggerarchiv*, Bd. 1 (unter Mitarbeit von Maria Gräfin von Preysing) 1566–1573 ; Bd. 2/1 1574–1581 ; Bd. 2/2 1582–1594, München, 2003. 関連する以下の文献も参照。R. Dauser, *Informationskultur und Beziehungswissen- das Korrespondenznetz Hans Fuggers (1531–1598)*, Tübingen, 2008. 栂香央里「近世におけるフッガー家とコミュニケーション――ハンス・フッガーの時代を中心として」『史艸』五一号、二〇一〇年、四二～六四頁。

(7) Julius Oswald, *Petrus Canisius, Reformer der Kirche. Festschrift zum 400. Todestag des zweiten Apostels Deutschlands*, Augsburg 1996 ; Hubert Filser/Stephan Leimgruber, *Petrus Canisius : Der Grosse Katechismus, Summa Doctrinae Christianae 1555*, München 2003.

(8) 栂香央里「一六世紀南ドイツにおけるフッガー家のオヤコ関係――モントフォルト伯家との関係を中心として」『比較家族史研究』第二九号（二〇一四年）、四二～六〇頁。

(9) リヒテンシュタイン家については、J. Hirn, *Erzherzog Ferdinand II.von Tirol. Geschichte seiner Regierung und seiner Länder*, Bde. 2, Innsbruck 1885/88.

(10) イグナチオ・デ・ロヨラ／門脇佳吉訳『霊操』岩波文庫、一九九五年。

(11) Martha Schad, *Die Frauen des Hauses Fugger von der Lilie (15.–17. Jahrhundert)* Tübingen, 1989, 32–33. (dies., *Die Frauen des Hauses Fugger*, München 3. Aufl. 2006.)

(12) この背景には同年、教会法における、いわゆる五％の利子徴収禁止をめぐり、フッガー家とイエズス会の関係悪化があり、フッガー家の「罪の赦し」の可能性もある。

(13) M. Häberlein, *Die Fugger. Geschichte einer Augsburger Familie (1367–1650)*, Stuttgart 2006, 180–182.

(14) 一五八三年に生じたグレゴリウス暦への改暦紛争について、栂香央里「近世におけるフッガー家の情報ネットワーク――アウクスブルクの改暦紛争をめぐって」『比較都市史研究』第三一巻第一号、二〇一二年、一三～二九頁。

(15) Schad, *a.a.O.*, 37–39.

(16) 魔女信仰、悪魔信仰に関しては、W・ベーリンガー／長谷川直子訳『魔女と魔女狩り』刀水書房、二〇一四年を参照。

(17) P. v. d. Ä. Stetten, *Geschichte des Heil. Röm. Reichs Freyen Stadt Augspurg*, Frankfurt/Leipzig 1743/58, 82.

（18）フッガー家の悪魔祓いに関しては、Schad, *a.a.O.* 52 f.

（19）J. Strauss, wider den kleyder/Plunder/Pauss vnd KraussTeuffel（Görlitz 1581）, hg. v. R. Stambaugh, *Teufelsbücher in Auswahl*, Berlin 1972, II, 1-57（42）. 驚異譚に関連する文献として、栂香央里「メディアのなかの再洗礼派――ミュンスターの再洗礼派王国驚異譚」（連載企画「旅する教会」再洗礼派と宗教改革一一）『福音と世界』二〇一四年一一月、六四～六七頁。

（20）ハンスは別件でローマへの任務があった。C. Karnehm, "Malvezzi contra Fugger- eine Affäre", in: J. Burkhardt/F. Karg（Hg.）, *Die Welt des Hans Fugger*（*1531-1598*）, Augsburg, 2007, 99-108. 一〇四頁以下、ウルズラとのローマ巡礼についての記述がある。

（21）B. Bastl, *Das Tagebuch des Philipp Eduard Fugger*（*1560-1569*）*als Quelle zur Fuggergeschichte*, Tübingen, 1987, 225f.

（22）ウルズラのローマ巡礼に関しては、Schad, *a.a.O.*, 56-59; Dauser, *a.a.O.*, 325.

（23）H. Pellender, *Tambach. Vom Langheimer Klosteramt zur Ortenburgischen Grafschaft. Historie des Gräflichen Hauses Ortenburg, des Klosteramtes und Schlosses Tambach*, Coburg, 1990.

（24）オルテンブルク伯領の宗教改革導入に関する最新文献は以下、J. Schachtl, *Glaubensweisen und Lebensformen: Die Konfessionalisierung im ostbayerischen Raum im 16. und frühen 17. Jahrhundert, aufgezeigt am Beispiel der Reichsgrafschaft Ortenburg und ihrer bayerischen Lehensgebiete*, Salzburg, 2009.

（25）「オルテンブルクの陰謀」に関しては以下、L. Theobald, *Joachim von Ortenburg und die Durchführung der Reformation in seiner Grafschaft*, München, 1927.

（26）M. Scheutz, "Die fünfte Kolonne. Geheimprotestantismus im 18. Jahrhundert in der Habsburgermonarchie und deren Inhaftierung in Konversionshäusern（1752-1775）", In: *Mitteilungen des Instituts für Österreichische Geschichtsforschung*, Bd. 114, 2006, 329-380.

（27）Förderkreis Bereich Schloss Ortenburg（Hg.）, *Ortenburg- Reichsgrafschaft und 450 Jahre Reformation*（*1563-2013*）, Ortenburg, 2013.

(28) D. Heil, *Die Reichspolitik Bayerns unter der Regierung Herzog Albrechts* Ⅴ (*1550–1579*), Göttingen, 1998.

(29) Schad, *a.a.O.*, 90.

(30) *Ebd.*, 92.

(31) *Ebd.*, 94–95.

(32) 詳細は以下、W. Maasen/P. Ruf (Hg.), *Hans Jakob Fugger* (*1516–1575*). *Ein Beitrag zur Geschichte des 16. Jahrhunderts*, München, 1922. ミュンヘンのレジデンツにおける「骨董の間」および「バイエルン公の図書館」は、ハンス・ヤーコプの収集品・蔵書に由来する。

(33) Förderkreis, *a.a.O.*, 96–100.

(34) Karnehm, Bd. 2/2, Nr. 3237 ; Dauser, *a.a.O.*, 390.

(35) Häberlein, *a.a.O.*, 159–160.

(36) G. Quarg, *HEIDELBERGAE NUNC COLONIAE Palatina-Bände der Universitäts-und Stadtbibliothek Köln*, Köln 1998, 96–113. 三浦尤三「ハイデルベルク宮廷文庫の略奪と旧蔵ラテン語写本のその後」『活水論文集』第三〇集、一九八七年、六三〜八六頁。

第12章　宗教改革急進派
——記憶の回復と二一世紀の和解——

踊　共二

1　宗教改革史のステレオタイプ

宗教改革史の教科書的記述ないしステレオタイプはこうである。すなわち、中世末期のカトリック教会は「堕落」していた。一五世紀後半から一六世紀前半にはメディチ家のレオ一〇世のような「世俗的」なルネサンス教皇が出現していた。とくにドイツでは「金」で魂の救いが手に入るかのような贖宥の教えがはびこり、封建領主と化した高位聖職者の苛斂誅求に民衆はあえぎ苦しんでいた。ヴィッテンベルクのマルティン・ルターはこうした状況に憤り、贖宥状の効力を否定する『九五箇条の論題』（一五一七年）を提起して「宗教改革」の狼煙をあげた。彼は「聖書」をドイツ語に訳して民衆がじかに「信仰のみ」の教えを知ることができるようにし、礼拝を改革し、会衆中心の讃美歌を導入し、ついには「教皇」の存在と「修道院」を否定して「万人祭司」（全信徒祭司）の原理にもとづく新しい「プロテスタント」の教会を樹立した。この改革の動きはヨーロッパ各地に広がり、「英国国教会」や「カルヴァン派」（改革派）が生まれた。カルヴァン派はフランスでは「ユグノー」と呼ばれ、スコットランドでは「長老派」（プレスビテリアン）と名づけられた。イギリスの絶対王政に終止符を打ち、北米に新しい社会の土台を築いた「ピューリタン」もカルヴァン主義の流れを汲んでいる。一方、カトリック教会もトレント公会議を契機に改革にのりだした。カトリック改革を牽引するイエズス会の世界的な布教活動は遠く日本の地にも及んだ。

これがごく一般的な宗教改革の物語ないしステレオタイプであり、宗教改革は欧米の歴史を何か新しい段階に導いた「偉業」ないし「世界史的事件」として諸国民とりわけプロテスタントたちの記憶のなかに定着している。日本人もその影響を受けている。それは明治前半期の自由民権運動の担い手たちがルターとプロテスタンティズムに人間解放の指針を見いだし、「自由」の推進力を認めて以来のことである。(1)

しかしながら、上述のようなステレオタイプは、多くの重要な事実を捨象している。とりわけ、宗教改革の主流派が、中近世のカトリック教会と同じように「真の宗教」「正しい教え」の独占を疑わず、自派に帰依しない少数派を厳しく弾圧し、死刑や財産没収、追放刑に処し、政治的判断で黙認する場合も二級市民として差別し、監視のもとにおき、公職から遠ざけてきたことは、よほど注意深く学ぶ姿勢をもたなければ、知る機会は少ない。迫害ないし差別されてきた宗教的マイノリティの記憶と記録、そして記念の試みは、支配者ないし勝者の視点に立つ歴史家にはそもそも期待できない。それはマイノリティの歴史的営為に意識的に目を向ける研究者の役割である。この章の目的は、近世以降の宗教的マイノリティの典型としての再洗礼派に注目することによって、五〇〇年を迎えたドイツ宗教改革の記憶・記録・記念のあるべき姿を考えることにある。(2)再洗礼派は、迫害の果てに、パブリックな歴史叙述——その意味は本書の序章に記してある——のなかで忘却に委ねられるか、一過性の「熱狂主義」の烙印を押され、幕間劇の無名な役者として短く説明されるか、存続しているのにあたかも消滅したかのように扱われてきた。たとえば日本のルター（ルーテル）派を代表する歴史神学者、徳善義和は数年前に出版した新書版の『マルティン・ルター』の第三章に「宗教改革とは何か」という節を設けてドイツ・北欧・スイス・イングランドなどの改革運動について論じ、カトリック改革にも触れているが、再洗礼派に関してはひとことも語っていない。別の箇所には「熱狂主義の人びと」が「〜しなければならない」「〜してはならない」という「律法主義」を唱えたと書いている。そして彼らの主張は「カトリックの功績主義」と似ていて「顔こそ違うが尻尾は結び付いている二匹の狼のようだと言われることがある」と解説している。(3) 人名は特定されていないが、ここでは再洗礼派を含む急進派が暗示されている。いずれにしても、こうした中傷を含んだ歴史叙述を当の「二匹の狼」の流れを汲む教派に属する読者はどう受けとめればよいのであろう。(4) はたして日本のドイツ宗教改革史研究は、五〇〇年前の差別と迫害の心性を克服できているのであろうか。(5)

2　再洗礼派——忘れられた教会

今日のメノナイト（メノー派）、アーミッシュ、ハッタライト（フッター派）などの再洗礼主義諸派は、チューリヒのツヴィングリ宗教改革のなかで生まれた急進派の思想と実践を受け継ぐ人々である。(6) ただしドイツやオランダの様々な非主流派の改革運動とも結びついており、それらを含めてラディカル・リフォメーションという総称を用いる場合もある。(7) いずれにせよ、チューリヒの急進派は、幼児洗礼を非聖書的であるとして否定し、信仰告白を行うことのできる成人だけに洗礼を施した。その実行は一五二五年一月二一日のことである。ツヴィングリを支持していたチューリヒ市当局は、周辺の農村部にも急速に広がる再洗礼派運動を社会秩序への脅威とみなし、再洗礼は死罪にあたるとするユスティニアヌス法典に従って指導者層の断罪にのりだす。かつてツヴィングリの熱烈な支持者であったフェーリクス・マンツが逮捕され、リマト川に沈められたのは一五二七年一月五日のことである。マンツはグロースミュンスター聖堂参事会員を父とし、古典の教養を身につけた知識人であった。亡命の旅に出た同志コンラート・グレーベルも門閥市民の出で、バーゼルやウィーン、パリで学んだ経験がある。父親は都市領の代官であり、コンラートはグリュニンゲンの城で何不自由なく育った。のちにこの城は、皮肉なことに、数多くの再洗礼派を収監し、拷問を加え、信仰の放棄を強いる場所になった。再洗礼派指導者にはマンツやグレーベルのような上層市民もいたが、元司祭や修道士、手工業者や大農（酪農家）の存在も注目される。この運動の裾野は宗教改革と同じくらい広かった。というより、それは宗教改革運動そのものであった。しかし彼らは、改革派教会ばかりでなくカトリックからもルター派からも弾圧された。幼児洗礼を否定すると地縁的共同体の宗教的・社会的秩序が崩壊すると考えられたからである。しかし彼らの集会は都市の隠れ家で、また農村地帯や山岳部の小集落でひそかに保たれ、数世紀におよぶ地下活動、迫害、殉教、亡命の歴史を刻むことになる。(8)

彼らの存在は主流派（国家公認の教会）の歴史叙述のなかではほとんど無視されるか危険視・邪悪視されており、この傾向はすでに述べたように現代にも影響を及ぼしている。(9)どれほど実証的な再洗礼派研究が進んでも、教科書的叙述の領域ではしばしば、雲散霧消した「熱狂主義」というステレオタイプが維持されている。

オランダ再洗礼派（メノナイト）が編んだ『殉教者の鏡――流血の劇場』（一六六〇年初版・一六八五年絵入り版）は、ヨーロッパ各地の改革派、ルター派、カトリックの当局によって拷問を受け、火刑や溺死刑、斬首刑に処せられた八〇三人の再洗礼派――氏名の記された者だけを計算――の壮絶な死の記録であるが、そこには上述のマンツの殉教伝も収録されている。(10)そしてその物語は、現代にいたるまでメノナイトやアーミッシュによって読みつがれている。この記録によって彼らは何世代たっても迫害と殉教の記憶を新たにし、歴史的アイデンティティを再確認しているのである。(11)これらの殉教者のことは、一般の歴史書を読んでも書かれていない。宗教改革の物語はほとんどの場合ルターやカルヴァン、ツヴィングリやノックスの物語であり、マンツやグレーベルの名が補足的に登場するとしても、彼らの衣鉢を継ぐ教会がスイス西部の山岳地帯に、アルザスやファルツの農村部に、ハンブルクやケルンの近郊に、またアムステルダムやハーレム、ロッテルダムやユトレヒト、デルフトなどのオランダ都市に、そしてアメリカ東部・中西部の開拓地に、またカナダ南部の平原地帯に存在しつづけ、五〇〇年の記憶を抱きつづけていることを知る人は少ない。再洗礼派の教会は、ごく一部の専門家や知識層は別として、多くの人々にとっては忘れられた教会である。ここには大きな記憶の落差がある。被迫害者たちが子々孫々まで迫害の記憶を生々しく保った一方、迫害者たちはその歴史を忘却に委ね、彼ら自身の闘いと栄光の物語を後世に伝えてきたのである。

3　和解への長い旅

(1) リマト川のほとり

スイスでは一七世紀前半に再洗礼派の処刑は行われなくなったが、国外追放（強制移住）は一八世紀前半まで続いた。一七一一年のベルン再洗礼派三五〇人あまりの追放は、周辺諸国でも注目を浴びる事件であった。一行はオランダ経由で北米に渡るべしとされていたが、大半はヨーロッパに残留した。それ以後、大きな迫害は起きていない。一七九八年のスイス革命（ヘルヴェティア革命）のさいに公布された寛容令は、再洗礼派にも良心の自由と礼拝の自由を与えた。一八四八年の連邦憲法は、その自由を永続的なものにした。再洗礼派の教会建設も始まる。その先駆けはバーゼル・ホレーである。ただし一五三〇年代にさかのぼる最古の——教会堂のない潜伏時代を長く過ごした——再洗礼派共同体はベルン領エメンタールのラングナウにある。[12] 一九世紀末にはラングナウの牧師エルンスト・ミュラーが『ベルン再洗礼派の歴史』（一八九五年）を刊行、篤い信仰をもつ殉教者の教会として評価し、二〇世紀に入って改革派の良識ある人々が和解の意思を強める前提となった。[13] ただし実際の和解の試みが始まるのは一九八〇年代からである。八三年にチューリヒやビールで、八八年にベルンで合同礼拝が行われ、改革派の牧師たちによって過去の迫害についての謝罪が行われるまでになった。一九九三年にはベルンのシュヴァルツェネッグの改革派教会でメノナイトとの合同礼拝と合同の聖餐式が挙行された[14]。

そして歴史に残る二〇〇四年の夏がやってくる。その年チューリヒにおいてハインリヒ・ブリンガーの生誕五〇〇年を記念する行事が企画されており、それは改革派教会と再洗礼派教会――限定的にいえばメノナイト教会――の歴史的な和解の明確な表明の機会とも位置づけられ、周到な準備が行われていた。そして六月二六日、グロースミュンスターで改革派とメノナイトの合同礼拝が行われ、両派の代表者が説教を行った。そのさい改革派を代表する教会協議会議長ルェディ・ライヒ牧師は次のような「告白」を読み上げた。

改革派教会と再洗礼派運動はキリスト教という大木の、同じ福音主義の大きな枝に連なる小枝です。両者は宗教改革の落とし子です。ところが両者は最初から別々の道を歩みました。悲劇的な分裂がチューリヒの宗教改革運動を引き裂き、その傷跡は今日まで残っています。処刑、迫害、追放によって再洗礼派運動の根絶がはかられました。しかし再洗礼派運動は消滅することなく、今日まで活発なまま保たれています。このことは再洗礼派の子孫たちが私たちにいきいきと証言しています。

被迫害者はその歴史を決して忘れません。これに対して迫害者はその歴史を遠くに押しやりたがります。きょう私たち（チューリヒ州福音改革派教会の代表者たち）は、私たちの教会が再洗礼派迫害の歴史から目をそむけてきたことを強く自覚しています。

私たちは告白します。現在の私たちの確信によれば、当時の迫害は福音への裏切りであり、私たちの改革派の父祖たちはその点で過ちを犯していたと。『第二スイス信仰告白』には再洗礼派の教えを非聖書的と断定し、彼らとの一切の交わりも拒絶するという文言がありますが、私たちはこの再洗礼派批判がもはや私たちにとって有効ではないことを、そしてむしろ私たちは両者の絆を発見し、強化しようと努めていることをここに言明します(15)。

この自己批判に対し、スイス・メノナイト教会を代表するエルネスト・ガイザー牧師（教会会議議長）は次のように応じた。「この告白を赦しの精神をもって受け入れます」と。この日の行事は野外でも行われた。一六世紀から一七世紀にかけてチューリヒで処刑された再洗礼派を追悼する記念プレートの序幕式である。会場はシップフェと呼ばれるリマト川の岸辺である。開会の式辞を求められたチューリヒ改革派教会の文化担当者（教派間対話の推進者）フィリッペ・デートヴィーラーは次のように述べた。

私たちはここに立ち、夕暮れの街の灯りに照らされて静かに流れるリマト川を眺めています。この場所には四七七年前にも多くの人たちが立っていました。市参事会員とたくさんの観衆です。寒い日でした。一五二七年一月五日、今日と同じ土曜日。東方三博士の日の前日でした。この日、フェーリクス・マンツがここで処刑されたのです。合計すれば七人の再洗礼派が命を奪われました。〔中略〕ハインリヒ・ブリンガーの宗教改革年代記によれば、マンツは水の塔の牢獄からリマト河畔の魚市場に連れて行かれました。そこで判決が言い渡され、その後、肉屋の会館の一室に移されました。ブリンガーによれば、マンツは重い足どりでそこに向かう途中、母親および兄弟と顔を合わせました。二人は信念をかたく守るように彼を勇気づけました。肉屋の会館の船着き場で、彼はとうとう舟に乗せられました。舟の上で待っていたのは刑吏と牧師です。それからマンツは、処刑場所に舟で連行されました。当時この場所には漁りの小屋が水上に建っていました。マンツはその小屋のデッキにすわるように命じられました。鎖につながれていました。ブリンガーによれば、刑吏が仕事にとりかかろうとすると、マンツは大きな声で「主よ。御手に私の霊をゆだねます」と歌いました。それから刑吏

図12－1　リマト川に沈められるフェーリクス・マンツを描いた絵

出典：Heinrich Thomanns Abschrift von Bullingers Reformationschronik, ca. 1564.

図12－2　2004年６月に設置された再洗礼派迫害の記念プレート（筆者撮影）

は彼を綱で引きずり、リマト川の凍てつくような水に沈めたのです。[16]

　この長い式辞は、一六世紀以降、延々と続いた再洗礼派迫害の記憶を呼びさまし、チューリヒ市民および訪問者たちに（以後、永久に）石造の記念物をもって伝えつづける決意の表明であった。記念とは記憶の持続であり、歴史的事実の反復的な再確認をうながす。リマト川のほとりの記念プレートには、次のような碑文が刻んである。

　このリマト川の水上にあった漁りの小屋のデッキから、フェーリクス・マンツほか五人の再洗礼派が、宗教改革の時代、一五二七年から一五三二年にかけて水中に投じられ、溺死した。チューリヒで最後に処刑された再洗礼派はハンス・ランディスである。それは一六一四年のことである。[17]

シップフェは市民と観光客の憩いの場であり、夏でも涼しい微風が吹いている。アルプスから流れてくる水は盛夏でも氷のように冷たい。鎖につながれて自由を奪われ、水中に沈められる刑罰は、火刑と同じように身体的苦痛を長く与えるため、瞬時に命を奪う斬首より、みせしめの効果が大きかった。

チューリヒの農村ヒルツェル――ハイジを書いたヨハンナ・シュピリが暮らした村――の富農ハンス・ランディスの処刑方法は溺死ではなく斬首であった。この後、再洗礼派運動はかえって勢いを増すことになる。彼らは幾多の殉教伝を印刷物として所持しており、讃美歌集『アウスブント』（一五六四年）には、殉教者マンツやゲオルク・ブラウロック（元司祭）の讃美歌も収録されていた。やがてランディスの処刑を歌った長い讃美歌も加えられることになる。[18] 拷問や処刑はかえって再洗礼派運動を強めさせ、死の覚悟をもった少数者としての結束をうながし、持続力を与えたのである。

（2）大西洋の向こうから

ところでリマト河畔の再洗礼派迫害記念プレートの除幕式には、数多くのアメリカ人が参列していた。スイスの地を追われ、オランダ経由で北米に渡った再洗礼派（メノナイト）の子孫たちである。彼らは『殉教者の鏡』や『アウスブント』によって過去の歴史を熟知しており、郷土に残って迫害を耐え忍んだ同胞たち（スイス・メノナイト）との交流はそもそも緊密であった。除幕式のスピーチでマイクを握った一人にジェームズ・ランディスというアメリカ人がいた。彼はハンス・ランディスの一四代目の子孫であり、ウェストヴァージニア州ピーターースバーグの市民である。彼は大西洋の向こうから長い旅をしてこの和解の式典に参列したのであった。[19]

北米のメノナイト教会や関連施設には、二〇〇四年六月二六日にチューリヒの改革派教会の代表者が読み上げた再洗礼派迫害に関する「告白」（英訳版）が掲出されている。筆者はこれをペンシルヴェニア州ランカスター郡のメノナイト教会やインディアナ州エルクハート郡のゴーシェン大学で見ることができた。ところでエルクハート郡には再洗礼派メノナイト聖書神学校（Anabaptist Mennonite Biblical Seminary）がある。再洗礼派というのは蔑称だから使うべきではないという識者もいるが、彼ら自身は、迫害と侮蔑の歴史を正視する意味も込めて、再洗礼派という呼称を用いている。ただしドイツ語圏ではみかけない。

（3）記憶の復活、謝罪と赦し

チューリヒで和解の催しが行われた二〇〇四年は、改革派世界のパブリックな歴史叙述のなかでは断片にすぎなかった記憶――ほとんど一六世紀前半についてしか残されていない部分的記憶――が数世紀におよぶ全体像のなかに統合され、記念碑によって風化を防ぐ手だても与えられ、改革派教会の歴史的な「告白」文書も書籍やウェブに掲載されて「歴史の書き替え」が始まった画期であった。宗教改革者ツヴィングリは再洗礼派を「堕落した人間たち」と呼び、「再洗礼派というペスト」と揶揄し、彼の後継者ブリンガーは「われわれは如何なる点についても彼ら（再洗礼派）と共有するところはない」と断じた。これは『第二スイス信仰告白』（一五六一年）の一節である[20]。信仰告白（信条）のなかで敵対者（異端）の教えを名指しで断罪することは古代・中世以来のキリスト教の伝統であり、ルター派の『アウクスブルク信仰告白』（一五三〇年）も再洗礼派を繰り返し非難している[21]。ともあれ、二〇〇四年にチューリヒの改革派教会は公式に『第二スイス信仰告白』の再洗礼派断罪が（現在は）無効であることを宣言したのであった。だからこそこの日、ブリンガーの肖像画を飾ったグロースミュンスターの説教壇にメノナイトの説教者がのぼり、またメノナイトの聖歌隊が合唱を披露することができたのである。

ところで、リマト河畔の記念プレートの除幕式にはチューリヒ市議会を代表してロベルト・ノイコム議員（社会民主党）が出席し、当時のチューリヒ市当局は「国家理性」に従って都市の秩序を守るために再洗礼派を弾圧したとはいえ、迫害は明らかに不当であったと述べ、当時の市参事会の間接的な後継者として二度と同じような宗教的迫害を行わない決意を示すため、この機会に再洗礼派の子孫たちに「謝罪」したいと言明した。ノイコムの挨拶は、一九五〇年代に同じような記念プレートの設置の提案がなされたさいに市議会が反対して計画が頓挫したことに対する謝罪も含んでいた。ルェディ・ライヒ牧師も、神と人間の前に宗教改革の「暗黒面」をさらけだして神とあなた方――メノナイトの信仰をもつ姉妹たちと兄弟たち――に「赦し」を乞いたいと発言した。そして暴力に満ちた世界のただなかで、ともに平和と正義のために連帯したいと訴えた。スイス・メノナイトの代表トーマス・ギーガーは、いまや過去の市当局による不当な弾圧と改革派教会の過ちをあなた方が認め、その証しとしてこの記念プレートをこの場所に据えたのだから、私たちは正義を回復しようとするあなた方の努力を高く評価したいと述べた。(22)

二一世紀の初頭、スイスではある大きな変化が起きていた。それまで「勝者」の歴史を教えられ、マイノリティの苦難の過去と現在を――教会と国家の沈黙ゆえに――知識層以外はほとんど知る機会がなかったスイス人が、突如として再洗礼派教会の歴史と現在の姿を認識しはじめていたのである。それはスイス放送協会の人気番組「素顔のスイス」――熱気球でレポーターがスイス各地を訪れて実況中継を行うもの――が二〇〇二年にベルン州エメンタールのトルーブという村にひっそりとたたずむ古い農家を映しだし、その住人が再洗礼派の避難用に作られた古い隠し部屋を見せ、彼らの苦難の歴史を切々と語るようすを全国放映したからである。その後の学術的研究によって、そうした隠し部屋はスイス各地にあり、迫害される再洗礼派を村人たちが匿っていた事実が次々に確認されていった。(23) 権力者と民衆は、昔もいまも違うのである。ともあれ、スイス人の八〇%がその番組を視聴したという。後日ベルン市長がインタビューを受け、こうした事実を知って愕然としたと語っている。スイス人の多くは、この国は信教の自由や人権を重視する先進国だと自負していた。はからずもスイスのプロテスタント教会と為政者が数世紀にわたる迫害と差別の実行者であった過去に焦点を合わせたこのテレビ番組は、スイス人に複雑な思いを抱かせた。(24) 二〇〇四年にリマト河畔に再洗礼派迫害記念プレートが設置された背景には、こうした事情がある。それはおりしもスイス人が、第二次大戦中のスイスの対独協力（ユダヤ人迫害への関与）の事実を詳しく知った時期でもある。専門家委員会（ベルジェ委員会）が隠された歴史を明るみに出し、報告書を出版したのは二〇〇二年のことである。[25]

二〇〇四年三月には、かつて多くの再洗礼派が隠れていたシャフハウゼンの村シュライトハイムに——再洗礼派の秘密の集会場所と推測される山中を選んで——記念碑が据えられていた。改革派とメノナイトの共同作業である。九月には村の博物館に再洗礼派の歴史を伝える常設の展示室が設けられた。シュライトハイムはシュヴァルツヴァルトの元ベネディクト会士ミヒャエル・ザトラーが再洗礼派最初の信仰告白を作成した場所である。展示室には、その信仰告白の古い印刷本や隠し部屋の木製模型が並べられている。

4　アーミッシュの手紙と対話の深化

（1）憎しみの放棄

ところで二〇〇四年六月、チューリヒの和解の記念行事に招待されながら参加しなかった人たちがいる。アメリカの再洗礼派グループのなかでも伝統主義・保守主義を貫くオールド・オーダー・アーミッシュである。以下は彼らの書簡の一節である。

私たちは、こうした行事の動機については真摯に受けとめています。しかしオールド・オーダー・アーミッシュについてよく知る人なら、世界旅行は私たちの文化にそぐわないことがおわかりになるはずです。〔中略〕改革派教会について私たちはどのように感じているでしょうか。それは他のプロテスタント教会や別のキリスト教会のすべてに対する感情と同じです。神を恐れ、仲間たちと平和のうちに生きることを信徒に教えるどんな教会も私たちは評価します。この世界は、様々なキリスト教会と多様な教えがあればこそ、より生きやすい場所になります。

改革派の子孫たちは、祖先たちが再洗礼派に対してとったどのような行動にも責任を負ってはいないと私たちは確信しています。ましてや私たちに和解を求めるべき理由はありません。教会は迫害によって強くなることを歴史が私たちに教えています。殉教者の血は教会の種子になったのです。もし迫害がなかったら、アーミッシュやメノナイト、ハッタライトの教会は今日まで存続していなかったかもしれません。改革派であれカトリックであれ、ユダヤ教徒であれ異教の信徒であれ、抑圧者たちの子孫を憎むことをキリストは禁じています。このことは、それぞれ二五から三〇の家族からなる一〇〇〇の教会に属するアメリカ合衆国のアーミッシュ全体の気持ちであると考えます。

私たちは祖国について語るとき、最初に思い浮かべるのはスイスのことであり、またドイツ、オランダ、そしてフランスのことです。このつたない手紙を信仰ゆえに受け入れてください。私たちはあなた方に悪感情をもっていません。もし私たちが、あなた方がお困りになる原因をつくっているとすれば、どうかご寛恕ください(26)。

オールド・オーダー・アーミッシュの立場は明快である。彼らはメノナイトと同じように非暴力主義に立ち、かつ「汝の敵を愛せよ」の精神から「憎むこと」を戒め、敵や迫害者に対する「赦し」を実践する人々である(27)。ただし彼らはメノナイトのように外部の人たちとの和解を能動的に求めることはない。彼らは俗世を避けて暮らしているのである。彼らの赦しはアパシーだとか現実逃避だと批判されることもある。しかしクレイビルのようなアーミッシュ研究者は、現実には怒りや悲しみを抱えながらも彼らは復讐心や憎悪を懸命に抑制し、敵や迫害者を赦すことこそ自分たち自身に対する（神の）赦しと救いの前提条件であると――他でもない「主の祈り」によって――素朴に確信していることを強調する。また、赦しが法律的な責任の免除を意味しないことや、相手が同じ教会共同体に属する場合には破門（シャニング）などの懲罰や悔悛の要請を伴うこと、さらに赦しと具体的な和解のプロセスは別であることを強調している。[28] こうしたことを考慮して前掲のアーミッシュの手紙を読みなおせば、より多くのことが行間から読みとれるであろう。しかしここでは深追いはしないでおこう。オールド・オーダー・アーミッシュが憎しみの放棄と赦しの精神ゆえに、メノナイトとは違って歴史的事実の掘り起こしや記憶の共有・永続化を要求しなかったことだけをここでは再確認しておきたい。

（2）深まる相互理解――改革派とメノナイト

アメリカのアーミッシュは彼らの素朴な信念を手紙にしたためただけだが、それは遠い過去の歴史的な罪科の「責任」の所在や「謝罪」「赦し」の可能性（あるいは不可能性）をめぐる本質的な問題を当事者たちにあらためて考えさせる内容であった。アメリカのメノナイト教会の「歴史委員会」の座長フランクリン・ヨーダー（アイオワ大学講師）は、二〇〇四年の行事に参加したさい、なぜ私個人に対して何もしていない人と「和解」しなければならないのか疑問に思っていたという感想を率直に語り、再洗礼派の歴史自体にもカオスや分裂があり、過激な行動もみられたと指摘し、「どんな歴史にも二面性があり、こうした不名誉な側面について私たち自身もほとんど語っていない」と述べている。ただし彼は、和解の行事に参加してはじめてブリンガー時代の改革派教会のことを深く知ることができ、再洗礼派を弾圧した為政者や教会人の焦燥感を理解することができたと述べ、遅すぎた謝罪も過ちの告白にも意義があり、それは「癒し」をもたらしうると論じている。対話は確実に深化している。[29]

二〇〇四年の和解のあと、改革派とメノナイトは神学的領域に踏み込んだ対話を国際的レベルで積み重ね、一致点と相違を確認しあっている。大きな相違として残りつづけているのは、洗礼論と戦争の問題である。「正戦」を認める改革派と非暴力主義を貫く再洗礼派は永遠に一致を得られないかもしれない。それでも両者は、歴史をどう語るか、共通認識を深める試みを続けている。(30) 戦勝国と敗戦国、侵略者とその被害者が共通の歴史をもつ（書く）のが難しいのと同じように、改革派とメノナイトの試みにも大きな困難が伴っている。しかし、すくなくとも加害者の側が加害の事実を認めた事実は注目に価する。そうでなければ、失われた記憶、消された歴史を回復することはできない。当事者の片方が「忘却」を選択すれば、それはそもそも成り立たないからである。その点でチューリヒの改革派教会の姿勢は高く評価できる。

5　宗教改革五〇〇年を待たずに

二一世紀の再洗礼派のなかでもっとも能動的なメノナイトは、カトリックともルター派とも、またバプティストとも対話を行ってきた。カトリックとルター派に関しては、相手側の「謝罪」を伴っていた。ルター派との対話と和解について短く述べれば、その試みはフランスでもっとも早く始まった。一九八一年から八四年にかけてフランスのルター派教会とメノナイト教会の代表者がストラスブールの会議で残した対話文書においては、『アウクスブルク信仰告白』の再洗礼派断罪が迫害の激化に結びついたこと、再洗礼派弾圧は教会の誤りであったことがルター派側によって明言されており、メノナイト側に赦しを求める文言も書きとめられている。ドイツでは一九八〇年の『アウクスブルク信仰告白』四五〇年記念のさいに、この信仰告白が断罪した再洗礼派との対話の必要性がルター派教会によって認識され、カールスルーエ、フルダ、ヴュルツブルク、ヴァイアーホーフなどで一九九二年まで会合が繰り返された（ヴァイアーホーフは一七世紀後半からスイス系メノナイトの亡命地となったファルツの村で、ドイツにおける再洗礼派の拠点のひとつである）。この会議はドイツ合同福音ルーテル教会（ＶＥＬＫＤ）とドイツ・メノナイト教会協議会（ＡＭＧ）の共同宣言（一九九二年）に結実したが、同年にルター派教会側だけで公表した『アウクスブルク信仰告白』関連の宣言文には、現代のルター派教会は教義の違いを理由に他派の「拒絶」や「非難」を行っていないこと、一六世紀以降の再洗礼派迫害こそ非難すべき行為であったことが明記され、メノナイトの兄弟姉妹に赦しを求めたいと記されている。(31)

国際的なレベルでの対話も二一世紀になって活発化した。二〇〇五年から二〇〇八年にかけてルーテル世界連盟（ＬＷＢ）とメノナイト世界会議（ＭＷＣ）が対話を重ね、フランスやドイツでの成果――アメリカでも同じような対話が行われていた――を最終的に世界的レベルの合意事項にしたのである。二〇〇九年六月にパラグアイで行われたメノナイト世界会議の総会に出席したルーテル世界連盟のイシュマエル・ノコ総幹事（ジンバブエ出身）は、二〇一七年のルター宗教改革五〇〇年を前にルター派教会は自己改革を試みていると述べ、再洗礼派迫害の歴史を「さそりの毒」に譬え、その毒を体から抜き去ってメノナイトの兄弟姉妹とともに生きる新たな段階を迎えたいと挨拶した。(32)

ノコの約束は、宗教改革五〇〇年を待たず、翌年に実現することになる。二〇一〇年にシュトゥットガルトで開催されたルーテル世界連盟の総会において、全ルター派教会の名のもとにメノナイトに謝罪を行い、赦しを求める決議が満場一致で採択されたのである。この会議に招待されていたメノナイト世界会議の議長ダニサ・エンドゥロブ（偶然にもジンバブエ出身）は、自分たち自身も神に赦しを求めるべき罪深い存在であると述べ、ルター派とメノナイトが現実にいつの日か互いに尽きせぬ愛と奉仕を分かちあう関係になった時のためにと「洗足」用の木桶をルーテル世界連盟議長マーク・ハンソン（アメリカ出身）に贈り、メノナイトやアーミッシュの一部には謙遜と奉仕の表現として「洗足」の古い慣習を保っているグループがあることについて説明を行った。(33)

この年、二つの教派の世界組織が連名で出版した和解と対話の報告書は『記憶の癒し――キリストにおける和解』と題する。圧巻は迫害の歴史を詳細に記した第二部である。そこには二〇〇四年のチューリヒの出来事と同じ精神が感じられる。語られなかった歴史を振り返り、記憶を克明に「再現」する精神である。彼らはそれを傷ついた記憶の「癒し」と呼ぶのである。(34)

もちろんメノナイト自身は迫害の歴史を仔細に記録し、語りつぎ、読みついできた。不都合な歴史の記憶を消し去ったのは勝利した教会、勝利した国民である。記憶の「癒し」は、どちらかが一方的に歴史を語るだけでは実現しない。それは両者が共通の歴史を確認することからしか始まらないのである。それが実現できれば、被迫害者の子孫やその思想の継承者・共鳴者たちの側も、従来気づかなかった歴史上の事実を――まさに複眼的な視点で――発見し、復元できるかもしれない。それは前述のフランクリン・ヨーダーがチューリヒで経験したことにほかならない。いずれにしても、宗教改革から五〇〇年のいま、迫害の一六世紀を生き延び、和解の二一世紀を迎えたマイノリティの歴史が宗教改革の長い物語のなかにしっかりと「統合」されることを願わずにはいられない。とりわけ、宗教改革の本流を自認する人たちが編むパブリックな出版物や概説書、教科書に新しい記述、正しい記述が書き加えられねばならない。

チューリヒ改革派教会の牧師ペーター・デットヴィーラーは、ヴァージニア州ハリソンバーグのメノナイト神学校を訪ねたとき、招待者のひとりが彼に先祖伝来の『殉教者の鏡』を見せ、「ときとして私たちは、この父祖たちの物語の虜になります。それらは私たちの宝であり、重荷でもあるのです」と語り、これに献辞を書いてほしいと頼んだ。デットヴィーラーは、これは迫害と殉教の歴史を「共有」してほしいという彼の願いによると判断し、ペンを走らせたという。(35)『殉教者の鏡』は、ヨーロッパの改革派教会、ルター派教会、そしてカトリック教会が再洗礼派の逮捕、拷問、処刑、追放、財産没収を繰り返してきた事実を膨大な紙幅を費やして伝えている。これを顧み

ない宗教改革史は、いつまでも不完全なものにとどまるであろう。(36)

メノナイトとルター派の対話のなかでは「記憶の癒し」という表現が用いられたが、それより先、カトリック教会は「記憶の浄化」を提唱していた。カトリック教会は第二ヴァチカン公会議（一九六二〜六五年）以後、エキュメニズムと和解の精神を重視しはじめ、紀元二〇〇〇年の「大聖年」のおりには教皇ヨハネ・パウロ二世が異端審問、ユダヤ人迫害、十字軍などを教会の過ちと認め、神に赦しを願う告白を公に行っている。「記憶の浄化」はそのころに使われていた用語である。(37)これに対してアメリカのメノナイト史家ジョン・ロスは、「浄化」という言葉には異質なものの排除という含意があり、異端弾圧の原理に通じる要素があると考え、「正しく記憶すること」という表現を使うことを提案している。ロスによれば、それは対立してきた諸教会が誠実かつ正確に、また詳細に過去をともに語りなおすことである。その過程で、当事者たちの態度や確信は「変容」し、対話は深まり、前進するとロスは述べる。(38)

6　展　望

宗教改革の物語を（正しく）語りなおすことは、迫害に苦しんだマイノリティの子孫たちが背負う疎外感や孤立感を癒すことにつながるであろう――北米の保守的なオールド・オーダー・アーミッシュの場合は非アーミッシュとの接触がきわめて少なく、そうした展開は予想できないが、アーミッシュのなかにはメノナイトに近い立場をとるグループもいる。「正しく記憶すること」は、迫害者の子孫たちが「さそりの毒」を体から抜き去り、健康をとりもどすことでもある。いずれにしても、宗教改革の歴史は、たとえば世界大戦の歴史と同じように、二一世紀を生きる生身の人間の現実と結びついていることを念頭において書かれねばならない。

もちろん、何らかの「記憶の強制」が新たな不幸を招きうることや、「忘れること」が平和を促進しうることにも、われわれは留意しなければならない。忌まわしい過去の記憶が人の心を蝕んだり、憎悪をかきたてて争いを激化させたりすることもある。われわれは「忘却の暴力」と同じくらい恐ろしい「記憶の暴力性」を直視しないわけにはいかない。

フランスのアンリ四世が「ナント王令」(一五九八年)のなかで宗教戦争の忌まわしい事件の数々を「忘れる」ように命じた史実はあまりに有名である。ドイツの三十年戦争を終わらせたウェストファリア条約(一六四八年)にも過ぎ去った戦争行為についての「忘却条項」が含まれていた。歴史を辿れば古代アテネの恩赦(特赦)も注目される。その時代から集合的忘却(術)が流血を回避し、平和を保つために用いられていたのである。古いキリスト教世界にも恩赦がみられるが、それが贖いや赦しの観念と結びついていたことは明らかである[39]。一九九〇年代のボスニア・ヘルツェゴビナ紛争を取材したデーヴィッド・リーフは、この血みどろの戦いは「過去を忘れることのできない人々」の集合的記憶がもたらしたものだと述べ、「過去に学ばない者——正確には過去を忘れた者——は過ちを繰り返す」というジョージ・サンタヤーナの名言は妥当しない場合もあると論じている。さらにまた、復讐を諫めて赦しの必要性を説いても問題は解決しないのであって「忘却」という選択肢をもつことが重要だと指摘している[40]。たしかに忘却の「効用」は場合によっては認めねばならないであろう。しかし、過去の記憶が常に不幸や紛争を誘発するとはかぎらない。逆もありうる。とくに加害と被害の関係がある(と信じられている)場合、当事者のうち片方が過去の惨劇を「忘却」して「知らない」と主張するときには紛争は激化するであろう。一九世紀後半のイギリスの首相グラッドストーンの示唆するところによれば、アイルランド問題の原因は「アイルランド人が決して忘れず、イギリス人が決して記憶しない」ことにある[41]。記憶と忘却の「不均衡」がここでは問題なのである。もし相互に納得したうえで「忘却」を選択すれば、それはよい結果を生むかもしれない。それでも加害と被害の関係が明らかな場合は、公の立場にある人の「謝罪」がなければ、問題が再燃したり、関係の修復（正常化）が不可能な状態が続いたりするであろう。マーサ・ミノウはジェノサイドをめぐって復讐と赦しの問題を検討した著書のなかで、日米開戦の時期に合衆国政府が日系アメリカ人を収容所に入れたことについてレーガン政権が謝罪と補償を行った事実や、フランスのシラク大統領が一九世紀末のドレフュス事件の被害者の子孫に謝罪した事実を挙げながら、国家や組織を公に代表する人が行う謝罪には「和解と癒し」の力があると述べている。興味深いのは、その事例としてヨハネ・パウロ二世が対抗宗教改革のなかで行使した「暴力」について謝罪したことにも言及している点である。(42)一〇〇年前どころか五〇〇年前の歴史も、アクチュアルな問題と結びついているのである。

再洗礼派と主流派教会による過去の歴史の共有と和解のプロセスも、幾多の歴史上の争いと融和の歴史のひとこまである。いずれにしても宗教問題は根が深い。真理の独占の確信が破壊や殺戮と結びつくことも少なくないからである。そうした過去との対決と傷の修復の過程においては、謝罪や赦しを軽々と口にできない時代もあった。しかしそうした時代にも、歴史的事実を冷静に再現しなおす作業は可能であったし、それらが土台になって対話も可能になったことを忘れてはならない。記憶の回復や記録の再取得は重要なのである。ナチス時代を生き延びたポーランド系ユダヤ人のトラウマ研究者ボリス・シリュルニクは、迫害者を憎んで厳しく罰するか、それとも赦すかを選択するより、迫害者の行動の原因を「理解」することにつとめるほうがトラウマの緩和に役立ち、未来に希望を見いだすことができると論じている。(43)これは学術に携わる者が過去の悲惨な事件、差別や迫害、そしてそれらが残した傷の修復の歴史を論じるさいにも意識しておくべき論点であろう。謝罪や赦しを語る状態にない「過去になっていない過去」も無数にあるからである。

注

（1）踊共二「宗教改革と宗派対立」南塚信吾他編『新しく学ぶ西洋の歴史――アジアから考える』ミネルヴァ書房、二〇一六年、第二章、セクション1を参照。

（2）踊共二「日本の宗教改革史研究――現在・過去・未来」『史苑』七六―一、二〇一五年、一五二～一六九頁も参照。

（3）徳善義和『マルティン・ルター――ことばに生きた改革者』岩波新書、二〇一二年、一〇四～一二二、一五四～一五六頁。倉松功『宗教改革と現代の信仰』日本キリスト教団出版局、二〇一七年も同じ「熱狂主義」理解に立っている。とくに第八章を参照。

（4）本章ではおもに現代の問題を扱い、「超教派」的な活動にも触れているため、「宗派」ではなく「教派」という表現を用いている。ただし両者の意味内容は同じであり、概念や実態に即して宗教社会学的に明確に区別することはできない。なお日本語としては、宗派は仏教に、教派は神道に由来する。本書の序章の注2も参照。

（5）最新の概説書や入門書の傾向については後述する。なおアメリカのルター派教会史家アッポルドは、二〇一一年に書いた宗教改革史の概説書のなかで再洗礼派について詳しく論じ、この運動に「真のキリスト教的な、いま一つの可能性」をみている。アッポルドはもはや古い「熱狂主義」論を無批判に踏襲してはいない。K・G・アッポルド／徳善義和訳『宗教改革小史』教文館、二〇一二年、二一六、二一七頁。迫害を受けた少数派の亡命地としてのアメリカの宗教改革史研究の多くは古くからマイノリティ問題に敏感である。すぐれた先例としてローランド・ベイントン／出村彰訳『宗教改革史』新教出版社、新版二〇一七年を挙げておきたい（原著は一九五二年）。

（6）Cf. *Concise Encyclopedia of Amish, Brethren, Hutterites, and Mennonites*, Baltimore, Maryland, 2010, 10–16.

（7）これはアメリカのユニタリアニズム研究者G・H・ウィリアムズの総合的研究に由来する。Cf. G. H. Williams, *The Radical Reformation*, 3rd edition, Ann Arbor, Michigan, 1995（1st edition : 1962).

（8）チューリヒ系（スイス系）の再洗礼派運動を一七紀末まで追った新しい研究としてUrs B. Leu und Christian Scheidegger (Hg.), *Die Zürcher Täufer 1525–1700*, Zürich, 2007がある。一七世紀における迫害と寛容、超地域的・超宗派的な協力関係を扱った研究としてはPhillip Wächli et al.(Hg.), *Täufer und Reformierte im Disput. Texte des 17. Jahrhunderts über Verfolgung und Toleranz aus Zürich und Amsterdam*, Zug, 2010がある。オランダのメノナイト、改

革派、そして為政者たちが迫害されるスイス再洗礼派を物心両面で支援した歴史を一八世紀初頭まで辿った画期的な史料集として James Lowry（ed.）, *Documents of Brotherly Love. Dutch Mennonite Aid to Swiss Anabaptists*, 2 vols., Millersberg, Ohio, 2007 & 2015 も注目される。ヨーロッパ全域の再洗礼派運動の新しい概観および研究入門として John D. Roth & James M. Stayer（eds.）, *A Companion to Anabaptism and Spiritualism, 1521-1700*, Leiden/Boston, 2007 も重要である。

（9）再洗礼派が一六世紀以降どう扱われてきたか、その系譜に連なる現代メノナイトの歴史家による歴史研究がどのように進展したかについては、倉塚平他編『宗教改革急進派――ラディカル・リフォメーションの思想と行動』ヨルダン社、一九七二年の「序説」および出村彰『ツヴィングリ――改革派教会の遺産と負債』新教出版社、二〇一〇年の第七章を参照。

（10）Tieleman Jansz van Bracht, *Het Bloedig Tooneel of Martelaers Spiegel der Doops-gesinde of Weereloose Christenen*, Amsterdam, 1685.

（11）『殉教者の鏡』はオランダ語の作品であるが、ドイツやスイスの殉教者についてもドイツ人やスイス人がもたらしたドイツ語の冊子や口承にもとづいて記録していた。一七世紀後半以降、北米に渡った再洗礼派は、やがて『殉教者の鏡』全体のドイツ語訳（一七四五年）や英語訳（一八三七年）を製作し、読みつぐことになる。『殉教者の鏡』の成立史と北米における普及については Brad Gregory, *Salvation at Stake. Christian Martyrdom in Early Modern Europe*, Cambrigde, Massachusetts/London, 1999 および David L. Weaver-Zercher, *Martyrs Mirror. A Social History*, Baltimore, Maryland, 2016 に詳しい。

（12）Markus Rediger und Erwin Röthlisberger（Hg.）, *Täuferführer der Schweiz*, Langnau i. E., 2007, 40f.

（13）Ernst Müller, *Geschichte der bernischen Täufer : Nach den Urkunden dargestellt*, Frauenfeld 1895.

（14）この時期の「和解」の進展については Sabine Herold & Hanspeter Jecker, *"Steps of Reconciliation" between Anabaptist-Mennonite Congregations and State Churches*（Conference "The Reformation and the Baptizers", Zurich, June 26, 2004）による。この口頭報告資料はゴーシェン大学の再洗礼派研究者ジョン・ロスから提供を受けたものである。

（15）Michael Baumann（Hg.）, *Gemeinsames Erbe. Reformierte und Täufer im Dialog*, Zürich, 2007, 5.

（16）*Ebd.*, 89f.

（17）*Ebd.*, 17.

（18）*Ausbund : das ist : Etliche schöne Christliche Lieder*, 13. Auflage, Verlag von den Amischen Gemeinden in Lancaster County, Pennsylvania, 1987, Das 132. Lied, 771–783.

（19）踊共二「アーミシュの起源——寛容思想史の視点から」『武蔵大学人文学会雑誌』四四巻一号、二〇一二年、一〇八頁を参照。

（20）『宗教改革著作集一四　信仰告白・信仰問答』教文館、一九九四年、四四六頁（渡辺信夫訳）。

（21）同上、三八、四〇、四二頁（徳善義和訳）。

（22）Baumann（Hg.）, *a. a. O.*, 91–95.

（23）Urs B. Leu, "Täuferische Netzwerke in der Eidgenossenschaft", in : *Grenzen des Täufertums*, hg. v. A. Schubert et al., Göttingen 2009, 168–185.

（24）The Swiss and Anabaptist Reconciliation Movement. Background and Evaluation, in : *Horizon*（April 20, 2007）, 1.

（25）独立専門家委員会（スイス＝第二次大戦）編『中立国スイスとナチズム——第二次大戦と歴史認識』黒澤隆文編訳、京都大学学術出版会、二〇一〇年を参照。

（26）Michael Baumann（ed.）, *Steps to Reconciliation : Reformed and Anabaptist Churches in Dialogue*, Zürich, 2007, 96f.

（27）ドナルド・B・クレイビル他／青木玲訳『アーミッシュの赦し——なぜ彼らは犯人とその家族を赦したのか』亜紀書房、二〇〇八年、第二部を参照。

（28）同書、一四四～一五九、一九九～二二〇、二三二～二三四、二三四～二三六頁。アーミッシュの赦しの思想については以下の拙稿も参照。Tomoji Odori, "God's Vengeance and Forgiveness for Enemies. A new Perspective on the Anabaptist Contribution to the Development of religious Toleration and Reconciliation", in : Katsumi Fukasawa/Benjamin J. Kaplan/Pierre-Yves Beaurepaire（eds.）, *Religious Interactions in Europe and the Mediterranean World. Coexistence and Dialogue from the 12th to the 20th Centuries*, London/New York, 2017, 49-65.

（29）Baumann（Hg.）, *a. a. O.*, 54f.

（30）Ferdinando Enns and Jonathan Seiling（eds.）, *Mennonites in Dialogue. Official Report from International and National Ecumenical Encounters, 1975–2012*, Eugene, Oregon, Part III.

（31）*Ibid.*, Part II. 1 : In France, III. 1. C, D, E, Part II. 2 : In Germany.

（32）*Ibid.*, Part II. 4 : International, *"Healing Memories : reconciling in Christ" : Lutheran World Federation and Mennonite World Conference 2005-2008*, Preface. ノコは一九九九年にカトリック教会とルーテル世界連盟がアウクスブルクで作成した「義認」に関する共同宣言の調印者のひとりでもあり、エキュメニズムの推進者である。ローマ・カトリック教会／ルーテル世界連盟『義認の教理に関する共同宣言』教文館、二〇〇四年を参照。

（33）https://www.lutheranworld.org/content/lutheran-mennonite-dialogue その後ルター派教会はカトリックとの対話も積極的に進め、二〇一三年には『争いから交わりへ』という共同文書を公表した。そのなかで両派は、過去の論争において互いに誤解や論争的な歪曲、戯画化の過ちがあったことを認め、赦しを求めた。そのさいルター派教会は前述のシュトゥットガルトでの再洗礼派への謝罪の言葉も再録している。すなわち、再洗礼派迫害を当時の神学者たちが擁護したことについて「深い悔悟と悲しみ」を表明し、加害の歴史を「忘れたり無視したり」したこと、現在にいたるまで「大衆向けの文書の中でも研究書の中でも［…］不適切で、誤解を招き、傷つける描写」を行ってきたことについて赦しを乞うている。一致に関するルーテル＝ローマ・カトリック委員会、ルーテル／ローマ・カトリック共同委員会訳『争いから交わりへ――二〇一七年に宗教改革を共同で記念するルーテル教会とカトリック教会』教文館、二〇一五年、第五章。教会史の認識において歴史的な変化が生じていることは明らかである。小田部進一の新しいルター伝にはこの動向が十分に反映されている。小田部進一『ルターから今を考える――宗教改革五〇〇年の記憶と想起』日本キリスト教団出版局、二〇一六年、一三四～一四二頁。一方、教科書その他のパブリックな歴史にはこうした変化はまだほとんど影響を及ぼしておらず、本章の冒頭に記したステレオタイプが支配的である。

（34）Healing Memories : reconciling in Christ. Report of the Lutheran-Mennonite International Study Commission, The Lutheran World Federation & The Mennonite World Conference, Geneva/Strasbourg, 2010.

（35）Baumann (Hg.), *a. a. O.*, 48.

（36）再洗礼派は数が少ないから、また逃亡者として生きてきたから歴史的重要性が低いと錯覚する歴史家もいるが、「共同体のあり方を再定義し、それによって彼ら自身だけでなく敵対者たちのアイデンティティも明確化させるような新種の宗教」であるとの位置づけを再洗礼派に与えたイェール大学のカルロス・アイアの新著を読めば、「数」より「質」が問題であること、逃げて生き残ったか逃げず戦ったかで歴史的重要性が決まるわけではないことについて理解が深まるであろう。Carlos M. N. Eire, *Reformations. The Early Modern World, 1450–1650*, Yale UP, 2016, 285.

(37) http://www.vatican.va/roman_curia/congregations/cfaith/cti_documents/rc_con_cfaith_memory-reconc-itc_en.html

(38) John D. Roth, “Rightly Remembering as Re-Membering”, in: Gerald Schlabach and Margaret Pfeil (eds.), *Sharing Peace. Mennonites and Catholics in Conversation*, Collegeville, Minnesota, 2013, 45f. ルター派とカトリック教会は神学的な対話だけでなく実践面での交流も深めており、二〇一七年の宗教改革五〇〇年記念の日にはヴィッテンベルクの城教会で合同礼拝を行った。それに先だってドイツのルター派教会は『義認と自由』と題する公式文書（二〇一五年）を発表して宗教改革的な義認論を再検証し、信仰はけっして人間の業ではなく神の恩寵により、聖霊によって呼び起こされると説いている。しかしカトリックとの対話も意識し、義認は「何もしないで自動的に起こる」のではなく、人は神によって義とされたことを信仰において「受け入れ」、その果実として「良き業」も生じると述べている。ドイツ福音主義教会常議員会／芳賀力訳『義認と自由——宗教改革五〇〇年／二〇一七』教文館、二〇一七年、一〇八～一一一頁。なおメノナイト教会は二〇一七年ではなく二〇二七年に向けて記念企画を準備している（それはスイス再洗礼派の「シュライトハイム信仰告白」が編まれ、再洗礼派の基本路線のひとつが明確になった年から五〇〇年目である）。企画名は「リニューアル二〇二七」であり、その中心的な担い手であるジョン・ロスは、再洗礼派の歴史のなかにもある対立、不一致、極端な行動なども記録にとどめて記憶しなおすと同時に、キリスト教の中心がグローバルサウスに移行している状況下、その地の人々が関心を寄せる飢餓や疾病や人権の問題、聖霊の働きや「癒し」の問題に焦点をあてた考察を行いたいと述べている。ロスによれば「義認」や「自由意思」をめぐる論争はヨーロッパ的であり、グローバルサウスではほとんど議論の対象にならない。John D. Roth, “How to Commemorate a Division? Reflections on the 500th Anniversary of the Lutheran Reformation and its Relevance for the Global Anabaptist-Mennonite Church Today”, in: *The Mennonite Quarterly Review* 91, No. 1, 2017, 5-35.

(39) ポール・リクール／久米博訳『記憶・歴史・忘却』（下巻）新曜社、二〇〇五年、二四五～二五九頁。ハラルド・ヴァインリヒ／中尾光延訳『忘却の文学史』白水社、一九九九年、三一九～三三〇頁。Isabel Karremann et al. (eds.), *Forgetting Faith? Negotiating Confessional Conflict in Early Modern Europe*, Berlin/Boston, 2012, 1-31. 福田真希『赦すこと

と罰すること——恩赦のフランス法制史』名古屋大学出版会、二〇一四年、二〇〜二九頁。

(40) David Rieff, *In Praise of Forgetting. Historical Memory and its Ironies*, New Heaven/London, 2016, 143-145.

(41) Henry J. Steiner et al., *International Human Rights in Context. Law, Politics, Morals. Text and Materials*, 3rd Edition, Oxford, 2008, 1345.

(42) マーサ・ミノウ／荒木教夫・駒村圭吾訳『復讐と赦しのあいだ——ジェノサイドと大規模暴力の後で歴史と向きあう』信山社、二〇〇三年、一七一〜一七八頁。

(43) ボリス・リシュルニク／林昌弘訳『憎むのでもなく、許すのでもなく——ユダヤ人一斉検挙の夜』吉田書店、二〇〇四年、三一八〜三二〇頁。

＊本章はＪＳＰＳ科研費 JP16K03132 の研究成果の一部である。

附論　日本のドイツ宗教改革史研究

——過去・現在・未来——

森田安一

ドイツ宗教改革史関係の研究案内や書誌は数多くあるので、本稿では基本的に二一世紀に入って刊行された書籍を中心に考察し、それ以前の研究は必要な限りで適宜触れることにしたい。ただし、古い研究状況を知るのに便利な文献があるので最初にそれらを紹介しておこう。益田論文(1)が一九六〇年以前の研究状況を、ついで徳善(2)が一九六七年までの研究状況を報告している。徳善の論文では一、「紹介期」、二、「ルター・ルネッサンスの影響のもとで」、三、「戦後のルター研究」の三部に分けて、それぞれの時期の代表的研究を紹介している。第一部では明治時代の村田勤、内村鑑三、第二部では石原謙、佐藤繁彦らの研究が紹介されている。第三部では成瀬治、北森嘉蔵、岸千年らのルター伝が紹介され、さらに北森、岸、高橋三郎らの神学思想の研究がやや詳しく紹介されている。ところで、明治期のルターの生誕四〇〇年記念を含むキリスト教界の状況および村田勤、内村鑑三、中村正直については、踊(3)が興味深い紹介をしているので、読む価値がある。

徳善はその後一九六七年～七七年に書かれた文献を第二論文(4)として紹介している。そこでは、Ⅰ　ルター著作の邦訳、Ⅱ　宗教改革史、Ⅲ　ルターの生涯、Ⅳ　ルターの神学、Ⅴ　ルター神学の個々の問題、Ⅵ　ローマカトリックのルター研究、Ⅶ　その他、Ⅷ　ルターと同時代との関係、に分けて研究状況が述べられている。それを見ると、第二論文の対象時期一九六七〜七七年にはそれ以前と異なる特徴が見られる。ルターの著作や欧米の研究書の翻訳が著しく増加したこと、ルター以外の改革者にも関心が広がったこと、ミュンツァー、再洗礼派などいわゆる宗教改革過激派にも注目されるようになったことなどが挙げられる。

筆者は「宗教改革史研究の手引――文献案内」において一九八三年までの欧米の研究書を含めた邦語文献を紹介している。[5] そこでは、一、正統派宗教改革者、二、宗教改革急進派、三、都市の宗教改革、四、農村の宗教改革――農民戦争、五、諸侯の宗教改革に分けて論述をしている。この分類は八〇年代までの研究動向を示しているものだが、さしあたりこの分類に従って、比較的新しく公刊された日本語による書籍文献をおもに紹介していきたい。

1　正統派宗教改革者としてのルター

正統派宗教改革者としてルターだけをここでは取り上げる。ルター伝記としては徳善の優れた二冊が刊行されている。一冊目は、キリスト教放送局ＦＥＢＣ（正式名称 Far East Broadcasting Company）で一二回にわたって放送された「マルチン・ルターの生涯と信仰」をもとにした伝記である。[6] 平易な文章で非常にわかりやすく、氏のルターに対する思い入れの強さを感じて面白いが、若干歴史認識においては甘さを感じる。もう一冊は新書版で、[7] 副題に「ことばに生きた改革者」とあるように、すべての章題に「ことば」という単語を掲げまとめているが、やや無理がある。すでに一九七二年四〇歳にして、徳善はルター伝『神の乞食――ルター・その生と信仰』[8] を書いているが、まさに今世紀に入って「熟成」した伝記が完成してきている。なお、徳善には「原典による」という副題のついたルター伝もあるが、これは一九七六年に平凡社から出版された「世界の思想家」シリーズ第五巻の復刻版である。[9]

少し古いが松浦純のルター伝にここで触れておかねばならないだろう。[10] 破門威嚇勅書の焼却事件、『九五箇条の論題』の掲示、贖宥批判問題などを扱う第Ⅰ部「裁き・内面・他者――ルターの問題」は的確な史料を用い、叙述はきわめて説得的で、面白い。それに対して、第Ⅱ部「関係性の〈場〉――開かれた存在理解」は、史料に沈潜した叙述のせいか難解である。徳善、松浦の伝記はルター個人の改革者への道は書かれているが、歴史的背景は十分には書かれていない。かつて成瀬治が書いたような歴史的背景を十分に描いた新しいルター伝が望まれる。なお、翻訳のルター伝として小著ながらまとまった伝記としてT・カウフマンのものがある(12)。

ルターが彼の神学の核心である義認思想をいつ獲得するに至ったかについては議論が百出しているが、田所康が巧みに整理してくれている(13)。この「宗教改革的転回」と言われる時期はあえて二大別すれば、前期説（一五一四～一五年）と後期説（一五一八年頃）があるが、田所は『第一回詩篇講義』の終了後『ローマ書講義』の開始前の時期として前期説の結論を出している。

ルターは近代の義務教育および学校制度の確立に大きな役割を果したが、他方では、その役割が形成されつつある領邦国家のためにある意味で上からの思想統制への道を開いたと、一般に言われる。この見解に対して、菱刈晃夫(14)は「ルターの教育観に、現代の視点から、いわば外側からアプローチするのではなしに、あくまでもキリスト者ルターとしての人間観や世界観といった思想の根源にまで沈潜してこれを研究し、このなかで彼の教育の真価を、いわば内在的に把握しようとする試み」の側に立って、ルターの教育思想を追究している。そのために「キリスト者の実人生において元来分離しえない罪意識と教育実践との関連、換言すれば、信仰の鍛錬としての自己陶冶と隣人愛の実践としての教育との不可分の連関を究明して」いる。人間の「罪」の徹底した認識から隣人愛の実践という活動的な信仰が生じることが強調され、こうした信仰をもつキリスト者の形成が教育の目的とされる。その教育を担う者として位置づけられるのは「説教者」であり、さらには子どもの「両親」である。しかし、「説教者」の数が不十分だったり、必ずしも両親がその役割を果たさなかったりした場合には、「政府」がこれを補完する任務を負うことになる。それはルターの二統治論から自明のことであり、学校制度の確立は「政府」の任務になる、という。

菱刈の説明はきわめて論理的で、明快である。しかし、改革者たちが「政府」と実際にどう対応したかが歴史的には問われる。かつて小林政吉も主張したように[15]、改革者の信仰理念と現実社会がどう結びついたかが重要な歴史テーマであろう。また、金子晴勇は[16]「ルターの教育思想は……彼自身の生活体験と自己理解の発展から、したがって精神的発展をとげてきた人間としての反省から解明されなければならない」と述べている。ルターは体系的思索家とは言いがたく、教育思想に限らず当時の歴史的状況の移り変わりと絡めて彼の思想は考察する必要がある。

金子には驚くほどたくさんのルター関係の著書があるが、今世紀に神秘主義とエラスムスに関わる二冊の著書も刊行している。ルターは中世の神秘思想に従いながらも、それと決定的に対立する神秘思想の根本的特質を備えていたが、「ルターにおいては神秘主義は明示的な概念とはなっておらず、あくまでも義認が明示的で中心的概念である。神秘思想は義認論の下に隠れている非明示的な、したがって曖昧な暗示的概念に過ぎない」。ただし、それは隠れた地下水脈のように滔々と流れている、という[17]。筆者にはこの難しい議論を簡潔に紹介する能力がない。もう一冊の著書『エラスムスとルター』[18]に「ルターからドイツ敬虔主義へ――宗教改革の隠れた地下水脈」の章があり、そちらに譲りたい。『エラスムスとルター』は序章「一六世紀宗教改革の二つの道」に続いて、二部構成を取っている。第一部は「キリスト教的ヒューマニズムによる改革」と題してエラスムスを扱い、第二部は「ルターの宗教改革の思想」となっている。ここではエラスムス自身については触れないが、『エラスムス＝トマス・モア往復書簡』[19]が面白い。人文主義者側が宗教改革（者）をどう見ていたか随所に出てくるからである。

ルターの政治思想については、木部尚志の優れた論究がある[20]。特徴はルター政治思想の生成史の起点を『第一回詩篇講義』におき、ルター政治思想の萌芽をそこに見ていることである。その後に、『ローマ書講義』において教会権力とはまったく異なる世俗権力が固有の意義と領域をもつものという理解が生まれたという。そして一五一七年から二〇年にかけてローマ教皇庁と対峙するなかで、教皇制の存在根拠を失わせ、教会の権力的性格を剝奪する教会論を確立する。この教会論の展開によって、世俗権力は政治権力の唯一の保持者として正当化された。そして一五二三年の著作『この世の権威について』において世俗権力の基礎づけがなされたという。

ルター政治思想の生成史が見事に跡づけられている。歴史現実的にはルターの政治思想は領邦教会体制を生むことになる。その際にルターの万人祭司主義には組織論が欠如しており、新教会形成には世俗権力に頼らざるをえない性質があったので、容易に領邦教会体制を生むことになる。この点の考察には依然として有賀弘の著書[21]が有効であろう。

2　宗教改革急進派

一九六〇年代後半世界各国で大学紛争の波が押し寄せ、六八年のパリにおける「五月革命」で頂点に達し、日本にも大きな影響を及ぼした。こうした歴史背景もあって七〇年代には急進派の研究は盛んであったが、今世紀にはその研究は少ない。宗教改革急進派の定義は意見の分かれるところであるが、倉塚平らが編集した『宗教改革急進派[22]』がなお重要な研究手引を与えてくれる。

ミュンツァーについては新しい研究が出ている。ミュンツァーを含め、宗教改革時代には黙示録的終末観を抱く改革者が多かったが、それは間近に迫った最後の審判における歴史の終末、キリストの再臨を期待し、それに備える準備をするという受動的な変革の意識と一般的には理解される。しかし、木塚隆志の研究によれば[23]、ミュンツァーの黙示録的終末観の場合には「教会と社会の変革を通じて、新しい時代を形成していこうとするような能動的な改革の姿勢と歴史の積極的な理解とに結びついていた」という。それはミュンツァーの神秘主義的救済論に根元があるとする。聖霊が人間の内面に働きかけると、人間の内に極度の驚きと不安が起こされ、神への畏れが生じる。それによって人間は不信仰を自覚し、その除去に努める。ミュンツァーにあっては、不信仰とは世俗的な欲求ないし被造物への欲求ととらえられ、それが真の信仰の道を閉ざすものと見なされる。そこからミュンツァーの黙示録的終末観は社会的次元へと積極的に関与してゆく。木塚は、黙示録的終末観の展開視点からミュンツァーを見て次のように結論する。「彼は社会的・政治的次元に積極的に係わり、世俗権力に教会改革への積極的な関与を求めたのである。彼はあくまでも司牧的な観点から終末的な変革を導こうとしているが、これを社会的・政治的次元の問題との積極的な関わりの中で実現しようとしている」と。ミュンツァーにあっては、「キリスト教会の改革」が目標であり、社会変革が優先するものではない、という。

ミュンツァーの思想自体が難解であり、木塚論考も決して易しくない。ミュンツァー研究にはまず田中真造の著書[24]が読まれるべきであろう。とくにその序論「ミュンツァーの思想と実践」が、全体の見取り図を示してくれている。

再洗礼派については、早川朝子[25]や永本哲也[26]が博士論文を書いている。それらは現在のところ未刊行だが、国会図書館で読むことは可能である。両者には多くの個別論文もあるが、ここでは取り上げない。永本を中心に複数の研究者によって雑誌『福音と世界』で「旅する教会――再洗礼派と宗教改革」が書かれている。二〇一三年四月から二年二四回シリーズで、再洗礼派誕生からフッター派、メノナイト、アーミッシュ、さらにはそれらの系譜を引く集団の世界的展開を現在まで概観している。二〇一七年に、全体構成を練り直し、史料典拠・参考文献を付した註がつけられ、単行本として出版された[27]。なお、ミュンスター再洗礼派の「天国への飛翔と地獄への転落」の目撃証言であるグレシュベックの翻訳[28]は貴重な記録である。

3　都市の宗教改革

都市環境問題や市民運動の関連で一時都市史研究は興隆をきわめ、宗教改革史においても都市の宗教改革が注目を集めていた。このテーマで重要な研究は依然として中村・倉塚編の書物やメラーの翻訳書であるが、二一世紀に入ってからは、めぼしい研究はない。渡邊伸がシュトラースブルクの宗教改革を著書で論じているが、初出は一九八〇年代である。わずかに櫻井美幸が博士論文でケルンについて書いているだけである。渡邊も試みているように、今後は都市の宗教改革運動だけではなく、農村、領邦における改革運動を含め、全体的な改革運動を考察する必要があろう。渡邊が本書に掲載している論考（第4章）はその手がかりになる。

4　農村の宗教改革――農民戦争

農民戦争を宗教改革の理念の核心を実現する運動と考え、「宗教改革史研究の手引――文献案内」の第四項にあげたが、それはその二年前の一九八二年にペーター・ブリックレが次のように指摘していたからである。「宗教改革の関心事と農民の関心事とが部分的にしか一致していないように見えるとすれば、それは農民がいったん歩み出した道を宗教改革者よりも首尾一貫して最後まで歩んだことによる」と。この見解の是非を検討するには、ルターではなくツヴィングリによる宗教改革に注目する必要があろう。また、農民戦争自体を精緻に研究しなければならない。そうした研究の足がかりになる研究書として第一にあげられるのは、前間良爾の研究書である。先に挙げた渡邊の書物には、エルザス・オルテナウ地方の農民戦争に関する論考があり、参照できる。

今世紀に入ってからの農民戦争に関する業績には野々瀬浩司の二著がある。最初の著書『ドイツ農民戦争と宗教改革』[35]は二部構成を取り、第一編は「ドイツ農民戦争の思想的背景」と題し、思想的アプローチから農民戦争を考察し、宗教改革との関係を論じている。その際ルターではなくツヴィングリによる宗教改革に注目し、ツヴィングリの"Gemeinde"概念を論じている。第二編では、農民戦争の重要課題である農奴制問題を取り上げ、スイス各地の農奴制の実態を追究している。史料に埋没した労作である。野々瀬の第二著書は『宗教改革と農奴制』[36]と題し、やはり二部構成を取っている。第二編は「領邦国家形成と農奴制」であるが、前著で扱っていないチューリヒやゾーロトゥルンといったスイス地域の農奴制を扱っている。それに対して、第一編は「農奴制をめぐる思想史的研究」で、アウグスティヌス、トマス・アクィナス、エラスムスといった神学者たちの農奴制観を論じている。壮大な論攷だが、具体的に宗教改革期の農奴制論とどう関わるのか残念ながら不分明である。

5 諸侯の宗教改革

諸侯の宗教改革に本格的に取り組んだ邦語文献は皆無に近い。わずかに中村賢二郎の古い研究書[37]があるだけである。この書も二部構成で、「宗教改革と急進的宗教改革派」で再洗礼派について論じており、第一部が直接的に領邦国家ザクセン選帝侯領の宗教改革的施策を扱っている。救貧規定の制定、没収修道院財産の使途、巡察制度、官庁化した教会統治機関である宗務局の設立による領邦教会体制を明らかにしている。また、先に触れた有賀の研究書も政治思想との関わりにおいて領邦教会体制に言及している。

これらの古い研究がなされた頃には「宗派化」という概念がなかったが、「ある宗派が国家権力や都市権力と結びつき、どのような制度を築いたかを確かめる作業は、言うまでもなく宗派化研究の重要な課題である。……ただし全体として宗派国家の実証研究は少なく、今後の研究の深化が望まれる」と踊は「宗派化論」の論文[38]で述べている。宗派化とは自己の宗派を絶対化し、他宗派を排除する神学的かつ世界観的システムを作り上げ、それに基づいて領域内の社会的・人的統合を図ろうとすることと言える。その点では領邦教会体制化と似たことだが、宗派化の時期は一般的には一六世紀中葉から一七世紀に設定されている。宗派国家の実証研究が少ないのに反して、むしろこの時代に宗派化現象が貫徹していなかったとする研究の方が多い。永田諒一[39]はアウクスブルクやドナウヴェルトといった帝国都市では二宗派併存であったことを指摘している。踊も当時の時代特徴を単純に宗派化では捉えきれないことを強調している[40]。この時代の人々にとって必ずしも宗派の境界はそれほど絶対的なものでなく、異宗派の土地に移り、改宗を行っていたという現実を明らかにしている。むしろ一つの地域での多宗派の存在があったことを強調している。

観点は異なるが、蝶野立彦[41]も宗派化に異議を申し立て、宗派化の時期にあたる一六世紀半ばから一五八〇年頃までは、「ルター派」という宗派の枠組みがなかったことを論証している。ルター派自体がまだ「無数の対立と分裂に引き裂かれ」、宗派に基づく上からの社会・国家の統合は不可能だったという。それが可能になるのは、純正ルター派がほぼ息の根を止められた「和協信条書」の導入後としている。

＊＊＊

以上、古い研究手引による分類にしたがってまとめてきたが、この分類に入らない研究が最近は出てきている。一つはルターら宗教改革者の改革理念がどのように一般民衆に浸透したのか、というコミュニケーションの問題である。グーテンベルクの活版印刷術の普及によってルターの書いた書物は各地で広く販売され、彼の教えは広められた。しかし、ルターの書物を手に入れた者は限られていた。印刷術が普及したとはいえ、紙代はかなり高額で一般の人々が書籍を購入できる額ではなかった。また、まだ識字率も低く、書籍だけによる理念の普及には限界があった。そこで頁数の少ないパンフレットやビラが印刷された。そこには本文の内容が鮮明にわかる木版画がしばしば挿入されていた。一枚刷りの木版画ビラも多数出回っていた。これらの木版画は教皇やカトリック聖職者を揶揄・攻撃するものだけではなく、ルターの教えをかなり的確に伝えるものもあった。こうした視覚史料に基づく研究はスクリブナーが先鞭をつけたものだが、一枚ずつの木版画の制作背景やその意味を探ったのが、森田の著作『ルターの首引き猫』(42)である。たとえば、木版画「神の水車」を取り上げ、中世以来の人々が知っている化体説を否定し、その上で宗教改革の基本主張である「聖書原理」をいかに示していたか、あるいは「ルターの首引き猫」によって教皇やカトリック聖職者をいかに揶揄したかなどが論述されている。また、森田の別著『木版画を読む』(43)では北方ルネサンスの三大巨匠、デューラー、クラーナハ、ホルバインの絵画・木版画を利用し、彼らが宗教改革といかなる関係にあったかが説かれている。

カトリック神学者ヨハネス・コッホレウスが「靴屋風情や女どもが聖書を学び、アカデミックな教育を受けた神学者に論争を挑んだ」と激昂したと伝えられているが、靴屋風情とはハンス・ザックスのことであることは明らかである。このザックスの最高傑作「ヴィッテンベルクの小夜啼鳥」はカトリック神学者たちを激しく揶揄しているが、藤代幸一がそれを詳しく紹介している(44)。ザックスの揶揄の対象になったコッホレウスは一五四九年にカトリック側の最初の『ルター伝』を書いている。カトリック側のルター像を作るもとになった伝記で、邦訳が待たれる。カトリック側のルターに敵対したもう一人の神学者トーマス・ムルナーについては筆者も『ルターの首引き猫』で紹介したが、彼の傑作『ルター派の大阿呆』については翻訳が進んでいる(45)。カトリック側からのルターあるいは宗教改革に関連する史料をも用いると、改革運動の全貌に膨らみが生まれるのではないだろうか。

コッホレウスが「女どもが聖書を学び……」と批判しているが、そうした女性の代表はアルギュラ・フォン・グルムバッハであろう。ルターの不倶戴天の敵と見られたヨハネス・エックが教授をしていたインゴールシュタット大学でアルザシウス・ゼーホーファー事件が起きている。ゼーホーファーはヴィッテンベルク大学で学び、ルター派の福音主義的教説をインゴールシュタット大学で講義した若い講師である。ルター、メランヒトンに影響された神学を教えたこの講師に対してインゴールシュタット大学の教授会はその撤回を求めた。この青年を辯護するためにアルギュラは教授会に一五二三年に公開質問状を出し(46)、青年を擁護した。そこには次のような過激な発言が見られる。

「ルターやメランヒトンが教えたことは、神の言葉以外なんでしょうか。あなた方は彼らを弾劾し、非難します。そうしたことをキリスト、使徒たち、預言者、福音記者たちが教えたのでしょうか。そういったことがどこに書かれているか品位あるあなた方が私に示してください。キリスト、使徒たち、予言者たちが誰かを牢に入れたり、焚刑にしたり、殺害したり、あるいは国外追放にしたりしたということを聖書のどこにも見いだせません」。あるいは「ルターとメランヒトンの著作を否定するならば、神と神の言葉を否定することになると、神と私の魂の救いにかけて私は告白します」「ルターあるいはメランヒトンが書いた著述で、あなた方に異端と思われる点を私に書面で示してください」と。

一五二四年にルターもアルギュラを応援する小冊子「惨めで低劣なインゴールシュタット大学から出された一七箇条の見境がなく馬鹿げた断罪に抗して」を刊行している(47)。アルギュラについてはすでにベイントンの著書によって紹介されているが(48)、註が省かれている上に、史料引用が原史料のままでないのが惜しまれる。一方、伊勢田奈緒はアルギュラの「自由と抵抗」の姿について論文を書いており(49)、アルギュラについての研究書も刊行している(50)。

アルギュラは直接宗教改革に果敢にかかわった女性だが、他にも宗教改革時代の社会の断面を教えてくれる女性がいる。帝国都市シュヴェービッシュ・ハルの市長の娘アナ・ビュシュラーである。宗教改革史研究の泰斗スティーヴン・オズメントが書いた『市長の娘』[51]によれば、彼女は「二人の男と情を交わし、父親と裁判闘争を繰り広げた」女性である。しかし、オズメントは「彼女の感情は、同時代の宗教改革や農民の反乱の原動力となったものと同じ感情だった。信頼し頼りにできると信じた人々や組織に踏みつけられ、詐取された経験を、行動へと転換した」と、彼女を擁護する。オズメントはアナの家庭環境、ハルの都市政治と宗教改革、帝国の裁判制度なども書き込んでおり、宗教改革史にとっても必読の書であり、今後の研究指針にもなる。

宗教改革はオピニオンリーダーであるルターやツヴィングリだけではなく市民・農民の運動でもあったが、今後は再洗礼派のケースを含めて女性の活動にも目を注ぐ必要があろう。

注

(1) 益田健次「わが国のルター研究」『山口大学文学会誌』第一二巻第一号、一九六一年、四五～六九頁。
(2) 徳善義和「日本におけるルター研究」『日本の神学』第六号、一九六七年、七五～八一頁。
(3) 踊共二「日本の宗教改革史研究――過去・現在・未来」『史苑』第七六巻第一号、二〇一五年、一五二～一六九頁。
(4) 徳善義和「日本におけるルター研究　一九六七年以後」『神学雑誌』(日本ルーテル神学大学) 通号一〇、一九七七年。
(5) R・シュトゥッペリヒ／森田安一訳『ドイツ宗教改革史研究』ヨルダン社、一九八四年。
(6) 徳善義和『マルチン・ルター――生涯と信仰』教文館、二〇〇七年。
(7) 徳善義和『マルティン・ルター――ことばに生きた改革者』岩波書店、二〇一二年。
(8) 徳善義和『神の乞食――ルター・その生と信仰』聖文社、一九七二年。
(9) 徳善義和『マルチン・ルター――原典による信仰と思想』リトン、二〇〇四年。
(10) 松浦純『十字架と薔薇――知られざるルター』岩波書店、一九九四年。
(11) 成瀬治『ルター――十字架の英雄』誠文堂新光社、一九六一年。
(12) T・カウフマン／宮谷尚美訳『ルター――異端から改革者へ』教文館、二〇一〇年。

(13) 田所康『ルターにおける義認思想の研究――「塔の体験」の時期と内容』キリスト新聞社、二〇〇七年。
(14) 菱刈晃夫『ルターとメランヒトンの教育思想研究序説』渓水社、二〇〇一年。
(15) 小林政吉『宗教改革の教育史的意義』創文社、一九六〇年。
(16) 金子晴勇『教育改革者ルター』教文館、二〇〇六年。
(17) 金子晴勇『ルターとドイツ神秘主義――ヨーロッパ的霊性の「根底」学説による研究』創文社、二〇〇〇年。
(18) 金子晴勇『エラスムスとルター――一六世紀宗教改革の二つの道』聖学院大学出版会、二〇〇二年。
(19) 沓掛良彦・髙田康成訳『エラスムス＝トマス・モア往復書簡』岩波書店、二〇一五年。
(20) 木部尚志『ルターの政治思想――その生成と構造』早稲田大学出版部、二〇〇〇年。
(21) 有賀弘『宗教改革とドイツ政治思想』東京大学出版会、一九六六年。
(22) 倉塚平他編訳『宗教改革急進派』ヨルダン社、一九七二年。
(23) 木塚隆志『トーマス・ミュンツァーと黙示録的終末観』未来社、二〇〇一年。
(24) 田中真造『トーマス・ミュンツァー――革命の神学とその周辺』ミネルヴァ書房、一九八三年。
(25) 早川朝子『アウクスブルクにおける再洗礼派「ゲマインデ」（一五二六～一五二八年）――「お上」の打倒を企てる集団か？』（国際基督教大学）二〇〇六年。
(26) 永本哲也『一五二五～一五三四年ミュンスター宗教改革・再洗礼派運動――都市社会運動の総体把握の試み』（東北大学）二〇一一年。
(27) 永本哲也、猪刈由紀、早川朝子、山本大丙編『旅する教会――再洗礼派と宗教改革』新教出版社、二〇一七年。
(28) マイスター・ハインリヒ・グレシュベック、C・A・コルネリウス編／倉塚平訳『千年王国の惨劇――ミュンスター再洗礼派王国目撃録』平凡社、二〇〇二年。
(29) 中村賢二郎・倉塚平編『宗教改革と都市』刀水書房、一九八三年。
(30) B・メラー／森田安一・棟居洋・石引正志訳『帝国都市と宗教改革』教文館、一九九〇年。
(31) 渡邊伸『宗教改革と社会』京都大学学術出版会、二〇〇一年。
(32) 櫻井美幸『宗教改革期における都市と教会――都市ケルンを中心に』（京都大学）二〇〇四年。

(33) P・ブリックレ／田中真造・増本浩子訳『ドイツの宗教改革』教文館、一九九一年、二〇一頁以下。
(34) 前間良爾『ドイツ農民戦争史研究』九州大学出版会、一九九八年。
(35) 野々瀬浩司『ドイツ農民戦争と宗教改革——近世スイス史の一断面』慶應義塾大学出版会、二〇〇〇年。
(36) 野々瀬浩司『宗教改革と農奴制——スイスと西南ドイツの人格支配』慶應義塾大学出版会、二〇一三年。
(37) 中村賢二郎『宗教改革と国家』ミネルヴァ書房、一九七六年。
(38) 踊共二「宗派化論——ヨーロッパ近世史のキーコンセプト」『武蔵大学人文学会雑誌』第四二巻三／四号、二〇一一年。
(39) 永田諒一『ドイツ近世の社会と教会』ミネルヴァ書房、二〇〇〇年。
(40) 踊共二『改宗と亡命の社会史——近世スイスにおける国家・共同体・個人』創文社、二〇〇三年。
(41) 蝶野立彦『十六世紀ドイツにおける宗教紛争と言論統制——神学者たちの言論活動と皇帝・諸侯・都市』彩流社、二〇一四年。
(42) 森田安一『ルターの首引き猫——木版画で読む宗教改革』山川出版社、一九九三年。
(43) 森田安一『木版画を読む——占星術・「死の舞踏」そして宗教改革』山川出版社、二〇一三年。
(44) 藤代幸一『ヴィッテンベルクの小夜啼鳥——ザックス、デューラーと歩く宗教改革』八坂書房、二〇〇六年。
(45) 名古屋初期新高ドイツ語研究会訳「トーマス・ムルナー『ルター派の大阿呆』（一）～（五）」『中京大学教養論叢』第四五巻第四号、第四六巻第四号、第四七巻第三号、第四八巻第四号、二〇〇五～八年、『中京大学国際教養学部論叢』第一巻、二〇〇九年。
(46) Argula von Grumbach, Wie ain Christliche Fraw des Adels in Bayern durch jren in Götlicher schrifft wolgegründte[n] Sendtbrieffe die Hohenschul zu Ingoldstat vmb das sy aynen Ewangelischen Jüngling zu widersprechu[n]g des wort Gottes betrangt haben straffet. Augsburg, 1523.
(47) Martin Luther, Widder das blind und toll verdamnis der siebenzehen artickel, von der elenden schendlichen universitet zu Ingolstat ausgangen, Nürnberg, 1524.
(48) R・ベイントン／大野野百合『宗教改革の女性たち』ヨルダン社、一九七三年。
(49) 伊勢田奈緒「ルター時代の女性宗教改革者アルギュラ・フォン・グルムバッハの自由と抵抗についての一考察」『静岡

英和学院大学紀要』第一〇号、二〇一二年。

(50) 伊勢田奈緒『女性宗教改革者アルギュラ・フォン・グルムバッハの異議申立て』日本評論社、二〇一六年。

(51) S・オズメント／庄司宏子訳『中世ドイツの一都市に起きた醜聞』白水社、二〇〇一年。

あとがき

本書は、合計一三人の歴史家がドイツ宗教改革およびその影響を受けて連鎖的に生じた出来事や社会・政治・思想の変化などについて、最新の研究成果にもとづいて書き下ろした論文によって構成されている。われわれの共通の関心は、宗教改革の歴史叙述において忘れられた事実、薄れた記憶を蘇らせ、語りなおすことにあった。そこには従来の歴史の「見方」や「書き方」そのものを再検討する史学史的な視点も含まれている。

今年、宗教改革五〇〇年にさいして、ルターの遺産を直接間接に継承する諸教会や、宗教改革をナショナル・ヒストリーに組み込んできた国々の研究機関によって、パブリックな性格をもった記念出版物が数多く世に問われ、記念行事も内外で行われている。読者はそれらの内容と本書の内容を見比べてみてほしい。いわゆる公式見解のなかでは場所を与えられていない重要な事実や正視されなかった出来事、消去された過去が、公平かつ自由な学術の徒である執筆者たちによって忘却の井戸からすくいあげられていることがわかるはずである。パブリックな歴史書や教科書がまた新たに書かれるときに、それらが少しでも多く「全体史」のなかに組み入れられることを願ってやまない。

ところで、編者が宗教改革の歴史を追いかけはじめたのは三十数年前のことである。その時期と現在の違いは無数にあるが、もっとも大きな変化は編者がドイツ宗教改革の記念日の到来を忘れなくなったこと、正しくは確実に思いだすようになったことかもしれない。それはドイツ人も日本人も当時は関心を示さなかったハロウィーンの楽しみが普及し、街に繰り出す人たちの喧騒ゆえに、どれほど忙しくてもカレンダーを確かめ、くしくも今日が「その日」であることを想起するようになったことによる。いずれにしても今日、その五〇〇回目の記念日にこのあがきを記し、わが国の宗教改革史研究・近世ヨーロッパ史研究を牽引する学識者たちとともに本書を上梓することができたことはこのうえない喜びである。なお本書の刊行にあたっては、幸いにも、編者の勤務する武蔵大学から出版助成を受けることができた。最後になったが、本書の企画段階から完成に至るまでつねに的確かつ真摯に対応してくれたミネルヴァ書房編集部の大木雄太氏にも厚く謝意を表したい。

二〇一七年一〇月三一日

執筆者を代表して　踊　共二

人名索引

＊人名の後の（　）は称号，官職名，出身家門等の補足。
人名に別表記がある場合は［　］で示した。

あ　行

か　行

さ　行

た・な　行

は　行

ま　行

や　行

ら 行

事項索引

た　行

な　行

は　行

ま　行

や　行

ら・わ　行

小林繁子（こばやし・しげこ）第９章

1978年　生まれ
2013年　東京大学大学院総合文化研究科博士課程修了。博士（学術）
現　在　新潟大学教育学部准教授
主　著　「通告としての請願――近世マインツ選帝侯領の魔女裁判事例から」『ドイツ研究』第49号，2015年。
『近世ドイツの魔女裁判――民衆世界と支配権力』ミネルヴァ書房，2015年。

皆川　卓（みながわ・たく）第10章

1967年　生まれ
1999年　早稲田大学大学院文学研究科博士後期課程研究指導認定退学。博士（文学）
現　在　山梨大学大学院総合研究部教育学域教授
主　著　『等族制国家から国家連合へ』創文社，2005年。
『中近世ヨーロッパの宗教と政治――キリスト教世界の統一性と多元性』（共著）ミネルヴァ書房，2014年。

栂　香央里（とが・かおり）第11章

1980年　生まれ
2010年　日本女子大学大学院文学研究科史学専攻博士課程後期単位取得満期退学。博士（文学）
現　在　日本女子大学学術研究員・兼任講師
主　著　「宗教改革期アウクスブルクにおけるフッガー家――宗派的対立・寛容のはざまで」森田安一編『ヨーロッパ宗教改革の連携と断絶』教文館，2009年。
「16世紀南ドイツにおけるフッガー家のオヤコ関係――モントフォルト伯家との関係を中心として」『比較家族史研究』29，2015年。

森田安一（もりた・やすかず）附論

1940年　生まれ
1970年　東京大学大学院人文科学研究科博士課程（西洋史学）中途退学。博士（文学）
現　在　日本女子大学名誉教授
主　著　『木版画を読む――占星術・「死の舞踏」そして宗教改革』山川出版社，2013年。
『「ハイジ」の生まれた世界――ヨハンナ・シュピーリと近代スイス』教文館，2017年。

高津美和（たかつ・みわ）第５章

1975年　生まれ
2008年　早稲田大学大学院文学研究科博士後期課程単位取得退学。
現　在　早稲田大学文学学術院非常勤講師
主　著　『ヨーロッパ・「共生」の政治文化史』（共著）成文堂，2013年。
「フランチェスコ・ブルラマッキの陰謀――16世紀ルッカの政治と宗教」『エクフラシス――ヨーロッパ文化研究』第５号，2015年。

深沢克己（ふかさわ・かつみ）第６章

1949年　生まれ
1978年　東京大学大学院人文科学研究科修士課程修了
1984年　プロヴァンス第１大学（フランス）博士号取得（歴史と文明）
現　在　東京大学名誉教授，京都産業大学文化学部客員教授
主　著　*Toilerie et commerce du Levant au XVIIIe siècle.* D'Alep à Marseille. Paris : Éditions du CNRS, 1987.
『海港と文明――近世フランスの港町』山川出版社，2002年。
『マルセイユの都市空間――幻想と実存のあいだで』刀水書房，2017年。

高津秀之（たかつ・ひでゆき）第７章

1974年　生まれ
2008年　早稲田大学大学院文学研究科博士後期課程単位取得満期退学。博士（文学）
現　在　東京経済大学経済学部准教授
主　著　「手術台の上のルターと宗教改革者たち――ヨハネス・ナースの対抗宗教改革プロパガンダ」『エクフラシス――ヨーロッパ文化研究』第３号，2013年。
『ヨーロッパ文化の再生と革新』（共著）知泉書館，2016年。

大場はるか（おおば・はるか）第８章

1978年　生まれ
2010年　ルートヴィヒ・マクシミリアン大学（ミュンヘン大学）近世・近代史学科博士課程修了。Ph. D.
現　在　久留米大学文学部国際文化学科准教授
主　著　"Francis Xavier and Amor Dei in Jesuit drama in the south of the German-speaking Area", *European Medieval Drama*, 18, 2016.
「近世内オーストリアの居城都市グラーツにおけるイエズス会劇と肥後・八代の殉教者――「日本劇」の比較考察のために」『比較都市史研究』35/１，2016年。

《執筆者紹介》（執筆順，＊は編著者）

＊踊　共二（おどり・ともじ）序章，第12章，あとがき

奥付編著者紹介欄参照。

加藤喜之（かとう・よしゆき）第１章

1979年　生まれ
2013年　米国プリンストン神学大学院博士課程修了。Ph.D
現　在　東京基督教大学神学部准教授
主　著　『知のミクロコスモス――中世・ルネサンスのインテレクチュアル・ヒストリー』（共著）中央公論新社，2014年。
「神学的普遍性をめぐる討議――スラヴォイ・ジジェクとジョン・ミルバンクによるキリスト教の表象」『日本の神学』第53号，2014年。

猪刈由紀（いかり・ゆき）第２章

1971年　生まれ
2007年　ボン大学哲学部博士課程修了。Ph.D.
現　在　上智大学外国語学部他非常勤講師
主　著　*Wallfahrtswesen in Köln vom Spätmittelalter bis zur Aufklärung*, SH-Verlag, Köln, 2009.
「ハレ・フランケ財団（シュティフトゥンゲン）における救貧と教育――社会との距離，神との距離，積極性」『キリスト教史学』第70集，2016年。

岩倉依子（いわくら・よりこ）第３章

1954年　生まれ
1989年　お茶の水女子大学大学院人間文化研究科博士課程単位取得退学
現　在　創価大学文学部教授
主　著　『宗教改革と都市』（共著）刀水書房，1983年。
『ヨーロッパ宗教改革の連携と断絶』（共著）教文館，2009年。

渡邊　伸（わたなべ・しん）第４章

1959年　生まれ
1988年　京都大学大学院文学研究科博士後期課程研究指導認定退学。博士（文学）
現　在　京都府立大学文学部教授
主　著　『宗教改革と社会』京都大学学術出版会，2001年。
『コミュニケーションから読む中近世ヨーロッパ史――紛争と秩序のタペストリー』（共著）ミネルヴァ書房，2015年。

《編著者紹介》

踊　共二（おどり・ともじ）

1960年　生まれ
1991年　早稲田大学大学院文学研究科博士課程満期退学。博士（文学）
現　在　武蔵大学人文学部教授
主　著　『改宗と亡命の社会史――近世スイスにおける国家・共同体・個人』創文社，2003年。
『中近世ヨーロッパの宗教と政治――キリスト教世界の統一性と多元性』（共編著）ミネルヴァ書房，2014年。
『アルプス文化史――越境・交流・生成』（編著）昭和堂，2015年。
『忘れられたマイノリティ――迫害と共生のヨーロッパ史』（共著）山川出版社，2016年，ほか多数。

MINERVA 西洋史ライブラリー113
記憶と忘却のドイツ宗教改革
――語りなおす歴史 1517－2017――

2017年10月31日　初版第１刷発行　〈検印省略〉

定価はカバーに
表示しています

編著者　踊　共二
発行者　杉田啓三
印刷者　藤森英夫

発行所　株式会社　ミネルヴァ書房
607-8494　京都市山科区日ノ岡堤谷町１
電話代表　(075)581-5191
振替口座　01020-0-8076

亜細亜印刷・新生製本

ISBN978-4-623-08133-2

Printed in Japan